复旦卓越·21世纪管理学系列

供应链管理

（第三版）

谢家平　孔詠炜　胡　强　葛夫财　主编

復旦大學出版社

内 容 提 要

供应链管理作为现代企业管理理论的前沿理论,在实业界和学术界迅速成为热点,并且成为物流管理和工商管理专业学生的核心课程。通过该课程的学习,学员能够树立从供应商到顾客的整体企业运作理念,掌握平衡顾客服务水平和供应链整体运营成本的技术。这些技术包括供应链规划技术、分销技术、运作技术、采购技术以及库存控制技术等。学员在学习过程中需要融会贯通,学以致用,从而能够把知识用于企业的实践,为社会创造更大的财富。本教材是为商科类院校物流管理、工商管理和市场营销等专业的学员编写的。在编写过程中,尤其突出了以下六大特点:思政元素,巧妙融合;与时俱进,内容新颖;案例引导,实用为要;深入浅出,化繁为简;精心策划,体系完整;篇幅合理,兼顾考证。本教材突出应用性,重视对学生操作技能的培养,并与助理物流师证书课程的相关理论相融合。

前　言

供应链管理作为现代企业管理理论的前沿理论,于20世纪90年代被引入中国,并在实业界和学术界迅速成为热点,且成为物流管理和工商管理专业学生的核心课程。供应链管理是一门以管理学、物流学和运营管理等为理论基础,以管理运筹学、管理统计学、计算机信息处理等为手段的运作类课程。通过该课程的学习,学生能够树立从供应商到顾客的整体企业运作理念,掌握平衡顾客服务水平和供应链整体运营成本的技术。这些技术包括供应链规划技术、分销技术、运作技术、采购技术以及库存控制技术等。学生在学习过程中需要融会贯通,学以致用,从而能够把知识用于企业的实践,为社会创造更大的财富。

本教材是为商科类院校物流管理、工商管理和市场营销等专业的学生编写的。在编写过程中,尤其突出了以下六大特点。

1. 思政元素,巧妙融合

本教材重视思政点与知识点的融合,在编写过程中认真梳理并深入挖掘课程思政元素,从知识点、技能点、岗位点中寻求思政点,厘清专业知识、技能岗位和思政元素的内在关联,打造课程思政特色教材。

2. 与时俱进,内容新颖

本教材在编写过程中,大量参考国际上最新的教材、专著与论文,并且将最新供应链发展方向数智化供应链内容纳入教材,真正做到了与时俱进,力争把新颖的内容呈现给广大学生。

3. 案例引导,实用为要

本教材既侧重让学生掌握供应链的基础知识、专业术语和专业表达方式,又考虑到教材与实践的紧密结合,让学生形成专业的思维能力,培养实际的管理技能。为了达到这个目的,编者在每章伊始加入相应的导引案例,让学生带着案例中的问题开始本章的学习。在每章的结尾,开篇导引案例的解决方案拨云见日,同时启发学生利用章节所学知识去寻求是否有其他更好的方案。通过这种循序渐进的方式,引导学生把所学的知识用于实际问题的解决。

4. 深入浅出,化繁为简

针对商科学生知识结构的特点,本教材尽量简化复杂的数学推导,用易懂的语言解释一些复杂的术语,旨在让学生掌握基本的理念与技术,而不是过分强调技术和理念后面的数学推导。

5. 精心策划,体系完整

本教材在体系结构上经过深思熟虑,保证了体系的完整性,同时针对专科学生的特点,对一些较复杂的内容酌情进行了简化,如 SCOR 模型。每个章节在体系上均贯彻从理念到技术的路线。

6. 篇幅合理,兼顾考证

为了适应教学内容和课时的需要,本教材对每个章节的篇幅都控制在合理的范围内,使总课时能够控制在 36 个课时之内;同时,本教材重视对学生操作技能的培养,并与物流相关专业证书所要求掌握的相关理论相融合。

《供应链管理》教材第一版自 2011 年出版以来,深受读者喜爱,第一版和第二版共销售近 2 万册。此次第三版对第二版进行了近 40% 的修改与完善,不仅对相关术语、条例、案例等进行了更新,还充分考虑到数字化转型的发展趋势,改编了第三章"供应链需求管理";并在"供应链系统规划""供应链运作管理""供应链信息管理"和"供应链金融管理"四章中专门增加了数智化内容;对剩余章节的内容也进行了相应的增补或删减,修正了部分内容表述。除此以外,第三版对章节体系也进行了调整,将第二版中的"供应链分销管理"和"供应链库存管理"合并为"供应链物流管理",将"供应链战略规划"和"供应链网络规划"中的部分内容合并为"供应链系统规划"。修订后的第三版教材结构更加清晰合理,知识体系更趋完整,内容丰富新颖,重视实践,更加凸显商科类院校本、专科专业的实用特色。

本版教材由上海财经大学商学院运营与供应链管理博士生导师谢家平教授组织编写,主编谢家平教授、上海开放大学孔訸炜博士、上海财经大学浙江学院胡强副教授、UPS 亚太区供应链解决方案经理葛夫财博士负责教材整体框架结构的策划。山东财经大学刘鲁浩教授,上海对外经贸大学梁玲副教授,上海财经大学运营与供应链管理专业博士杨光、夏宇、张为四、魏礼红、朱卫君、贾海成、刘丹、刘娟以及博士生张广思、宋明珍、李青霖、古丽扎尔·艾赛提、张婷婷、秘玲玲等参与了书稿部分章节的资料收集、整理、编写及文字校正工作,谢家平教授、孔詠炜博士、胡强副教授负责全部文稿的修改统稿。

  本教材在编写过程中,阅读并参考了许多国内外的学术论著,借鉴了众多学者的学术见解。书中参考文献没能一一列出,尤其是教材中的案例,主要来自网页,并对相应内容进行了删减和编排,在此我们对相关作者一并表示诚挚的感谢!

编　者
2023 年 5 月

目 录

□ 第一章 **供应链管理引论** …………………………………………… 001
  学习目标 ……………………………………………………… 001
  第一节 供应链管理的产生 ………………………………… 001
  第二节 供应链的基本概念 ………………………………… 006
  第三节 供应链管理的内涵 ………………………………… 009
  第四节 供应链管理的实践 ………………………………… 014
  本章小结 ……………………………………………………… 018
  思考题 ………………………………………………………… 018
  案例分析题 …………………………………………………… 019

□ 第二章 **供应链系统规划** …………………………………………… 021
  学习目标 ……………………………………………………… 021
  第一节 供应链战略规划 …………………………………… 021
  第二节 供应链构建与网络规划 …………………………… 031
  第三节 供应链合作关系 …………………………………… 037
  第四节 数智化供应链流程设计 …………………………… 040
  本章小结 ……………………………………………………… 044
  思考题 ………………………………………………………… 045
  案例分析题 …………………………………………………… 045

□ 第三章 **供应链需求管理** …………………………………………… 047
  学习目标 ……………………………………………………… 047
  第一节 需求管理概述 ……………………………………… 047

第二节 传统的需求预测方法 …………………………………… 054
第三节 供应链需求预测 …………………………………………… 062
第四节 数智化需求预测 …………………………………………… 066
本章小结 …………………………………………………………… 068
思考题 ……………………………………………………………… 068
案例分析题 ………………………………………………………… 068

第四章 供应链运作管理 …………………………………………… 071
学习目标 …………………………………………………………… 071
第一节 供应链运作模式演进 ……………………………………… 072
第二节 推动式供应链与拉动式供应链 …………………………… 076
第三节 柔性供应链与敏捷供应链 ………………………………… 082
第四节 定制化供应链与延迟化供应链 …………………………… 086
第五节 数智化供应链运作 ………………………………………… 094
本章小结 …………………………………………………………… 096
思考题 ……………………………………………………………… 096
案例分析题 ………………………………………………………… 096

第五章 供应链采购管理 …………………………………………… 101
学习目标 …………………………………………………………… 101
第一节 采购管理概述 ……………………………………………… 101
第二节 采购管理组织 ……………………………………………… 107
第三节 供应商开发遴选 …………………………………………… 110
第四节 供应商考核管理 …………………………………………… 120
本章小结 …………………………………………………………… 125
思考题 ……………………………………………………………… 126
案例分析题 ………………………………………………………… 126

第六章 供应链物流管理 …………………………………………… 131
学习目标 …………………………………………………………… 131
第一节 供应链物流管理概述 ……………………………………… 132

第二节　供应链分销仓储布局 …………………………………… 136
第三节　供应链分销网络输配 …………………………………… 143
第四节　供应链库存管理模式 …………………………………… 151
本章小结 …………………………………………………………… 171
思考题 ……………………………………………………………… 172
案例分析题 ………………………………………………………… 172

第七章　供应链信息管理 …………………………………… 175
学习目标 …………………………………………………………… 175
第一节　供应链信息管理的概述 ………………………………… 175
第二节　供应链信息与控制灯塔 ………………………………… 180
第三节　供应链信息技术的应用 ………………………………… 187
第四节　供应链的管理信息系统 ………………………………… 195
第五节　电子商务与供应链管理 ………………………………… 199
本章小结 …………………………………………………………… 205
思考题 ……………………………………………………………… 205
案例分析题 ………………………………………………………… 205

第八章　供应链金融管理 …………………………………… 207
学习目标 …………………………………………………………… 207
第一节　供应链金融理论基础 …………………………………… 208
第二节　供应链金融参与主体 …………………………………… 213
第三节　供应链金融运作模式 …………………………………… 216
第四节　供应链金融风险管控 …………………………………… 222
第五节　数智化供应链金融 ……………………………………… 226
本章小结 …………………………………………………………… 229
思考题 ……………………………………………………………… 229
案例分析题 ………………………………………………………… 229

第九章　供应链契约管理 …………………………………… 234
学习目标 …………………………………………………………… 234

第一节　供应链契约管理概述 …………………………………… 235
第二节　供应链契约定价管理 …………………………………… 240
第三节　供应链契约典型模式 …………………………………… 244
第四节　供应链契约效果评价 …………………………………… 250
本章小结 ………………………………………………………………… 254
思考题 …………………………………………………………………… 255
案例分析题 ……………………………………………………………… 255

第一章　供应链管理引论

学习目标
- 了解供应链管理产生的背景
- 理解供应链管理产生的必然
- 掌握供应链的定义和特征
- 掌握供应链管理的概念和内容
- 理解供应链管理的发展趋势

【导引案例】

波音公司作为美国最重要的军工企业之一，面对着庞大的供应链和数目繁多的供应商。以波音747飞机的制造为例，一架飞机需要400万余个零部件，这些零部件绝大部分并不是由波音公司自己生产的，而是由65个国家中的1 500个大企业和15 000个中小企业提供的。为了保障飞机的按时交付，波音公司是如何对遍布世界各地的供应链体系进行管理的呢？

第一节　供应链管理的产生

当今世界各种技术和管理问题日益复杂化和多维化，这种变化促使人们认识问题和解决问题的思维方法也发生了变化，逐渐从"点-线"的线性空间思考向"面"和多维空间思考转化，管理思想也从纵向思维朝着横向思维方式转化。在经济全球化的背景下，合作正成为国际管理学界和企业界的热门话题和新的追求，供应链管理就是其中一个典型代表。

一、供应链管理产生的背景

在过去的几十年中，人们对供应链管理的兴趣快速地增长并且还在上升，这一趋势是由多方面的因素导致的。

（一）企业外部竞争环境的变化

1. 市场需求趋向多样化、个性化、及时化

随着市场竞争的加剧以及消费者消费观念的转变，产品及服务所面临的要求也越来越高，这一变化的结果促使企业必须重新审视自身竞争优势和消费者的需求特点。比如在 20 世纪 60 年代，成本是主要的竞争因素，产品的价格低就能获得客户群；到 70 年代，竞争因素转变为质量，企业的竞争优势在于能否提供合格产品和满意服务的能力；随着时间的推移，竞争因素也逐渐从成本、质量演化为应变能力、交货时间、定制化及环保性等。消费者的需求结构普遍向高层次发展，已经不再满足于获得标准化生产的产品或服务，而是希望得到按照自己要求定制的产品或服务。企业也发现最好的产品和服务不是他们为客户设计的，而是和客户一起设计的，这就促使供货商、制造商、零售商及最终客户必须紧密联系起来共同完成任务。

2. 市场的不确定性因素越来越多

随着全球经济的不断发展、全球化信息网络和全球化市场的形成，市场的不确定性因素也越来越多。产品的品种飞速膨胀，而且生命周期越来越短，随之对订单的响应速度也要越来越快，这使得企业的内外部都将面对许多事先难以预测的不确定性因素。少品种的大批量生产一般来说是平稳的随机过程，而满足多品种的小批量需求则是非平稳的过程，存在供应与需求匹配的挑战、库存与缺货水平的波动、市场预测不准确、追求低成本的精益生产、外包与离岸化等过程风险。

3. 信息和网络的应用是供应链管理的使能器

网络信息技术的发展进一步推动了制造业的全球化和网络化过程。虚拟制造、动态联盟等制造模式的出现更加迫切需要新的管理模式与之相适应。传统企业组织中的采购（物资供应）、加工制造（生产）、销售等看似整体，实则却是缺乏系统性和综合性的企业运营模式，已经无法适应新的制造模式发展的需要，而那种"大而全、小而全"的企业自我封闭的管理体制，更无法适应网络化竞争的社会发展需要。

信息和网络的广泛应用提供了获取供应链所有组成部分复杂数据的路径，特别是互联网和电子商务的应用使企业业务流程场景有机会进行变革和重塑，直接推动了企业的数智化转型升级。例如，运用直销模式的产业巨头戴尔和亚马逊让顾客通过网络订货，从而能够不通过第三方分销商或者传统的零售商店出售他们的产品。无线射频（RFID）、无线传感（WSN）等一些新技术的产生，为企业供应链管理水平的进一步提高提供了更多可能性。

（二）企业运营过程呈现出新特征

1. 产品开发周期越来越短，新产品研发难度越来越大

技术变革的加速使得新技术、新产品不断涌现，随着消费者需求的多样化发展，企业产品开发的周期越来越短，同时新产品研发的难度也越来越大。产品生命周期的缩短，使得产品在市场上存留的时间也大大缩短，企业在产品开发和上市时间上的活动余

地也越来越小,给企业造成巨大压力。比如很多电子产品更新换代的速度非常快,几乎一上市就面临过时的风险。尽管企业认识到开发新产品对企业效益的重要性,在新产品研发上也不惜加大投资力度,但是资金利用率和投入产出比往往不尽如人意。原因就在于新产品研发的难度越来越大,特别是在产品开发周期较短的情况下,要生产出结构设计、产品质量、技术含量等方面都优于以往的新产品,成为企业面临的一个难题。

2. 成本节省成为企业获得利润的重要源泉

随着市场需求结构由供小于求变成供大于求,企业对利润的追求也从销售额的增加转变为成本的节省。许多公司通过有效的计划和供应链管理节省了大量成本,为行业起到了示范作用。沃尔玛与供应商新的战略性合作的成功实施就是一个很有力的例子,具体来说有供应商管理库存(Vendor Managed Inventory)以及交叉转运(Cross Docking)的创新物流战略。

研究表明,产品在生命周期内供应链各环节所消耗的费用在总成本中所占的比例越来越大。加拿大英属哥伦比亚大学商学院的迈克尔·W.特里西韦教授研究认为,对企业来说,库存费用约为销售额的3%,运输费用约为销售额的3%,采购成本占销售收入的40%~60%。对一个国家来说,供应系统占国民生产总值的10%以上,所涉及的劳动力也占劳动力总数的10%以上。如此高的费用为企业成本节省提供了很大的空间。

3. 外包的兴起使企业对供应链管理更加重视

20世纪80年代,外包成为许多产业制造商的关注点,许多公司在考虑实施从采购到生产各环节的外包。当然,外包在提供了各种各样优势的同时也带来了大量新的风险,在过去的几年里,苹果、思科、耐克等企业已经逐渐意识到了这一问题。由外包引起的大量风险需要企业引入一些新的管理技术和供应链合约来加以规避,而供应链管理正好为管理外包的有效实施提供了必要的理念和工具。

供应链管理体系形成和发展的原动力来自企业追求效益的原始本能,是企业获得核心竞争力的有效方式。供应链管理体系在不断地寻找约束和消除约束的动态循环中持续改进,从而使供应链网络结构、业务流程和管理组件更加稳定并适应环境。

二、供应链管理产生的必然

企业在面对外部环境变化而对运营模式提出的新要求时,唯有在整合和协同之中能求得生存和发展。供应链管理作为新的管理理念,在许多方面表现出不同于传统管理思想的特点,而这一新的管理理念与传统管理模式之间也必然存在诸多冲突,但供应因其不容小视的优势和不可替代的作用,已被越来越多的企业所重视。

(一) 传统运营模式的弊端

大量生产模式运用泰勒的标准化作业,通过机械化的并行单元,实现流水线组织生产,简化了生产管理,提高了产品产量,降低了生产成本。但这种"纵向一体化"的传统企业运营模式采用的是"高度自制"策略,这已不能很好地适应供应链管理的要求,主要存在着以下几个方面的问题。

1. "高度自制"策略增加企业投资负担

产品生产阶段较多,大部分生产过程集中在企业内部进行;或者虽然产品由独立的多种零部件构成,但企业从事大部分零部件的直接生产,投资建厂的负担很重。

2. 供-产-销系统没有形成完整的"链"

供应、生产、分销是企业的基本活动,但在传统的运营模式下基本上是各自为政、相互脱节,难以建立对不确定性需求变化的跟踪与管理。

3. 自营库存管理系统难以实现低库存

传统企业中库存管理是静态的、单级的,库存控制决策没有与供应商联系起来,无法利用供应链上的资源。企业与各供应商没有协调一致的计划,每家企业各搞一套,只顾安排自己的活动,影响库存控制效果。

4. 不关注顾客而丧失市场开发的时机

传统的企业系统在设计时以追求生产过程本身的稳定和控制为目标,而没有关注顾客需求的变化,没有建立有效的市场响应、用户服务的评价标准与激励机制。由于能力有限,企业会丧失一些细分市场的开发时机。

5. 为控制资源而从事众多的业务活动

为了生产系统的稳定,牢牢控制生产经营所需的各种资源,需要从事各项相关的业务活动。每项业务都直接面临众多竞争对手,这增大了企业的行业风险。

6. "部门主义"难以实现整体绩效的最优

科层制的组织机构下,激励机制以部门目标为主,孤立地评价部门业绩,造成企业内部各部门片面追求本部门利益,物流、信息流经常被扭曲、变形。

7. 企业间的信息系统没有集成与共享

我国大多数企业仍采用手工处理方式,企业内部信息系统不健全、数据处理技术落后,企业与企业之间的信息传递工具落后,没有充分利用 EDI、因特网等先进技术,不同地域的数据库没有实现有效集成,致使信息处理不准确、不及时。

8. 与供应商和经销商博弈而缺乏合作

传统运营模式下,企业以规模求效益,企业间是纯粹的竞争关系。企业往往从短期效益出发,挑起供应商之间的价格竞争,市场形势好时对经销商态度傲慢,市场形势不好时又企图将损失转嫁给经销商,失去了与供应商以及经销商的相互信任与合作基础。

以上这些问题的存在,意味着在新的市场环境下,企业的管理思想与组织模式亟须转变。

(二) 企业经营的合作模式

鉴于传统管理模式的种种弊端,从 20 世纪 80 年代后期开始,很多企业放弃了这种经营模式,随之而来的是"外包"思想的兴起。所谓"外包",即利用企业外部资源快速响应市场需求,本企业只抓自己的核心业务,而将非核心业务委托或外包给合作伙伴企业,通过共同的市场利益和业务结成战略联盟。

例如,福特汽车公司的 Festiva 车就是由美国人设计,由日本的马自达生产发动机,由韩国的制造厂生产其他零件和装配,最后在美国市场上销售。制造商把零部件生产和整车装配都放在企业外部,这样做的目的是利用其他企业的资源促使产品快速上马,避免自己投资带来的基建周期长等问题,赢得产品在低成本、高质量、早上市等诸多方面的竞争优势。

外包形成了一条从供应商到制造商再到分销商、零售商的贯穿所有企业的"横向合作链"。由于相邻结点企业表现出一种需求与供应的关系,当把所有相邻企业彼此连接起来,便形成了供应链(Supply Chain)。这条链上的结点企业必须达到同步、协调运行,才有可能使链上的所有企业都能受益,于是便产生了供应链管理(Supply Chain Management,SCM)这一新的经营与运营模式。其产生过程如图 1-1 所示。

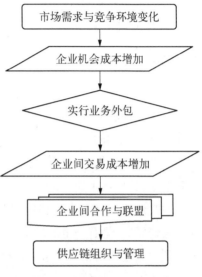

图 1-1 供应链管理的产生原理

(三)企业运作模式演进历程

供应商以满足顾客、为顾客服务为目标,顾客当然也愿意依靠这样的供应商,当原来的产品用完或报废需要更新时,还会找同一家供应商。这样一来,借助基于交货期的竞争战略的实施,供应链管理也得到越来越多人的重视,成为当代国际上最有影响力的一种企业运营模式。这种生产管理模式的变化如图 1-2 所示。

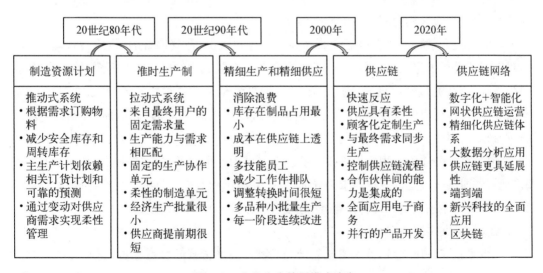

图 1-2 企业生产管理模式演变

第二节 供应链的基本概念

供应链的概念自产生以来,国内外就存在不同的认识,并且随着企业竞争环境的变化以及管理理论的发展,对于供应链的概念也一直进行着改进与创新。

一、供应链的定义

供应链(Supply Chain)的概念最初是从扩大生产概念发展来的,它将企业的生产活动进行了前伸和后延。很多国外学者对于供应链的定义就是基于这一认识,比如卡维纳托(Cavinato)将供应链定义为从企业到最终顾客的整个过程中所发生的购买活动、附加价值活动和营销活动。李(Lee)和比灵顿(Billington)也有类似的定义:供应链是一个企业获取原料,生产半成品或最终产品,并通过销售渠道把产品送达消费者的网络工具。

但是这些定义更多是将供应链看作制造企业的一个内部运作过程,注重单个企业的内部操作层面,具有一定的局限性。后来很多学者将供应链的定义进行了拓展,他们不仅注意到企业之间的相互关系以及企业的外部环境,还关注围绕核心企业所构成的网络关系。比如史蒂文斯(Stevens)认为,通过增值过程和分销渠道控制从供应商到用户的流就是供应链,它开始于供应的源点,结束于消费的终点;伊文斯(Evens)认为,供应链管理是通过前馈的信息流和反馈的物料流及信息流,将供应商、制造商、分销商、零售商,直到最终用户连成一个整体的模式;哈理森(Harrison)将供应链定义为,供应链是执行采购原材料,将它们转换为中间产品和成品,并且将成品销售到用户的功能网链。

中华人民共和国国家标准《物流术语》(GB/T 18354-2021)中将供应链定义为:生产和流通过程中,围绕核心企业的核心产品或服务,由所涉及的原材料供应商、制造商、分销商、零售商直到最终用户等形成的网链结构。

华中科技大学马士华教授总结前人对供应链的认识,在其编著的《供应链管理》一书中对供应链进行了定义,这也是目前学术界及实业界较通用的供应链的概念,即供应链是围绕核心企业,通过对信息流、物流、资金流的控制,从采购原材料开始,制成中间产品以及最终产品,最后由销售网络把产品送到消费者手中的将供应商、制造商、分销商、零售商、直到最终用户连成一个整体的功能网链结构模式。

《国务院办公厅关于积极推进供应链创新与应用的指导意义》文件将供应链视为一种组织形态,即供应链是以客户需求为导向,以提高质量和效率为目标,以整合资源为手段,实现产品设计、采购、生产、销售、服务等全过程高效协同的组织形态。

从以上对供应链的定义可以看出:

1. **供应链是一个系统,是人类生产活动和整个经济活动的客观存在**

人类生产和生活的必需品,都是从最初的原材料生产、零部件加工、产品装配、分销、零售直到最终消费的过程,这里既有物质材料的生产和消费,也有非物质形态(如服务)产品的生产(提供服务)和消费(享受服务)。

2. 供应链是由相关企业构成

供应链包含所有涉及提供给最终消费者产品和服务的企业,从最初的原材料供应商开始,到中间的制造商、组装商、分销商和零售商,直到最终客户。

3. 供应链中存在核心企业

核心企业主导供应链的构建,它可能是制造企业,也可能是零售或其他类型的企业,这要视该企业在供应链中的作用而言。

4. 供应链是一种网络

供应链是不同企业间的物流、信息流、资金流的交换与流动构成的网络,这个网络促成供应链上的企业通过计划、生产、存储、分销、服务等活动形成衔接,从而使供应链能满足内外部顾客的需求。

5. 供应链是一条增值链

物料在供应链上因加工、包装、运输等过程而增加其价值,给相关企业都带来收益。通过技术和数据手段,着力打通国内大循环中生产、分配、流通、消费各个环节,实现从消费端到产业端价值链各环节的整体优化和重构,形成新的增长极。

6. 供应链是一个平台

大数据、人工智能、5G、区块链等赋能技术不断与传统技术、产业进行的融合协同,为供应链升级改造为供应链平台提供了契机。供应链平台为重组的价值链构成,也为后面的供应链平台生态圈的一体化与信息平台的建设提供了基础框架的保障。

7. 供应链是一个生态系统

在网络化、动态化、虚实结合的供应链基础上,基于相互交叉、相互补充的供需关系,形成了成员间相互依赖、关联互动、共生共存的供应链生态系统。

二、供应链的特征

(一) 整体性

供应链是一个有机的整体,是合作伙伴间的功能集成,而不是简单叠加。如果企业要打造一个真正的以供应链为核心的市场能力,就必须从最末端的供应控制开始,到最前端的消费者,在整个供应链流程上,不断优化、建设和集成外部资源。供应链系统的整体功能集中体现在供应链的综合竞争能力上,这种综合竞争能力是任何一个单独的供应链成员企业都不具有的。

(二) 层次性

运作单元、业务流程、成员企业、供应链系统构成了供应链不同层次上的主体,每个主体都具有自己的目标、经营策略、内部结构和生存动力。供应链是一个系统,也是它所从属的更大系统的组成部分;供应链各成员企业分别都是一个系统,也是供应链系统的组成部分,它们往往分布于不同的行业、不同的区域或不同的阶段,各自自成体系地承担着在供应链中的不同工序;同时,各成员企业为实现自身运作单元、业务流程,又可能构筑一条相应的分支供应链,从而形成了多层次、多维度、多功能、多目标的立体网链。从系统层次性的角度来理解,相对于传统的基于单个企业的管理模式而言,供应链管理是一种针对更大系统(企业群)的管理模式。

(三) 目的性

供应链系统有着明确的目的,就是在复杂多变的竞争环境下,以最低的成本、最快的速度、最好的质量为客户提供最满意的产品和服务,通过不断提高客户的满意度来赢得市场,这一目的也是供应链各成员企业的共同目的。可以说,供应链的形成、存在、重构都是基于最终客户需求而发生,这种需求拉动是供应链里流动的物流、信息流、知识流、资金流等相互交换、运作实现对市场的迅速、有效反应的驱动源。

(四) 适应性

数字经济驱动下,供应链系统的外部环境时刻都在发生变化,供应链内部的成员具有不稳定性,成员间关系也具有不稳定性,此外,自然灾害和各类突发事件都可能导致供应链中断。在这种动态性的供应链中,能否快速恢复和应变的能力至关重要。此时的供应链是一个动态适应和结构可变的增值网络,能够对变化敏捷反应,有韧性吸收负面事件并在中断后恢复且长期生存,根据内部和外部变化调整能力利用及其分配以适应需求,确保向社会和市场提供长期商品和服务。这里的适应性具有更为丰富的内涵,具体还包含了稳健性、敏捷性、韧性、柔性、自组织性等不同方面。

(五) 进化性

供应链的生态系统将在不断适应内外部环境大量、持续的变化中形成协同进化,以变异性和选择性保留两种机制保持着向结构更复杂、功能更强大的方向变化的趋势。供应链进化性的特点体现为三个层面体现,即供应链中产品包的进化、供应链成员的进化、生态系统的进化,并以此为基础进化出一批新业态、新体系结构、新商业模式。

(六) 复杂性

供应链的复杂性体现为成员企业间的不同竞争合作关系。供应链是由多个企业组成的虚拟组织,这些具有独立经济利益的单个企业是供应链运作的主体。一方面,各企业追求自身利益最大化,使得个体目标与整体目标可能发生冲突;另一方面,各企业处于同一供应链上,任何企业既要实现利润最大化,又必须以整条供应链的价值增值为基础。这就导致成员企业间存在不同程度的竞争合作关系。比如,成员企业的关系可能是合作性的,也可能是竞争性合作关系,或者是交易性关系;而在合作时可能是战略性合作,也可能是技术性合作,还可能是物流操作合作。

(七) 风险性

供应链是一个复杂的体系,影响其运作过程的各种内部、外部因素很多,也必然存在各种风险。这些风险可以影响甚至破坏供应链的安全运行,造成供应链效率下降、成本增加,严重的甚至可以造成供应链失败或解体,使供应链整体及各成员企业达不到预期目标。比如由供应链内部因素构成的内生风险,包括道德风险、信息传递风险、采购风险、生产风险、物流运作风险等;由供应链外部因素构成的外在风险,市场需求不确定、经济周期、政策风险、意外灾祸风险等。

第三节　供应链管理的内涵

对供应链这一复杂系统而言,要想取得良好的绩效,必须找到有效的协调管理方法,供应链管理的思想就是在这种环境下提出的。对于供应链管理,有许多不同的称呼,如有效用户反应(Efficient Consumer Response,ECR)、快速反应(Quick Response,QR)、虚拟物流(Virtual Logistics,VL)或连续补充(Continuous Replenishment,CR)等。这些称呼考虑的层次、角度不同,但都通过计划和控制实现企业内部和外部之间的合作,在一定程度上集成了供应链和增值链两个方面的内容。

一、供应链管理的概念

供应链的概念和传统的销售链是不同的,它已跨越了企业界限,从建立合作制造或战略伙伴关系的新思维出发,从产品生命线的"源"头开始,到产品消费市场的"汇",从全局和整体的角度考虑产品的竞争力,使供应链从一种运营性的竞争工具上升为一种管理性的方法体系。在"以客户为中心"的理念推动下,供应链管理已经成为表征企业核心竞争力的一项重要指标,并成为企业生存和发展的基本保障。清晰地勾画供应链管理的定义和特点,有助于深入剖析供应链管理的内核。

1982年,开思·奥立夫(Keith Oliver)和迈克尔·威波尔(Michael D.Wdbber)在《观察》杂志上发表"供应链管理:物流的更新战略"一文,首次提出了"供应链管理"这一概念。20世纪90年代,学术界开始探讨供应链管理与传统物流管理的区别。供应链管理理论源于物流管理研究,经历了一个由传统物流管理到供应链管理的演化过程。

对于供应链管理的定义,至今尚未统一。有人认为供应链管理与物流管理的内涵是相同的,有人认为供应链管理是物流管理的延伸,有人认为供应链是一种企业业务的综合,等等。事实上,供应链管理的概念与物流管理的概念密切相关,在现代物流管理的理解上,存在广义和狭义的区分。广义的物流管理即跨越组织间的界限,寻求综合的物流控制和管理,而狭义的物流管理即企业内部的库存、运输管理。显然广义的物流管理与供应链管理是一致的。但是,目前通行的看法是供应链管理并不仅仅是物流管理,较之后者有更多功能。有学者(Cooper, Lambert & Pagh, et al.)认为供应链管理是物流管理范畴的扩展,它除了包含与物品实体运动相关的种种活动外,还包括组织间协调活动和业务流程的整合过程。比如,为了提高市场的应对能力,还需要与外部的企业寻求合作,即由供应链构成的多数企业间业务流程的整合被看作供应链管理。

与以上观点相类似，有学者（Handfield & Nichools）将供应链定义为确保原材料到最终消费者整个过程中所发生的与物流和信息流相关的所有活动，而供应链管理则是为获得持续的竞争优势，在供应链关系（Supply Chain Relations）基础上种种活动的整合。从这一定义可以看出，供应链是以生产者为中心，由位于上游的供给阶段和位于下游的流通渠道中所有企业所组成的，供应链的活动包括信息系统管理、采购管理、生产管理、订货管理、在库管理、客户服务以及废弃物处理等。

伊文斯认为供应链管理是通过前馈的信息流和反馈的物料流及信息流，将供应商、制造商、分销商、零售商直到最终用户连成一个整体的管理模式。菲利浦（Phillip）则认为供应链管理不是供应商管理的别称，而是一种新的管理策略，它把不同企业集成起来以增加整个供应链的效率，注重企业之间的合作。

最早人们把供应链管理的重点放在库存管理上，作为平衡有限的生产能力和适应用户需求变化的缓冲手段，它通过各种协调手段，寻求把产品迅速、可靠地送到用户手中所需要的费用与生产、库存管理费用之间的平衡点，从而确定最佳的库存投资额，因此其主要的工作任务是管理库存和运输。现在的供应链管理则把供应链上的各个企业作为一个不可分割的整体，使供应链上各企业分担的采购、生产、分销和销售的职能成为一个协调发展的有机体。

从上面的文献定义可以看出，不同的学者从不同的方面来定义供应链管理。下面再提供几种不同视角的定义。

1. 供应链主体视角

乔普瑞和梅因德尔（Chopra & Meindl）认为，供应链管理包含了满足顾客需求的所有间接或者直接的阶段。供应链不仅仅包括制造商和供应商，还包括运输商、仓储商、零售商以及顾客。

2. 供应链结构视角

哈里森（Harrison）认为，供应链管理是执行原材料采购，把原材料转化成为最终产品以及分销这些产品到达顾客的设施和分销网络的选择。

3. 供应链协调视角

门特泽尔和德维特（Mentzel & Dewitte）认为，供应链管理是为了达到供应链每个企业绩效的长期改善而进行的对供应链企业以及企业内部各个部门系统的战略性的协调。

在《中华人民共和国国家标准·物流术语》（GB/T18354-2021）中，对供应链管理是这样定义的："从供应链整体目标出发，对供应链中采购、生产、销售各环节的商流、物流、信息流及资金流进行统一计划、组织、协调、控制的活动和过程。"

综合以上定义，对于供应链管理的概念，可以从以下三个方面来把握。

第一，供应链管理把对成本有影响和在产品满足客户需求的过程中起作用的每一方都考虑在内，包括供应商和制造工厂、仓库和配送中心、批发商、零售以及商店。

第二,供应链管理的目的在于追求效率和整个系统的费用有效性,使系统总成本达到最低。这个成本包括运输成本、配送成本以及库存成本。因此,供应链管理的重点不在于简单地使运输成本达到最小或减少库存,而在于用系统方法来进行供应链管理。

第三,因为供应链管理是围绕着供应商、制造商、分销商(包括批发商和零售商)有效率地结合成一体这一问题来展开的,因此它包括公司许多层次上的活动,从战略层次到战术层次一直到作业层次。

二、供应链管理的内容

供应链管理的内容主要涉及四个层面,即核心层、业务层、规划层和支持层,如图1-3所示。

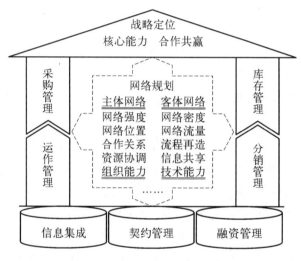

图1-3 供应链管理的四个层面

可以将供应链管理的整体内容看成一个"房屋":房顶是供应链管理的核心层,体现为供应链的战略定位,具体来说就是识别核心能力、构建竞争优势,通过战略匹配实现合作共赢;左右墙体是供应链管理的业务层,包括供应链的运作管理、采购管理、分销管理和库存管理,业务层是供应链管理的主要面向对象;房间是供应链管理的规划层,是供应链核心企业构建主体网络和客体网络而形成的运作框架,供应链网络规划合理与否对业务层各职能的运转效率有至关重要的影响;房基是整个供应链管理的支撑层,包括供应链的信息集成、契约管理和融资管理,它为供应链的流畅运转提供了有效而扎实的基础保障。

(一)供应链管理的核心层

供应链管理的理念是识别供应链核心企业的优势核心业务,把非核心业务外包给具有竞争优势的成员企业;结点企业之间尽管存在一定的竞争,但更多体现出合作关系,通过合作实现共赢。构建供应链系统最关键的就是确定供应链的战略定位,具体内容包括供应链战略的组成部分及要点,供应链能力与企业战略及客户需求的匹配,供应链核心企业应该如何进行供应链外包或者自营业务决策,供应链运营绩效的驱动力及评价指标,主要包括业务流程指标、结点关系指标和客户服务指标。第二章将对供应链战略规划的相关内容进行阐述。

(二)供应链管理的规划层

供应链网络规划包括主体网络规划和客体网络规划两个层面。供应链主体网络的构建需要考虑参与企业的网络位置以及由此形成的网络强度,网络位置和网络强度确定了企业间的合作关系,进而可以实现资源的协调,这体现了供应链的组织能力;供应链客体网络的结构取决于采购、库存、分销、运输和选址等驱动要素,要充分考虑网络密度和网络流量,而网络密度、网络流量和信息共享的程度共同决定了客体网络的运作效率,当效率较低时,就需要考虑进行流程再造,这体现了供应链的技术能力。可以说,供应链网络规划对供应链整体运转效率至关重要。具体内容包括:供应链网络规划的内涵、原则及重点,供应链参与主体及物流客体的网络结构,供应链合作关系的目标以及如何构建合理的合作关系,基于供应链战略和数据收集的基础上优化和完善物流网络方案,供应链业务流程再造。第二章将对供应链网络规划的内容进行阐述。

(三)供应链管理的业务层

1. 供应链运作管理

供应链运作管理需要对制造产品和提供服务的过程进行组织、计划、实施和控制。具体包含的内容有:供应链运作模式的演进及竞争因素的变迁,不同类型的供应链运作模式,包括推动式和拉动式供应链、敏捷化和精细化供应链、定制化和延迟化供应链以及全球化供应链。第四章将对供应链运作管理相关内容进行阐述。

2. 供应链采购管理

供应链采购管理影响企业物资供应库存水平、生产计划的完成、顾客服务水平等,是提高供应链上企业同步化运营效率的关键环节。具体包含的内容有:现代采购管理的理念、范围和流程,与物料匹配的采购策略,集中与分散采购策略,准时化采购策略,电子采购策略,供应商的选择和评价决策以及供应关系的管理。第五章将对供应链采购管理进行详细阐述。

3. 供应链分销管理

供应链分销管理是对产成品从制造商到配送中心再到最终消费者的整个过程的管理。具体包含的内容有:供应链分销管理的内涵及主要内容,识别客户价值和客户感知价值,对客户关系进行分类,分散式库存与集中式库存的效果比较,与集中式库存和分散式库存相关联的集中式和分散式配送战略。第六章将对供应链分销管理相关内容进行阐述。

4. 供应链库存管理

供应链库存管理通过平衡产品存货水平缓解供给与需求之间的矛盾,对于任何企业都是至关重要的。具体包含的内容有:供应链库存的类型,供应链库存的影响因素,独立需求库存控制策略,循环库存和安全库存的确定以及相应的订货模型,供应商管理库存模式和供应链联合库存管理及多级库存管理。第六章将对供应链库存管理相关内容进行阐述。

(四)供应链管理的支持层

1. 供应链信息管理

为了保证供应链能够顺畅地运作,信息系统的支持作用必不可少。供应链信息管理的内容包含了供应链管理面临的挑战、供应链信息技术的目标、供应链信息流的共享与集成、供应链信息系统的技术架构、供应链信息管理系统的组成以及电子商务环境下的供应链信息管理。第七章将对相关内容进行阐述。

2. 供应链金融管理

基于供应链核心企业信用的供应链金融是解决供应链上下游中小企业资金困难的有效途径。供应链融资管理的主要内容包括供应链金融的内涵、供应链融资相较于其他融资方式的优势、供应链金融的参与主体、典型的供应链融资模式、供应链融资的风险及管控。第八章将对相关内容进行阐述。

3. 供应链契约管理

通过构建供应链契约可以有效保障供需双方的权益并界定其责任。供应链契约管理的主要内容包括供应链契约涉及的主要内容、契约缔结过程中可能遇到的障碍、定价管理和定价模型、典型的供应链契约模式以及影响供应链契约效果的因素等。第九章将对相关内容进行阐述。

三、供应链管理的意义

有效实施供应链管理对企业具有非常重要的意义。供应链管理利用现代信息技术,通过改造和集成业务流程、与供应商以及客户建立协同的业务伙伴联盟、实施电子商务,大大提高了企业的竞争力,使企业在复杂的市场环境下立于不败之地。

(一)供应链管理可以减少企业运作过程中的不必要浪费

企业运作过程中,较长的物流流通时间、较高的运作成本和库存等都可以看作不必要的浪费。根据有关资料统计,供应链管理的实施可以使企业总成本下降10%,供应链上的结点企业生产率提高15%以上,订货-生产的周期时间缩短25%~35%,供应链上的结点企业库存周转率提高10%以上,等等。这些数据说明,供应链企业在不同程度上都取得了发展,其中以"订货-生产的周期时间缩短"最为明显。

能取得这样的成果,完全得益于供应链企业间的互相合作、互相利用对方资源的经营模式。试想一下,如果制造商从产品开发、生产到销售完全自己包下来,不仅要背负沉重的投资负担,还需要相当长的生产时间。采用供应链管理模式,则可以使企业在最短时间里寻找到最好的合作伙伴,用最低的成本、最快的速度、最好的质量赢得市场,并且受益的不止一家企业,而是一个企业群体。因此,供应链管理模式吸引了越来越多的企业。

(二)供应链管理可以增强成员企业的竞争优势

现代企业的业务越来越趋向于国际化,优秀的企业都把主要精力放在企业的关键业务上,并与世界上优秀的企业建立战略合作关系,将非关键业务转交这些企业完成。现在行业的领头企业在越来越清楚地认识到保持长远领先地位的优势和重要性的同时,也意识到竞争优势的关键在于战略伙伴关系的建立。

供应链管理的理念强调的正是将多个企业联合起来,为共同的利益而奋斗,共同抵挡外来竞争并在竞争中获胜。众多企业联合所产生的竞争力远远大于各个企业力量的简单加总。通过构建快速反应市场需求、战略管理、高柔性、低风险、成本-效益目标等优势,减少企业运作的不必要浪费,增强抵御市场不确定性的能力,从而大大增强企业乃至整个供应链的竞争优势。

(三)供应链管理的优势不易被他人复制

供应链管理的最大优势在于,供应链中的上下游企业形成战略联盟,通过信息共享形成双赢关系,实现社会资源的最佳配置,降低社会总成本,避免企业间的恶性竞争,提高各企业和整个供应链的效益。

供应链管理作为一种新型的管理理念、模式和一套实际的管理系统,已被越来越多的企业所认识、接受和采用。在经济全球化环境下,从供应链管理的角度来考虑企业乃至整个供应链的经营活动,可以充分发挥企业的核心能力,对广大企业提高竞争力将是十分重要的。通过实施供应链管理,供应链上的企业可以开发新产品,使产品或服务进入新市场;开发新分销渠道,提高售后服务水平和用户满意程度;降低库存持有成本、运输和仓储物流成本、单位制造成本,提高效益和效率等方面获得满意效果。

实施供应链管理带给企业的优势十分明显。但供应链管理不是一件容易的事。因为,一方面供应链成员的某些目标会相冲突;另一方面供应链是一个动态的系统,顾客需求变化、供应商能力变化,或者供应链成员关系变化,都会增加供应链管理的复杂性,动态系统的资源优化配置难度更大。恰恰因为供应链管理的不易,供应链管理带给企业的优势是可持续的、不易被复制的。

(四)供应链数字化管理带来更多的价值

供应链数字化管理将在以下方面提供更多的商业价值:实时远程监控、更高效和安全、预测性维护和调度、情景与风险评估、更好的团队和团队间协同和协作、更有效的决策支持、产品和服务的个性化、更好的文件和沟通。数字化管理可以帮助供应链在计划、运营、风险管理各个阶段更好地适应不确定性,降低运营成本,推动价值链中的可持续、循环、端到端的颠覆性创新。

第四节 供应链管理的实践

一、供应链管理的关键业务流程

成功的供应链管理需要一个转变,即从单独功能部门管理转变为将所有活动集成一个关键供应链进行管理。根据美国供应链协会发布的供应链运作参考(Supply Chain

Operations Reference,SCOR),供应链管理是将绩效、流程、实践和人员（技能）包含在一起，架构成为一套完整的体系。这个体系中"流程"是最核心的元素，通过"流程"将其他三项紧密连接。核心流程中包含着六个最高层级的主流程，即计划（Plan）、采购（Source）、生产（Make）、配送（Deliver）、退货（Return）、使能（Enable）。如图1-4所示。

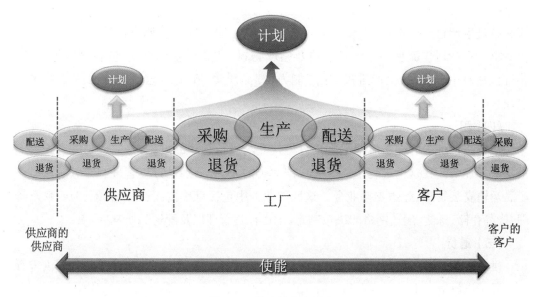

图1-4 供应链业务流程

（一）计划

供应链管理中的计划流程主要需要解决需求和供应相匹配的问题。需求与供给管理过程是将客户的需求与企业的供应能力相匹配和平衡的过程。到目前为止，无规律订单客户需求是不确定性的最大来源，因此，接收订单时需要进行多资源和多路由的选择。由于这种客户订单的不确定性，市场需求和产品计划应该使企业在广泛的基础上进行协同运营，以实现最后的平衡。在现有的供应链管理中，需求与供给能力匹配管理是非常重要的一个环节。这其中需要评估企业整体生产能力、总体需求计划以及针对产品与分销渠道进行库存计划、分销计划、生产计划、物流及生产能力的计划。同时，为了实现需求，从供应链计划工作的角度，还需进行制造或采购决策的制定、供应链结构设计、长期生产能力与资源规划、企业计划、产品生命周期的决定、生产正常运营的过渡期管理、产品衰退期的管理与产品线的管理。

（二）采购

实现需求、完成计划实际上是一个根据市场和客户的需求，最大限度地利用企业自身的和供应链上其他成员能整合的资源按时、按质和按量地满足客户订单需求的过程。此时，企业需要完成获得、接收、检验、拒收与发送物料等业务活动，并且对供方，包括原料供应商、设备及其他资源供应商、服务供应商等，以及与供应方相关的信息进行完整有效管理与运用的基础上，对供应商提供的产品或服务、信息交流、项目合同以及相关的业务决策等进行全面的管理与支持。在这一业务流程中要求企业有策略地管理与供应商的关系,并获得战略性的资源,与供应商一同支持产品的生产制造。

(三) 生产

为了更灵活地响应市场变化,产品生产开始转向由客户需求拉动。在这种模式下,企业的生产计划人员与客户服务的计划人员必须协同工作,缩短生产制造流程周期时间和改进生产过程的柔性,以便整条供应链能快速地实现所有调整以适应大量的客户化要求。生产运作流程中会涉及申请及领取物料、产品制造和测试、包装出货等环节,并且包括对生产状况、生产进度、生产能力、产品质量、在制品运输等方面的业务进行掌控。

(四) 配送

供应链管理中的配送流程是客户订单接受与履行管理的过程,是完成与顾客连接的重要业务环节。在这个过程中需要完成四大类的业务,分别是订单管理、产品库存管理、产品运输安装管理、配送支持业务。这四类业务中包括订单输入、订单分配、应收账款管理、产品存储、拣货、配送网络的决策制定、配送存货管理以及配送品质掌握。

(五) 退货

供应链管理的退货流程中包括原料退回和产品退回两大类,因此涉及的管理内容存在差异。原料退回中需要注意与上游供应商的沟通,而产品退回则需要与顾客做好沟通。退货和回收物流作为一个逆向业务过程,同样提供了取得持续竞争优势的机会。有效的逆向物流管理能使企业改善市场形象并获取更多的市场机会,更好地改善与客户之间的关系,提高资产的利用率,降低成本。

(六) 使能

为了确保供应链管理能够严格按照流程一步步实现,需要有使能流程的支持。供应链管理使能流程包括供应链全程物流支持流程、数字化信息支持流程、财务管理流程等。这三项使能流程体现了供应链中的货物、信息、资金的流动,正是这类流动确保了供应链的正常运行。

二、供应链管理的发展趋势

随着全球经济一体化的深入以及经济环境、网络信息技术、全球动态联盟等的不断发展和变迁,现代供应链管理也将向全球化、生态化、智能化、金融化、绿色化等方向发展。

(一) 全球化

随着国际分工不断深化和跨国公司在全球范围内配置资源,经济全球化竞争、合作与交流越来越广泛和深入,尤其是跨境电商、跨境物流等新型业态的兴起和蓬勃发展,企业要与全球范围内的包括供应商、分销商等在内的上下游企业紧密配合已经是无法逃避的发展趋势。只有全球化供应链管理才能真正借助全球化的电子商务平台,对整个供应链体系进行合理优化和管理,协调其各合作伙伴的运作机制和协作规则,增加潜在的商业机会和开拓新的全球化市场。全球化供应链管理是国际企业间资源集成的桥梁,是一种综合性的、跨国界的集成化管理模式,也是适应全球化下的企业跨国经营的管理模式。

同时,互联网、物联网、智能制造等技术的飞速发展,为全球供应链提供了重要技术支撑。美国、日本、德国等发达国家已将全球供应链竞争从企业微观层面提升到国家宏观战略层面。供应链体系全球化发展不仅是一种趋势,更是一种必然。

(二)生态化

当今世界正处在价值链和商业模式大颠覆的互联网时代,原有行业、市场、模式、利润、竞争对手、合作伙伴、用户的边界正在重构,拥有核心竞争力的企业已经不能保证在竞争中立于不败之地,企业之间的竞争也转移到供应链与供应链之间的竞争。

因此,主动构建、优化与生态伙伴的关系,营造共生、互生、再生的供应链生态圈,成为未来供应链管理发展的主流方向。在供应链生态圈里,设计、研发、生产、贸易、物流、金融等不同主体共同构建从生产到流通再到消费的产品供应链体系,各企业集中精力在核心业务环节输出自身的最大价值,通过上下游企业的协同,高效、精准地对接需求,形成一个以客户价值为核心,各参与主体高效协同、互利共赢的生态体系。

(三)智能化

随着云计算、大数据、物联网等信息技术的快速进步和深入应用,实体经济降本增效、消费升级等宏观因素对产品流通成本下降和供应链效率提升提出的客观要求,以及供应链体系自身的日益复杂化,供应链管理呈现出智能化发展的必然趋势。而以 RFID、无线通信、GPS、GIS、POS、EDI 等为代表的信息技术手段,为供应链管理智能化发展奠定基础,允许供应链管理在更小粒度层面上(深入到 SKU 级别)对产品流动进行数量和空间多个维度上的监控、操作和控制;对供应链海量信息进行采集、跟踪,形成供应链管理的"数据流"。

在此基础上,通过智能算法和软件系统,采用数据挖掘等方法对供应链管理产生的大量数据进行分析、预测,实现自动化采购、库存控制优化、生产计划反馈等智能化供应链运营管理。

(四)金融化

供应链中对一些资金不够雄厚的中小企业而言,"成本洼地"成了制约供应链发展的瓶颈,影响到供应链的稳定性和财务成本。在这一背景下,供应链金融应运而生。通过对商流、物流、资金流、信息流的整合,优秀的供应链企业在金融服务方面大有可为。

近几年,包括平安银行、民生银行、中信银行在内的多家银行都在供应链金融上下足工夫。同时,京东商城、阿里巴巴、苏宁易购等一些电商也加入角逐,通过成立小贷公司等帮助其供应商融资,引起供应链金融领域"战鼓雷动"。供应链金融不仅成为供应链核心企业增加营收的方法,更是提高企业自身及整个供应链体系竞争力的有效手段。

(五)绿色化

随着人类物质文明发展对环境和资源的破坏以及绿色平衡的失调,绿色供应链管理便应运而生。绿色化供应链是指以资源最优配置、增进福利、实现与环境相容为目标,从产品生命周期出发,对整个供应链进行绿色设计,从资源开发到产品消费过程中物料获取、加工、包装、仓储、运输、销售、使用到报废和回收等一些活动的集合,是一种融合了资源减量、环境友好的供应链管理决策模式,尽可能降低对环境的负面影响,最终实现经济效益和社会效益的协调优化。

目前我国大部分企业还没有意识到实施绿色供应链管理的重要性,但已经呈现出发展的势头,并且拥有广阔的发展前景。

本章小结

在20世纪80年代后期,鉴于"纵向一体化"管理模式呈现的种种弊端,很多企业放弃了这种运作模式,开始实行企业间的"横向合作联盟"组织模式,强调企业核心竞争力的培育和业务外包。随着外部竞争环境和企业自身运营过程特点的变化,供应链组织和供应链管理理念便应运而生。

供应链的概念在国内外存在不同的认识角度,需要从多个方面来理解供应链。总体而言,供应链具有整体性、层次性、目的性、适应性、进化性、复杂性、风险性的特征。作为一种新的管理理念,供应链管理相较于传统的管理思想具有很多不同之处。供应链管理主要涉及四个层面,即核心层、业务层、规划层和支持层。具体内容包括供应链的战略定位和网络规划,供应链的运作管理、分销管理、采购管理和库存管理,供应链的金融管理、信息管理和契约管理。

成功的供应链管理需要从单独功能部门管理转变为将所有活动集成为一个关键供应链进行管理。其中关键业务流程包括计划、采购、生产、配送、退货、使能六大主流程。随着经济环境、网络信息技术的发展,供应链管理也逐步呈现出全球化、生态化、智能化、金融化和绿色化的特点。

思考题

1. 简述生产管理模式的变化过程以及每种模式的特点。
2. 简述供应链的概念及特征。
3. 以你的理解定义供应链管理。
4. 供应链管理包含哪些关键业务流程?
5. 简述供应链管理的未来发展趋势。

案例分析题

波音航空材料供应链管理实现集约优势

面对飞机制造这一极其复杂的系统工程,波音公司在整合利用全球资源方面一直是航空制造企业的典范。在1998年之前,波音公司由于供应商众多,且缺乏统一协调,在原材料供应领域"牛鞭效应"突显,面临材料成本不稳定、配送成本高、信息流分散等诸多问题。为此,1998年波音公司启动了新的原材料采购战略,同时携手德国工业巨头蒂森克虏伯公司(ThyssenKrupp AG),开启了波音航空原材料供应集成管理的新纪元。1998年波音与蒂森克虏伯签订长期协议,由蒂森克虏伯旗下服务板块的材料北美公司(Thyssenkrupp Materials NA)的TMX Aerospace(以下简称TMX)部门独家为波音提供原材料供应服务,包括协调全球航空制造的订单管理、采购、仓储、材料加工、包装和交付等,优化波音供应链的材料和信息流。如今,TMX帮助波音与全球550多家供应商进行协调沟通并独家供应材料。

在TMX成立之前,波音的原材料供应商、分销商和零部件供应商是独立工作的,供应链的不同层级之间几乎没有沟通,高效的供应链管理以保障原材料供应成了一项巨大的挑战。针对波音原材料供应领域的痛点,TMX从以下三个维度开展了供应链集成服务。

(1) 统一谈判。针对材料成本不稳定的问题,波音与金属原材料厂进行集中谈判,签订长期协议。由于波音本身体量庞大,集中谈判的规模效应明显,材料价格下降,其稳定性也得到了保障。波音根据自身需求和对供应链信息的掌控能力,对材料需求有了更准确的预测。

(2) 统一仓储配送及增值服务。针对服务成本高的问题,TMX提供了统一的仓储和配送服务以及相关的增值服务。TMX会管理所有材料的仓储和配送信息,并安排材料供应商向波音各层级的制造供应商配送材料。借助集成的信息系统,通过优化的精益操作、准时化配送(JIT配送),最大限度地提高库存周转率,确保统一和安全的供应。同时,TMX还为供应商提供一系列增值服务,包括:前期材料加工处理服务,根据零件供应商的需求提供他们所需的精确材料,从而帮客户节省时间、降低材料报废率、提高资产利用效率;套件交付(Kitting)和组件装配服务(sub-assembly),材料和零件可以在TMX的仓库进行套件交付和装配,以最大化后续工作的效率;物流运输服务,零件和材料可以从TMX的仓库直接运输到生产设施,这些齐配套件和材料通常会被打上标签并按定制要求包装好,通过小推车直接送到后续的加工操作点;成品供应链管理及第三方物流服务(3PL),TMX通过最新的仓储信息系统,改善供应链的信息流,使得物流信息随时可见。

(3) 统一信息管理。针对信息流复杂的问题,TMX采用了先进的定制化订单和数据管理系统来管理订单和供应链中的其他数据,包括采购、供应商管理、材料仓储、材料加工、包装、配送等;通过统一的信息化管理提高数据的透明度、实现及时配送、降低管理成本。定制化的信息管理解决方案,提高了数据的可视性和分析能力,使客户能够专注生产。

可见,蒂森克虏伯的供应链服务是在自身能力基础上,按照客户需求进行定制化设计。除了核心服务内容,它还能提供仓储、物流等第三方服务,与各个生产商、工厂密切合作,提供原材料采购、库存运输、交付等服务。另外,其增值服务包括:原材料加工服务,根据客户需求进行加工和尺寸匹配;组装配套和成品供应链服务,可以帮助客户提高效率,缩短周期。另外,与客户的紧密联系,可以通过其强大的全球网络提升本地服务响应度,快速响应生产和组装流程,提升供应链的可视性和透明度,以保证交货准时性与供应链安全性。

以蒂森克虏伯的供应商管理库存(VMI)物料管理及上线服务为例,客户面临供应链的复杂度提升导致管理难度增加的挑战,如库存超安全线、应急事件费用、生产时间浪费、生产提前期过长甚至产线停产等,严重延误整机组装。蒂森克虏伯根据客户需求量身定制,并基于系统和运营流程,提出解决方案:利用开放系统传递需求,提升库存水平可视性,便于监控;仓储、检查、包装等流程靠近客户所在地;准时交付(JIT)与精准物料上线相结合;建立关键绩效指标(KPI)用于监控和开发流程;开展采购、供应商管理、运输、清关服务等。

在蒂森克虏伯为波音开展材料供应链集成服务之后,波音的零件供应商无须再同众多的材料供应商和分销商打交道,只需向TMX下订单即可购买到给波音加工零件所需的材料,而这些材料在下订单之前就已经被波音买下,并设定好了价格。波音公司的供应商可以通过TMX用相对稳定和透明的价格买下用来制造波音产品的材料。这一模式一直延续至今。

资料来源:《中国航空报》2020年10月27日A5版。

请思考:

1. 波音公司是如何有效降低供应链的复杂度来实现集约优势的?
2. 本案例给中国航空业的供应链管理提供了怎样的启示?

第二章 供应链系统规划

学习目标
- 了解供应链战略的组成部分及要点
- 理解供应链能力与战略的匹配方式
- 理解供应链能力与顾客需求的匹配
- 掌握供应链网络构建与规划的内容
- 理解供应链合作关系的特征和目标
- 理解流程再造和数智化流程的设计

【导引案例】

从1984年12月到现在,海尔经历了三个发展战略阶段。第一阶段是品牌战略,第二阶段是多元化战略,第三阶段是国际化战略。在第三阶段,其战略创新的核心是从海尔的国际化到国际化的海尔。在此阶段,海尔进行流程再造,围绕建立强有力的全球供应链网络体系,采取了一系列重大举措,包括优化供应商网络、完善面向消费者的配送体系。海尔的战略转型使通过全球供应链参与国际竞争成为可能。

第一节 供应链战略规划

如同任何一个重大建筑工程一样,供应链变革也需要规划一个供应链蓝图才能获得成功。没有供应链蓝图,就无法全面地深入了解供应链的诸多环节如何与企业既有的基础设施有机地整合成一体;而且,在供应链变革中,会遭遇交货延期、产品返工、成本上升等诸多状况。在供应链管理中所指的蓝图,就是供应链系统。构建供应链系统的第一步就是选择合适的供应链战略。供应链战略可以总结为五种基本配置要素,即运营战略、渠道战略、外包战略、客户服务战略和资产战略,这些要素相辅相成、不可分割。对这些要素的配置和组合就构成了企业的供应链战略。

一、识别并制定供应链战略

(一)运营战略

企业对于将如何生产产品和提供服务的决策构成了企业的运营战略。企业是选择按库存生产方式(make to stock,MTS)、按订单生产方式(make to order,MTO)、按订单定制(engineer to order,ETO),还是选择将这些生产方式进行组合?是选择外包生产,在低成本的国家和地区进行海外代工,还是选择在制造厂外接近客户的地方完成最终装配?这些都是企业至关重要的决策,影响并构成企业整个供应链的构建及相应的投资。企业的运营战略决定了企业如何配置和运营制造厂、仓库和客户订单,也决定了企业流程和信息系统的设计。

(二)渠道战略

渠道战略必须决策的问题是,企业如何将产品和服务送到购买者或最终消费者手中。渠道战略决策问题包括是选择通过分销商或零售商间接销售,还是选择通过互联网或直销方式直接销售给客户。产品和服务所定位的细分市场和区位优势,是影响渠道战略决策的主导因素。由于产品和服务的边际利润率将因所采用的渠道而异,因此企业必须决定最优渠道组合策略,以及在产品缺货或需求高峰时,各渠道的产品和服务的供应能力的最优分配策略,以实现企业利润最大化。

(三)外包战略

外包战略是以分析企业现有的供应链技能和专业知识为起点去思考:企业真正擅长什么?哪些专业领域有可能创造战略差异优势?这些创造战略差异优势的活动,就是企业必须专注的活动;而对于那些不能创造战略差异优势而第三方企业却可以做得更好、更快、更经济的活动,企业就可以考虑外包战略。外包战略使企业能够迅速增加或减少产能,以开发新产品或在市场中重新定位。在当今竞争激烈的市场环境中,外包战略可以增加企业的柔性和敏捷性,更重要的是,能够让企业专注于核心能力,提高企业竞争地位。

(四)客户服务战略

客户服务战略需要建立在以下两个基础之上:第一,企业客户总量及其获利能力;第二,真正了解客户的需求。这两个基础也是供应链战略整体不可或缺的组成部分,因为它们能帮助企业有的放矢,分出轻重缓急,专注于核心能力。客户服务战略需要做出决策的问题是:是选择在同一天为所有的客户送货,还是根据客户的重要性的不同,以不同的服务水平为目标?是选择为所有客户备妥所有的产品,还是保证一部分重要客户能够更快、更便捷地得到服务?若企业从未审视过企业的客户服务战略,那么企业花费的客户服务成本就有可能要么远远高于客户需要的服务水平,要么远远低于客户需求的服务水平,并因此可能错失重要的市场机会。

(五)资产战略

供应链战略的基本配置要素还包括企业资产网络的战略决策,即企业运营所需的工厂、仓库、机器设备、订货系统和服务中心等。这些资产的选址、规模对供应链绩效有着重大的影响。

大多数企业在综合考虑企业业务规模、客户服务需求、税收优势、供应商条件、当地法规和劳动力成本等因素的基础上，可以选择以下三种资产网络模式。

1. 全球模式

在单一地点生产销往全球市场的单一产品线。企业如果考虑到要有利于产品生产与研发的协调、有利于控制资金密集型产品的单位制造成本、有利于形成高度专业化的生产技能，就会选择全球模式。

2. 地区模式

主要在产品销售地区完成产品生产，虽然有时由于制造中心的专业化分工，也会存在一部分跨区域的物流业务。影响选择地区模式的因素主要包括客户服务水平、进口关税、产品适应地区性特殊需求的程度等。

3. 国家模式

只在销售产品的国家进行产品生产。这种模式比较适合运输费用昂贵的商品。此外，影响选择国家模式的因素还有关税和国内生产产品的市场便利性等。

运营战略、渠道战略、外包战略、客户服务战略和资产战略是供应链战略的基本配置要素。然而，为了推动企业向战略目标推进，构筑起有效的供应链战略，使供应链战略能够真正为企业创造竞争优势，在选择基本配置要素的时候，必须做到：（1）供应链战略与企业竞争战略相匹配；（2）供应链战略与企业的客户需求相匹配。

二、供应链战略与企业竞争战略匹配

企业的供应链战略应当能够直接支持和配合企业竞争战略。企业总体战略目标是什么？企业为客户带来了什么价值？企业如何在市场中形成自己的特色，显示出自己的差异化优势？只有明确了这些关键问题的答案并将其运用在指导供应链战略及其战略要素的配置上，供应链运营才具有战略意义。如果供应链战略不能与企业竞争战略相匹配，结果可能得不偿失。例如，一家电子公司，花了数百万美元巨资提高生产率，缩短订单履行时间，公司的准时交货率相当出色。但问题是，对于公司来说，准时交货已不再是公司获利能力的竞争优势要素。日益激烈的竞争态势表明，随着产品同质化的日趋加深，顾客对于电子产品的价格远远比交货时间更敏感。更为严重的是，公司涉足的几个主要细分市场需求都已逐渐滑落，造成公司营业额锐减、资产回报率大幅下降。此时，公司的总裁意识到了降低盈亏平衡点的作用，但问题是公司的供应链运营目标仍是瞄准以往的竞争优势要素——准时交货率。这种脱节状况源于何处？简单地说，就是这家电子公司面临的核心问题是，其并未在新的竞争环境下制定新的供应链战略目标。

将企业竞争战略转换为有效的行动计划，需要良好的沟通技巧与管理能力。从竞争的基础来看，企业的竞争力可以分为产品、创新、成本、服务和质量。表2-1提供了全面权衡企业的五种基本竞争力战略的框架,同时显示了供应链对于每种基本战略的重要贡献。

表 2-1　供应链对于竞争战略的重要贡献

竞争力战略	竞争优势来源	竞 争 基 础	供应链重要贡献
创新战略	品牌与独特技术	令客户渴望的创新产品	快速上市和快速量产
成本战略	低成本运营	在同类产品中价格最低	高效率、低成本的基础设施
服务战略	超级服务	定制服务满足客户特定需求	产品设计从客户需求出发
质量战略	最安全可靠的产品	可信赖的产品	卓越的供应链与质量控制

(一) 供应链战略与创新战略匹配

以创新为差异化战略的企业,其优势体现在通过激发消费者的购买欲望迅速推出消费者所渴求的产品,获得消费者溢价。供应链战略如何与创新战略匹配呢?对于新开发的产品和服务来说,机会之窗(即在敏捷跟随者开始抢夺市场份额之前的时间)可能很小。创新竞争企业深知抢占市场先机、挖掘市场第一桶金的可观利益,因此推出新产品就成为关键所在。通过新产品快速导入市场,供应链就能帮助企业提高获利能力。这就是为什么将创新视为差异化战略的企业都将供应链与设计链加以整合的重要原因——而设计链可以定义为,企业内部和外部参与新产品或服务的界定及设计的所有成员的总和。

然而,创新竞争的企业所面临的挑战不只是入市时间,快速量产也非常重要。企业能越快地进入批量生产以满足市场需求,就能获取更多收益,也更难被模仿者追赶上。如果企业花费巨资创造了对新产品的强烈需求,却无法满足,那将带来很大损失。因此,进入快速量产也是企业重要的竞争利器。

设计链与供应链的整合是创新竞争企业的关键问题。只有实现了设计链与供应链的整合,才能确保新产品迅速推出并能够持续地满足市场需求。要从产品开发阶段转变到以质量为目标水平的量产阶段,就必须对流程、资产、产品及信息进行管理。同时,设计链与供应链整合也能确保一旦需求骤升,整个供应链就能随机应变,比如供应商能够处理企业需求、订单管理系统能够支持新产品信息、销售渠道和服务人员都已训练有素等。

(二) 供应链战略与成本战略匹配

实行成本竞争的企业提供低价格,吸引对价格敏感的购买者,或是在产品市场维持市场份额。成本战略要求企业高效地整合运营,而供应链在降低产品成本和供应链总成本上都起着非常关键的作用。低成本供应链注重以效率为基础的绩效指标,诸如资产利用率、库存供应天数、产品成本和供应链总成本等。产品标准化和流程标准化相当重要,而供应商与产品质量及库存控制也同样重要。

长期以来,惠普公司(Howlett-Packard)所追求的是创新战略,直到后起的竞争对手改变了整个行业动态时,才不得不有所改变。1997年,利盟公司(Lexmark)推出价格不到

100美元的打印机,使得惠普公司与其他打印机制造商大感震惊,措手不及。1999年,利盟公司年中市场份额已翻了一倍,于是惠普公司不得不启动一项称为"大爆炸"(Big Bang)的野心计划,试图通过供应链变革,大幅削减产品成本。这项计划的目标就是要直接与利盟公司进行价格战。"大爆炸"计划相当成功,截至2002年,惠普公司已经夺回了其全部的市场份额。

不过,值得注意的是,效率和低成本固然很重要,但是,如果服务、创新和质量是企业竞争力战略的关键竞争力要素时,追求效率和低成本就不能以牺牲这些关键竞争要素为代价。以低成本海外制造战略为例,大多数服装企业将制造业务外包到东南亚地区,因为东南亚地区的合同制造商坚持以固定的生产排程计划使成本最小化。然而,这种低成本策略也导致了柔性的缺乏和零售利润受损。若某种流行款式滞销,开始流行另一种新款式,零售商家因能力限制就很难改变订货量和产品组合。若零售商家囤积了太多过时的款式,最终也只能降价出清库存,导致零售利润受损。通常,这种收入流失和利润缩水都与供应链战略和企业竞争战略不匹配有密切关系,但是在评估供应商战略选择的总体影响时,往往忽视了这一点。

(三) 供应链战略与服务战略匹配

实行服务竞争的企业根据客户的特殊需求量身定制服务,并以独特的客户服务而闻名。为了在服务方面胜出一筹,企业与客户直接洽谈所有流程与信息系统,诸如订单接收、订单履行及发票等,以快速、一致和准确为标准。将企业内部流程与关键客户的内部流程与系统进行整合,正是企业必须专注的核心技能所在。

从战略层面来看,擅长客户服务的企业有能力对客户进行细分,企业了解服务成本与获利能力之间的关系,能够准确评估定制服务的成本。因此,企业能够避免为并不需要严格业务标准的客户提供定制服务,从而降低成本。同时,企业还比较注重瞄准行业内高附加值的客户群,不但可以降低客户流失率,而且减少了留住客户所需的成本。

以壳牌石油为例,壳牌公司为客户提供了一个名为"供应商库存管理订货网络"(以下简称SIMON)的库存管理解决方案,以简化采购流程,同时削减供应链成本。利用壳牌公司的自动补货系统,客户不必再下订单,也不怕缺货,不必建立"安全库存"。因为客户的信息系统已经与壳牌公司的信息系统相互整合,可以实现信息共享。每天晚上,记录在客户信息系统中的有关消耗量、现有库存水平及未来用量预测等信息,被发送到壳牌公司的信息系统中。在到达预先设定的库存补货点时,壳牌公司就为其客户发出补货订单,安排补货运输计划,并持续监控追踪整个运输过程,直到客户收货为止。壳牌公司的解决方案为交易双方提供了方便。通过减少客户管理成本及因预测不准确引起的安全库存投资,不仅降低了供应链的总体库存水平,还大大简化了库存管理流程。为了能够获得壳牌石油的网络服务,考虑到SIMON系统在多个供应商同时组合补货的情况下无法运行,客户也同意选择壳牌石油作为独家产品供应商。由此,壳牌公司进一步巩固了与客户之间的紧密关系,而这种关系也正是由于高效供应链的实施而获得的战略优势。

(四) 供应链战略与质量战略匹配

实行质量竞争的企业是因产品和服务的高品质而为人所知,同时也以一致性和可靠性而闻名遐迩。对于质量而言,产品开发显然很重要,但是制造、采购、质量检验及退货等供应链关键流程也非常重要。对于易腐品与易碎品,运输和仓库的作用也非常关键。

与质量有关的供应链关键属性是可追溯性,即能追溯产品至起始点的能力。在不少行业中,这是必备条件。涉及食品安全和正在蓬勃兴起的有机产品与天然产品时,消费者都希望能够从"种植地"开始追溯产品的整个生产和配送过程。以美国橡胶轮胎市场为例,法律规定橡胶轮胎必须可追溯到制造点。此外,由于许多行业出现越来越多的假冒伪劣产品,如奢侈品、娱乐产品及药物等,为了降低风险,越来越多的制造商采用像无线射频识别技术(Radio Frequency Identification,RFID)这类特殊标签来识别商品的真伪,并密切地控制送达消费者之间的物流。

(五) 供应链战略与企业战略匹配的步骤

迈克尔·于戈斯(Michael Hugos)将调整供应链与企业战略保持一致划分为三个步骤:第一步是了解企业服务的市场;第二步是确定企业的竞争优势和核心能力,以及企业在它所服务的市场上能够充当的角色;最后一步是开发供应链的能力以支持企业选择的角色。

1. 了解企业服务的市场

供应链管理的最终目标是让顾客满意,这意味着管理层在制定供应链战略之前首先必须要了解顾客的特征及需求。企业服务于哪种顾客?顾客又会将产品卖给谁?你的企业是哪种供应链的一部分以及是供应链的哪一部分?通过对这些问题的回答得出企业服务于哪种供应链,以及供应链战略目标是强调反应速度还是强调盈利水平。尼普拉(Nipra)和梅因德尔(Meindert)界定了顾客的以下特征及需求。

(1) 每一批所需要的产品的数量。比如顾客需要购买的是小批量还是大批量。

(2) 顾客能够容忍的反应时间。顾客是否期望公司接到要求就能马上提供产品或服务,还是能够容忍比较长的反应时间?去理发店的顾客当然希望能够马上得到服务,而购买汽车的顾客可能提前计划购买并在产品到达之前希望有一段交货期,比如因受到财务状况的制约并不要求立即得到产品。

(3) 顾客所需产品的种类。顾客是在较窄选择范围内寻找商品还是需要有很多种不同种类的产品以供选择?服饰精品店的顾客期望在一组较窄品类范围内确定产品,而大型超市比如沃尔玛的顾客希望得到种类繁多的产品。

(4) 产品的价格。顾客愿意支付多少钱?一些顾客愿意为方便和高水平的服务支付更多,而其他顾客希望以他们能得到的最低价格购买所需要的产品和服务。

(5) 所需的产品更新率。新产品的引进速度有多快?产品的生命周期有多长?对于电子产品和计算机产品,顾客通常希望较高的更新率;而对一些日用品而言,顾客对更新率的期望不高。

2. 确定企业的核心能力

接下来的一步是确定企业在这些供应链中充当的或希望充当的角色是什么,企业是供应链中的哪种参与者。企业是生产商、分销商、零售商还是服务提供商?企业作为供应链的一分子从事什么工作从而能够使供应链顺利进行?企业的核心能力是什么?通过对这些问题的回答可确定企业在供应链中应当扮演什么角色。

一个公司可以服务于多种市场,也可以参与多种供应链。比如,固安捷公司服务于几个不同的市场,它向全国的大型客户如波音和福特销售工业工具,也向小型企业和建筑承包商销售这些工业工具。根据对上面的顾客特征进行测量,这两个不同的市场有不同的需要。

当企业服务于多种细分市场时,需要寻找方法平衡它的核心能力。这些供应链的某些部分对于它们服务的细分市场来说可以是独特的,而其他部分可以结合起来达到规模经济。例如,如果制造是一个企业的核心能力,它能用普通的生产设备生产出一系列不同的产品,那就可以选择不同的存货和运输方式将产品传递到不同细分市场的顾客手中。

3. 开发所需供应链能力

一旦知道了企业服务于哪种市场,以及在这些市场的供应链中所充当的角色,就可进入最后一步,即开发支持企业充当角色所需要的供应链能力。这个开发是在对供应链五个驱动要素所做出的决策的指导下进行的。根据业务的需要,这五个驱动要素的每一个都能被发展和管理成强调反应速度或效率。

(1) 生产。可以通过建造具有大量富余生产能力,并利用灵活的制造方法生产广泛品种的工厂,使这个驱动要素更容易做出反应。为了更易做出反应,公司可以在许多紧邻主要顾客群的小工厂里生产,从而使送货时间更短。如果渴望的是效率,那么公司应该建造没有什么额外生产能力的工厂,并且工厂只能生产有限品种的产品。为了更有效率,可以通过在少数几个大的中心工厂集中生产以得到更好的规模经济。

(2) 存货。保持大量而广泛的产品存货可以使企业更容易做出反应,要想反应更加迅速,可以在许多地方储存产品,以使存货紧邻顾客并且能够立即得到。在存货管理中,实现高效率要求降低所有产品的存货水平,特别是那些不经常卖的产品。同样,只在几个中心地点储存存货可以得到规模经济和成本的节约。

(3) 选址。一个强调反应速度的选址做法是在贴近顾客的地方开许多店。例如,麦当劳就是通过在客流量高的市场开许多店,从而利用选址使其对顾客能很快做出反应。要想实现高效率,可以通过只选几个地方并且在共同的地方集中所有活动。这方面的例子就是戴尔公司,只在几个中心位置向各大区域市场提供服务,在这几个中心位置完成了大量的活动。

(4) 运输。快速而灵活的运输方式可以实现快速响应顾客需求。在网上销售产品的公司能够提供快速的反应,通常在 24 小时内通过运输分发产品。联邦快递(FedEx)和联合包裹服务(UPS)这两个公司提供快速反应的运输服务。强调效率可以通过运输更大量的产品并减少运输次数来实现,利用诸如船、铁路和管理运输方式可以达到极高效率。如果运输起始于一个中心设施而不是来自许多分支地点,它的效率将会更高。

(5) 信息。随着收集和分享信息的技术逐年变得更加广泛、更容易利用并且更加便宜,信息的驱动力量就变得更强。信息就像金钱,是一个非常有用的必需品,因为它能被直接用于提高供应链其他四个驱动要素的表现。当企业收集并共享来源于其他四个驱动要素的准确而及时的运营信息时,可以获得更快的反应速度。服务于电子市场的供应链是反应最快的供应链之一,在这些供应链中的企业——从制造商到分销商再到大零售店——收集并共享有关的顾客需求、生产计划和存货信息。

供应链在反应速度和效率两方面的能力来自对以上五个供应链的驱动要素所做的决策。它们之间的匹配关系如表2-2所示。

表2-2 供应链反应能力与驱动要素的匹配

供应链的五个驱动要素	反 应	效 率
生产	● 富余的生产能力 ● 灵活的制造方法 ● 许多小工厂	● 很少的过剩能力 ● 较窄的产品线 ● 少数几个中心工厂
存货	● 高水平的存货 ● 品种广泛	● 低水平的存货 ● 较少品种
选址	● 许多靠近顾客的选址	● 以少量中心位置服务于广大的领域
运输	● 频繁发货 ● 快速、灵活的方式	● 少量发货,但装运量大 ● 缓慢、便宜的方式
信息	● 收集并共享及时准确的信息	● 信息成本下降,同时其他成本升高

三、供应链战略与顾客需求匹配

成功的供应链管理需要供应链战略与企业竞争战略相互配合,根据企业竞争战略来选择合适的供应链战略配置要素。但同时也需要供应链战略与顾客的需求相匹配。企业根据不同的顾客及其潜在需求不确定性的特点为顾客群提供服务,能更好地实现企业的总战略目标。在这里,将供应链的战略目标描述为在供应链反应能力与供应链盈利水平之间进行权衡。

(一) 供应链能力的变动图谱

供应链反应能力体现在对大幅度变动需求的反应、满足较短供货周期的要求、提供多品种产品、生产具有高度创新性的产品、满足特别高的服务水平的要求。供应链拥有的这些能力越多,反应能力越强,柔性越强,周期越短,创新性越强,服务水平越高。

供应链盈利能力用产品销售收入减去产品生产及送达顾客的成本后的利润高低来度量。随着成本的增加,盈利水平会降低。因此,盈利能力大,要求成本精细化,强调有效性运营。一条供应链从盈利能力到反应能力,存在能力过渡带,组成供应链的能力图谱如图2-1所示。

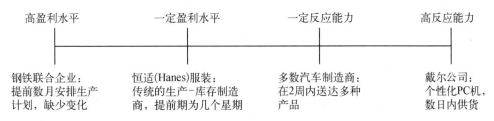

图 2-1　供应链的能力图谱

(二) 识别潜在不确定性需求

我们要对需求不确定性与潜在需求不确定性进行区分。需求不确定性反映了顾客对某种产品的需求的不确定性,而潜在需求不确定性则是供应链不确定性的直接后果,它是指供应链必须予以满足的需求部分和顾客需求特点是不确定的。例如,仅仅为紧急订单供货的一家公司所面临的潜在需求不确定性要高于以较长的供货期提供同样产品的公司。

顾客需求的不确定性和供应链试图满足的各种各样的顾客需要,影响了潜在需求不确定性。表 2-3 阐述了各种顾客需求是如何影响潜在需求不确定性的。

表 2-3　顾客需求对潜在需求不确定性的影响

顾 客 需 求	潜在需求不确定性
需求量增长	增大,因为要求的数量大幅度增加意味着需求变动增大
供货期缩短	增大,因为对订单的反应时间缩短
要求的产品品种增多	增大,因为对每种产品的需求更加发散
获取产品的渠道增多	增大,因为顾客总需求分散给更多的供货渠道
创新速度加快	增大,因为新产品的需求会有更大的不确定性
要求的服务水平提高	增大,因为公司不得不应付偶然出现的需求高峰

由于每一种顾客需求都对潜在需求不确定性产生重大影响,我们可以将潜在需求不确定性作为一种工具,用来区别不同类型的需求。于是,我们就可以沿着潜在需求不确定性的变动范围来考察不同类型的需求。图 2-2 给出了每种产品由顾客所引发的潜在需求不确定性水平与相应的产品图谱。

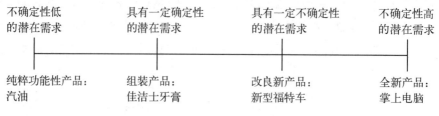

图 2-2 不确定需求图谱

费舍尔(Fisher)指出,潜在需求的不确定性通常与需求的其他特点有关,如表 2-4 所示。

表 2-4 潜在需求不确定与需求的其他特征之间的关系

需求特征	低潜在需求不确定性	高潜在需求不确定性
产品边际收益	低	高
平均预测误差	10%	40%~100%
平均产品脱销率	1%~2%	10%~40%
季末平均滞销率	0%	10%~25%

资料来源:马歇尔·L.费舍尔,"什么是适合于你的产品的供应链?",《哈佛商业评论》1997年第3~4期。

(三)不确定性与供应链能力相匹配

我们以供应链的运营能力为纵坐标,往上表示强调供应链的反应能力,往下表示强调供应链的运营成本,即侧重盈利能力;以潜在需求不确定性为横坐标,往右表示需求不确定性强,往左表示需求确定。纵坐标存在供应链运营能力的变动范围(能力图谱),从上往下可以分为反应能力强、反应能力较强、盈利能力较强、盈利能力强;横坐标存在需求不确定性的变动范围(需求图谱),从左往右可以分为需求确定、需求较确定、需求较不确定、需求不确定。

根据前文的分析,企业的战略目标是从满足目标顾客出发的,供应链的类型是用反应能力的大小来度量的。但是什么样的顾客需求与供应链组合形式才是匹配的呢?我们以戴尔公司为例。

戴尔公司的战略目标是希望拥有最新款式的 PC 机以及时满足目标顾客群的个性化需求。分析目标顾客的需求,我们可以看出戴尔公司的顾客需求具有高度的不确定性。对于戴尔公司来说,有两条供应链类型可供选择,一条是反应能力强的供应链,一条是高效率(低成本)水平的供应链。如果戴尔公司选择的是高效率(低成本)水平的供应链,它就可以利用生产的规模经济以及廉价的但并不快速的运输工具来达到低成本的目的,但是这样做,它将无法满足顾客所要求的多品种、个性化以及快速送达的需求。所以,戴尔公司根据企业战略目标的需要,应该建立一条具有较高反应能力的供应链来满足其顾客的需求。

由戴尔公司的例子可以看出,潜在需求不确定性越高,相匹配的供应链的反应能力就应该越强,供应链反应能力的不断提高恰恰弥补了顾客潜在需求不确定性增大的风险。在图2-3中,这种关系表示为"匹配带",为了取得高水平业绩,企业应该把潜在需求不确定性和反应能力考虑到匹配带中。

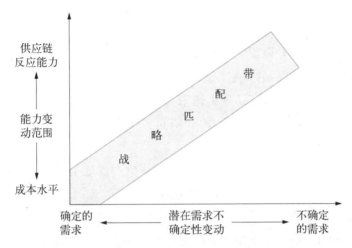

图 2-3　产品需求不确定性与供应链反应能力的匹配关系

总之,基于战略匹配创建的供应链战略,能在效率水平与反应能力之间取得平衡,能使企业根据不同的顾客及其潜在需求不确定性的特点为顾客群提供服务,更好地实现公司的总战略目标。

第二节　供应链构建与网络规划

供应链最简单的形式是由企业、供应商以及顾客所组成,它们是一个简单供应链的基本参与者。扩展的供应链还包括三种额外的参与者:首先是供应商的供应商,或者说是处于一个扩展的供应链起点的最初供应商;其次是顾客的顾客,或者说是处于一个扩展的供应链终点的最终顾客;最后是为供应链中的其他企业提供服务的所有企业的集合,它们是在物流、融资、市场营销和信息技术方面提供服务的企业。

一、供应链的参与主体

任何供应链都是执行不同功能的企业的组合。它们可以是生产商、分销商或批发商、零售商、作为顾客的个人或企业以及产品的最终使用者。一条完整的供应链还包括为这些企业提供其他一切服务和支持的企业。

(一) 生产商

生产商或者说制造商是生产产品的组织者。这既包括原材料的生产商也包括最终产品的生产商。原材料的生产商可以是开采矿物的组织、为石油和天然气钻井的组织以及砍伐树木的组织等,也可以是耕田、饲养牲畜或捕鱼的组织。最终产品的生产商利用原材料和其他生产商生产的配件生产它们的产品。

生产商也能生产无形的产品,如音乐、娱乐、软件或设计。产品也可能是服务,如修建草地、打扫办公室、做外科手术或传授一门技术。

(二)分销商

分销商是先从生产商处取得大量产品,再把一组相关的产品线传递给零售商的公司。分销商主要向企业销售产品,并且它们销售产品的批量大于零售商通常购买的批量。分销商通过储存库存和开展大部分销售工作来寻找顾客并向顾客提供服务,从而缓冲了生产商面临的产品需求波动。对于消费者,分销商实现了"时间和地点"功能——它们在顾客需要产品的时间和地点分发所需的产品。

典型的分销商拥有大量产品的所有权,它们从生产商处买来这些产品并卖给顾客。除了产品促销和销售,分销商执行的其他功能还有库存管理、仓库管理、产品运输以及顾客支持和售后服务。分销商也可以只在生产商和顾客之间做产品的经纪人,并不拥有产品的所有权。这种分销商主要承担产品的促销和销售功能。在这两种情况下,当顾客的需求和可获得的产品的范围发生变化时,分销商就是不断跟踪顾客需求并将它们与可获得的产品进行匹配的代理商。

(三)零售商

零售商备有库存并以较小的批量销售给普通公众。这种组织也紧紧跟踪顾客的偏好和需求。它们向顾客做广告并经常利用价格、产品组合、服务和便利的组合来吸引顾客购买它的产品。例如,折扣商店运用价格和广泛的产品选择吸引顾客,高级专业商店提供独特的产品线和高水平的服务,快餐店用便利和低价吸引顾客。

(四)消费者

消费者或顾客是购买和使用产品的任何组织。一个顾客组织购买产品可能是为了将它与另一个产品合在一起再卖给其他顾客,或者是直接用于生产,但无论如何,其购买产品的目的就是为了使用。

(五)服务提供商

服务提供商是向生产商、分销商、零售商和顾客提供服务的组织。服务提供商开发出供应链的特定活动所需要的专门知识和技术,正因为如此,它们提供的服务能比生产商、分销商、零售商和顾客自己给出的更有效并且更低价。

在供应链中,普通的物流服务提供商主要负责提供运输服务和仓储服务,它们大多是以运输公司和公用仓库公司的形式出现。财务服务公司提供贷款、信用分析以及对到期的应付票据收账等服务,主要包括银行、信用评估公司以及收账代理商。除此之外,供应链中的服务提供商中有一些还提供市场调研、广告服务、产品设计、工程服务、法律服务以及管理咨询等服务,还有一些提供信息技术和数据采集服务。所有的这些服务提供商在一定程度上融入了供应链中生产商、分销商、零售商和顾客正在进行的活动中。

二、供应链的结构模型

供应链由属于这些范畴的一个或多个参与者以不同结构形式组成。经过一段时间的调整,整条供应链的需求保持基本稳定,改变的是供应链中参与者的结构以及它们各自承担的角色。在一些简单的供应链中,只有少数服务提供商,因为其他参与者自己实现了服务功能;而在其他一些扩展的供应链中,能够提供高效特殊服务的服务提供商也参与进来,其他参与者就把这些工作外包给这些服务提供商。图 2-4 和图 2-5 展示了不同供应链的结构。

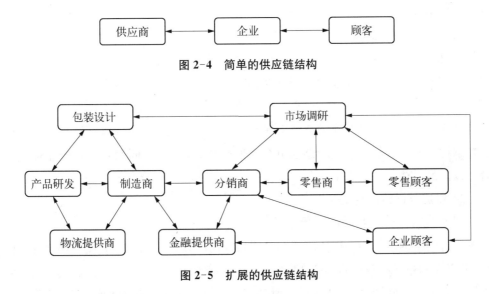

图 2-4 简单的供应链结构

图 2-5 扩展的供应链结构

通过上面对供应链参与者的介绍,供应链的结构模型可以简单地归纳为图 2-6 的模型。

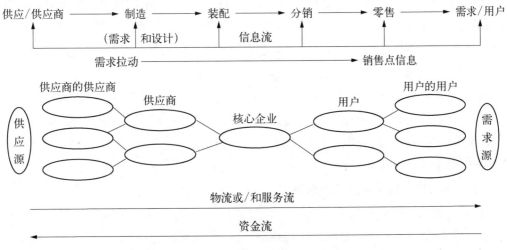

图 2-6 供应链的网链结构模型

从图 2-6 可以看出，供应链由所有加盟的结点企业组成，其中一般有一个核心企业，该企业可以是产品制造企业，也可以是大型零售企业（如美国的沃尔玛），而各结点企业则在需求信息的驱动下，通过供应链的职能分工与合作（生产、分销、零售等），以资金流、物流和服务流为媒介，实现整条供应链的不断增值。

三、供应链网络规划内容

供应链网络是一个具有多层性、动态性及复杂性的网络系统。对该网络系统的规划是一项复杂的系统工程，明确供应链网络规划的基本思想、目标及原则是开展好这项工作的立足点和出发点。

（一）供应链网络的内涵

自 21 世纪以来，企业所面临的内外部环境在不断发生变化。企业的用户需求多样化趋势越来越明显，小批量多频次供货已成常态，企业产品的生命周期越来越短，在这一瞬息万变的市场环境下企业之间需要更加密切的合作。企业之间的竞争已经转变为供应链与供应链之间的竞争。企业间的竞争格局发生了巨大的变化。供应链网络由位于不同地理位置承担不同业务功能的供应链成员企业所构成，分布于不同网络节点的成员企业共同合作以满足最终客户的需求。

（二）供应链网络的特征

1. 供应链网络的多层性

供应链网络的多层性是指供应链网络体系往往可以划分成若干个规模较小的供应链网络，形成大网络套小网络的供应链网络格局。随着供应链与供应链之间竞争的加剧，供应链网络规模在不断增大，具体表现在所含有的成员企业的数量在不断增加，企业之间的契约关系更加复杂。

2. 供应链网络的动态性

供应链网络的动态性具体表现在供应链网络的规模可以增大也可以减小，组成供应链网络的成员企业可以进入也可以退出，成员企业之间契约关系可以随着市场环境的变化而不断修正。供应链网络的动态性使其能够贴近市场实时变化以形成较强竞争实力。

3. 供应链网络的复杂性

绝大多数组成供应链网络的成员企业是独立的经济实体，具有相应的决策权、资源配置权。这就使供应链网络的整体优化变得困难，再加上不同的网络节点具有不同的利益诉求，供应链网络的协调便变得更加复杂。供应链网络的复杂性决定了在进行供应链网络规划时要谋全局谋长远。

（三）供应链网络规划的基本思想

1. 具有全局观的并行规划

供应链网络规划是一项系统工作，要综合考虑物流系统、信息系统、组织以及相应的服务体系的构建。供应链网络规划要具有全局观，同时各个子系统、子网络的规划应同步进行,施行并行规划,只有这样才能高效地完成供应链网络规划任务。

2. 考虑环境因素的柔性规划

供应链网络的运行环境非常复杂,涉及政治、地理、文化以及经济等因素。在规划的过程中要考虑这些环境因素未来的变化趋势以及相应的变化会对供应链网络的运行所造成的影响。综合这些因素,供应链网络规划要具有一定的柔性,对环境的变化要具有自适应能力。

(四)物流网络规划的目标

物流网络是整个供应链网络的重要组成部分,其目标有以下四点。

1. 良好的客户服务能力

改善后的物流网络将具有很好的柔性,满足顾客个性化物流服务需求是物流网络良好服务能力的体现。设计规划出来的物流网络要能更好地满足目标客户的需求,才能称为一项成功的设计。在物流网络设计中,选择自营物流服务还是外包给第三方物流企业,首先要考虑其灵活性,其次要考虑其能否提高服务能力。

2. 快速的市场反应能力

快速反应客户的需求是企业赢得市场竞争的保障。及时满足顾客的需求,不仅要求有恰当的预测未来需求的能力,而且要求有快速处理物流服务的能力,尽可能减少因反应不及时而引起的顾客流失。所以,拥有快速反应的能力是物流网络规划的一个主要目标。在物流网络规划中,需要关注客户需求的差异程度,以及仓库布点和运输配送方式能否应对客户需求的变化。

3. 强大的信息处理功能

强大的信息处理功能是指物流网络中的信息收集、交换与共享能力,物流活动信息的跟踪、查询能力。保持物流网络内部信息的畅通可以增强成员企业对市场需求变化的灵敏感应,也可以减少物流网络的供需失调,降低牛鞭效应和库存联动效应。

4. 供应链总成本最低化

充分考虑供应链上各个成本因素,重点考虑供应链的仓储成本、运输成本和库存持有成本。通过供应链物流网络的优化实现供应链总成本的最低化。

(五)物流网络规划的原则

在物流网络设计的过程中,应该遵守一些基本原则,以保证物流网络的规划与设计能够满足企业战略目标的要求。为了保证物流网络设计能满足供应链管理思想的要求,从宏观角度来讲,物流网络设计一般应遵循以下五个原则。

1. 全局性原则

在设计物流网络时,首先要从全局出发,考虑物流网络的可实施性。否则,根据物流网络的目标和特定的要求逐步设计下去,成本代价非常高;或者从操作可行性和目标市场出发,最终的体系偏离了高层的战略目标,都是不可取的。所以,在设计物流网络的时候要从全局出发,往往是由高层依据市场需求和企业发展规划做出战略规划和决策,并提供给设计规划小组,由下层部门制订相应的局部决策给设计小组作为参考,设计小组在综合权衡各方面利弊后制订相应的物流网络规划体系。

2. 互补性原则

物流网络的各个结点的选择应遵循"强强联合"的原则,最大限度地利用各企业的优势资源,实现资源整合,增强物流网络的灵活性和竞争力,并使各成员企业达到实现资源外用的目的。每个企业只集中精力致力于各自核心的业务流程,在设计结点内物流网络时,采用并行设计原则,实现并行的运作模式,帮助实现供应链业务的快速重组。

3. 协调性原则

物流网络合作伙伴关系是否和谐深刻地影响着供应链业绩的好坏。在设计物流网络时应该注意强调供应链内部协调,以充分发挥各成员的主动性和创造性,形成一个团结、和谐和富有战斗力的竞争集体。同时也应注重供应链系统与周围环境之间的协同。

4. 动态性原则

正是基于市场需求的不确定性,供应链管理才被发掘出来。由于不确定性的存在,需求信息不断变化,因此,设计出的物流网络应能够最大限度地减少信息传递过程中的信息延迟和失真,并且必须保持供应链管理的动态性。在不同的地点和不同的时间,供应链管理能够有不同的实施方案。

5. 战略性原则

物流网络设计必须在企业总体目标和战略目标的指导下进行,与战略目标保持一致。物流网络的战略要与企业的战略相匹配,与企业的经营战略相一致。物流网络的建模应当遵循物流网络的战略,以战略的观点考虑减少不确定性影响。战略性原则是从企业发展的长远性和可预见性的角度来考虑物流网络的设计。

总之,物流网络规划应从市场需求的角度出发,以富有战略性的眼光,综合运用企业的能力和优势,发挥企业各类人员的创造性,并与其他企业共同协作,从而发挥物流网络的整体优势。

(六) 物流网络规划的重点

物流网络规划决定了供应链中各个实体的结构,对公司长期发展具有重要的影响。物流网络规划主要是确定采购和分销过程中的工厂和仓库的位置。物流网络规划主要关注以下六个重点:

(1) 确定物流网络中仓库和工厂等设施的合理数量;

(2) 确定每个设施的地点;

(3) 确定每个设施的规模;

(4) 确定每个设施的功能,如生产什么产品、存储什么产品;

(5) 确定设施与设施之间的连接方式,即每个设施中的原材料或者成品从何而来;

(6) 确定分销战略,即每个顾客应该从哪个仓库中取得最终产品。

如前所述,进行物流网络规划具有很多的目标,但是目标之间可能会相互冲突。而网络规划的目的就是在满足不同服务水平的前提下,最小化供应链系统的总成本,包括生产和采购成本、库存持有成本、仓储成本、运输成本等。但是,成本和服务水平之间的冲突是显而易见的,例如,增加仓库的数量会导致以下情况:

(1) 由于减少了到达客户的运输时间,服务水平得以提高;

(2) 由于需要在各个仓库储备安全库存,库存持有成本得以增加;

(3) 增加了仓库管理和开设的成本;

(4) 降低了最后一公里(从仓库到达客户)的运输成本;

(5) 增加了干线运输的成本,从工厂往仓库运输或者从仓库往仓库补货运输的成本。

因此,企业必须通过物流网络规划来平衡服务水平和供应链总成本之间的关系。

第三节　供应链合作关系

供应链合作关系是一个不断发展演进的过程。供应链合作关系一般是指在供应链内部多个成员企业之间所形成的一种协调合作关系,该关系的建立主要是为了实现供应链的总体目标和综合效益。通过供应链成员企业的通力合作来建设供应链总体库存水平,降低供应链运营成本并提高供应链综合绩效。

一、供应链合作关系的发展阶段

企业之间的买卖关系由来已久,从企业建立之初便已存在了。供应链的合作关系大致经历了四个阶段:传统的企业关系、物流合作关系、合作伙伴关系以及网络资源关系。随着市场竞争因素的不断变化,企业之间的集成度也不断增强。企业之间由传统的企业关系经由物流合作关系逐渐发展成了供应链合作伙伴关系,并进一步向网络资源关系拓展。

(一) 传统企业关系阶段

在 20 世纪 60—70 年代,企业与企业之间只是一种买卖关系,在这种传统的企业关系下,企业力求以最便宜的价格买到最好的东西,相互之间讨价还价,企业把供应商看成自己的竞争对手,相互之间存在的是竞争关系。面对当时供不应求的市场环境,企业与企业之间是成本的竞争,企业不断进行技术与管理的创新,以生产为中心,改进工艺技术来提高生产率,扩大规模来降低成本,企业与企业之间很少合作,企业之间的集成度比较低。

(二) 物流合作关系阶段

到了 20 世纪 70—80 年代,企业之间的竞争由基于成本的竞争转变成了基于质量的竞争,供应链的合作关系也由传统的企业关系转变成了物流合作关系。企业开始进行制造模式与技术研发创新,运用先进的生产模式,如准时生产方式、全面质量管理,企业之间进行作业层面和技术层面的合作,以实现生产的均衡化和物流的同步化运作,企业之间的合作度虽有所提高,但层次较低,基本属于合作性的竞争关系。

(三）合作伙伴关系阶段

自 20 世纪 90 年代以来，简单物流关系的企业合作在信息共享（透明性）、服务支持（协作性）、并行工程（同步性）、群体决策（集智性）、柔性与敏捷性等方面都不能很好地适应越来越激烈的市场竞争的需要，企业与企业之间开始进行战略、战术、作业层面的多层次协作，供应链合作关系也由物流关系转变成了战略合作伙伴关系。在这种企业关系中，市场竞争的策略最明显的变化就是基于时间的竞争和供应链之间的竞争。在多变的市场中，企业的柔性和敏捷性大大提高。

（四）网络资源关系阶段

该阶段以实现集成化战略合作伙伴关系和以信息共享的网络资源关系为特征。随着信息技术的高度发展以及在供应链各成员企业间的信息高度集成，供应链成员企业间的合作关系最终演变成网络资源关系。

二、供应链合作关系特征

供应链合作伙伴关系的主要特征从以产品/物品为核心转向以集成/合作为核心。在集成/合作逻辑思想指导下，双方共同参与产品和工艺开发，以实现相互之间的流程集成、信息集成、资源集成和物流集成。这样就减少了信息不对称带来的不确定性影响及其造成的风险，减少了运作成本，提高了资产利用率，实现了双方共同的期望和目标。因此，供方与需方之间的交换不仅是物质上的交换，还包括一系列服务的交换。

供应链合作关系强调直接的、长期的合作，强调通过共同的努力来实现共有的计划和解决共同的问题，强调相互之间的信任与合作。供应链合作关系联盟的出现使企业之间的竞争转化为供应链与供应链之间的竞争，联盟运作离不开现代信息技术、通信技术及企业间电子商务的广泛应用。供应链合作关系联盟强调在企业与企业之间的合作设计与产品模式、客户驱动的设计、供应商管理、客户订单执行与控制四个方面的职能。

三、供应链合作关系目标

供应商战略合作伙伴关系建立在相互信任、相互帮助、信息透明的基础上，要求核心企业与其供应商结成一个直接面向市场和客户的动态联盟，能够像一个企业内部的不同部门一样主动默契地协调工作。这不仅有利于核心企业提高自己的竞争优势，也有利于供应商提高自己的核心竞争能力，从而使整个供应链更具竞争优势。实施供应链战略合作关系是一个复杂的过程，供应链合作关系的建立不仅是企业结构上的变化，而且在观念上也必须有相应的改变。通过建立供应商与制造商的战略合作关系，可以达到以下目标。

（一）制造商的目标

（1）库存水平低，采购与库存成本减少；

（2）货源稳定，小批量供货，JIT 物流；

(3) 改善时间管理,实现即时定制生产;
(4) 缩短交货提前期和提高交货可靠性;
(5) 实现数量折扣,获得稳定而优惠的采购价格;
(6) 供方质量认证保障产品质量的可靠性较好;
(7) 联合产品设计和快速响应市场需求变化;
(8) 强化数据信息获取和有效安排采购计划。

(二) 供应商的目标
(1) 有稳定的市场需求量;
(2) 更好地把握用户的需求;
(3) 提高生产运作系统的效率;
(4) 有效改进零部件生产质量;
(5) 降低生产成本和物流成本;
(6) 提高对买主交货期的柔性;
(7) 快速响应买主需求的变化;
(8) 比非合作的供应商获利高。

(三) 合作关系双方的共同目标
(1) 改善相互之间的沟通;
(2) 实现共同愿景和目标;
(3) 共担风险和共享利益;
(4) 共同参与产品的开发;
(5) 减少不确定性的风险;
(6) 降低投机而化解冲突;
(7) 生产与运输规模效益;
(8) 减少交易的管理成本;
(9) 提高资产的利用效率。

因此,供应链中的上下游企业只有着眼于长期共同发展,建立以合作和信任为基础的战略合作伙伴关系,并通过一定的机制来维护这种关系,才有可能使供应链整体以最低的成本向顾客传递最优化的价值,进而提高整体竞争力,实现整体价值增大。

四、供应链合作关系的构建步骤

(一) 市场竞争环境分析

供应链合作关系是一种动态的关系,该关系将随着市场环境的变化而变化。由于市场竞争环境瞬息万变,构建供应链合作关系的第一步便是对市场竞争环境的分析,通过分析了解市场对产品的需求,进而针对产品开发相应的供应链合作关系;并且供应链合作关系的类型变化也会受市场竞争环境的影响。

(二)合作伙伴选择目标设定

供应链合作伙伴的选择是构建供应链合作关系的重要步骤。合作伙伴选择目标需要根据实际情况确定,如质量、成本、价格、提前期、销售额、利润、企业信用等。

(三)成立合作伙伴评价小组

供应链成员企业必须建立一个合作伙伴评价小组来实施对成员企业的综合评价工作。评价小组成员来源需综合考虑评价目标,成员一般来自采购、生产、销售、研发等部门。小组成员之间要通力合作,既要具有专业知识和技能,也要有团队合作精神。

(四)确定评价选择的对象

评价小组根据评价目标来确定供应链合作伙伴的备选企业,再通过与备选企业的进一步沟通并运用具体的合作伙伴选择工具来最终确定合作伙伴。

(五)供应链合作关系实施

确定供应链合作伙伴之后,便是供应链合作关系的实施阶段。在实施供应链合作关系的过程中,市场竞争环境也在不断变化之中,评价小组可根据实际情况来修订合作伙伴评价标准。

第四节 数智化供应链流程设计

供应链的业务流程实际上是结点企业业务流程的集成,在某种意义上也可以看成核心企业业务流程的扩展。供应链的绩效在很大程度上取决于其业务流程的设计和运作,就像企业的经营绩效在很大程度上取决于其业务流程的设计一样。因此,供应链流程再造是从整条供应链的角度出发,为了适应竞争环境和最终客户需求的变化,对整条供应链的业务流程进行重新设计,以期整条供应链管理的各项绩效取得显著改善。

一、业务流程再造的提出

服务经济时代,要求对市场变化做出快速反应,建立灵活应对需求变化的组织结构。20世纪90年代,迈克尔·哈默(Michael Hammer)和詹姆斯·钱皮(James Champy)提出了企业业务流程再造的概念。

(一)业务流程影响供应链供货的竞争能力

在供应链管理环境下,供应链组织是依赖各种流程而运作的,业务流程从根本上影响供应链组织的竞争力。由于供应链的业务流程决定供应链管理制度,而管理制度的执行决定企业行为,企业行为又决定了供应链网络结构,因此流程再造是组织获取供应链竞争力的途径(如图2-7所示)。

(二)业务流程被分割的弊端

传统组织形式的流程运作围绕着销售、财务、生产运作这三个基本职能部门来组织公

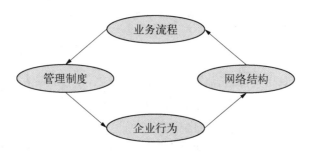

图 2-7　业务流程影响供应链组织的竞争力

司的活动,完成顾客订单的业务流程,如图 2-8 所示。从顾客下单开始到顾客收到所订商品为止,业务流程被不同的部门所分割,这种组织形式所决定的管理制度导致物流活动被不同部门所阻隔而不连续。

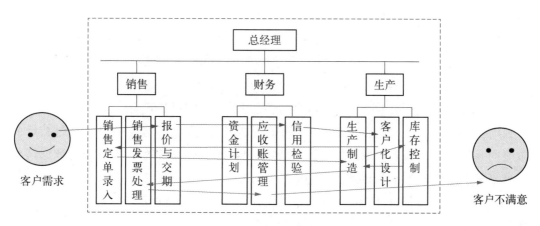

图 2-8　传统订单业务流程

这种"科层制"管理模式的主要特点是强调劳动分工,组织结构分层次,通过专业化提高生产效率。但在频繁变动的环境下,分割的业务流程存在如下问题:一是订单需要在不同部门之间流动和执行,流转步骤多,每个步骤为了部门效益而采取批处理,都有可能存在排队和等待时间,无效工作环节增多而效率低,造成订单执行周期长;二是出错率高,这种串行流程,只要有一个环节出错,订单执行就会出现失误;三是横向流程无统一控制,部门本位主义严重,无人对整个业务流程及其结果负责,无人知道订单执行过程的现状,因而没法回答顾客的查问;四是库存多,反应速度慢;五是由于对外接触不止一处,这样业务部门、财务部门、销售部门与客户沟通时只考虑自己部门的职责权限,容易导致客户不满。

(三)流程再造借用内外资源

企业内部流程再造以企业的主要业务流程或作业任务为改造对象,以充实和完善企业的核心业务为中心,以实现企业的价值增值为目标,重新进行企业业务流程的设计,拆除在市场、设计、生产、销售、财务和人事等不同职能之间设置的围墙,构筑新的企业组织结构和分工体系,形成既能对市场需求做出快速反应又有较强盈利能力的企业组织。也就是企业流程再造主要是为了提高企业内部效率,对企业内部的业务流程进行整合,优化企业内部的物流、信息流和资金流。

然而供应链管理主要是重组企业外部资源,对企业和企业之间的业务流程进行整合,从整个供应链的角度对物流、信息流和资金流进行优化。因此,哈默曾在《企业行动纲领》中总结:"20世纪90年代这10年的特征就是企业内部的'墙'开始倒塌,面临改善经营绩效的紧迫任务,企业已经系统地打破了内部职能部门之间以及处于不同地理位置的部门之间的分割界限。而未来10年内将要支配商业进程的下一件大事则是拆除企业之间的'墙',企业内部不同职能部门之间、不同地区部门之间的'墙'无论有多高多复杂,但是与公司之间的'墙',尤其是把公司与其自己的供应商和客户分隔开来的'墙'相比,那也算是小巫见大巫了。"企业之间的"墙"造成的后果与企业部门之间分隔彼此的"墙"造成的后果是同样的,即成本增加、时间延误、业务复杂化、存货积压等,而这些正是需要供应链管理解决的问题。

由上面的分析可以得出新一轮流程再造的重点不是某个结点企业内部的业务流程,而将是对整条供应链上所有结点企业业务流程的再造和集成,即要拆除企业之间的"墙"。实际上,每个结点企业的业务流程只是整个供应链业务流程的一部分,为了合并、简化和重新设计它们彼此之间的业务流程,每个结点企业的新任务就是要消除自己的界线,使本企业的业务流程与供应商、客户的相应业务流程之间的联系流畅化、整体化。通过结点企业之间业务流程的再造,根除额外的管理费用、成本及存货的剩余源,同时通过数据信息的共享来进行业务协调,使整条供应链达到一种非常顺畅的连接,真正实现高速、高效资源共享,提高整个供应链及结点企业的竞争优势。因此,供应链业务流程再造是供应链系统设计与改进的重要内容。

在数字化时代,组织处于纵横交错的网络环境,业务的价值创造与数据的产生、传递和使用密不可分,数据的互联互通、综合集成将极大颠覆企业传统的金字塔管理模式,驱动企业组织结构的变革、业务流程的优化以及产品技术的创新,企业价值创造模式由传统线性向链条化、网络化转变,形成企业数字化发展的新模式、新价值,驱动效率提升、产品增值、生态构建。

在数字化技术支持下,厘清部门业务关系后,可以清楚看出哪些是可整合项目和可精简环节,能合并的合并、能并联的并联、能取消的取消,完成去冗余、去重复,进而引入协办机制。

二、业务流程再造的内涵

在了解供应链流程再造的内涵之前,有必要对流程再造的定义进行分析。1990年,哈默博士首先提出了"业务流程再造"(Business Process Reengineering,BPR),即"对企业业务流程(Process)进行根本的(Fundamental)重新思考和彻底的(Radical)重新设计,从而获得在成本、质量、服务和速度等方面业绩的显著(Dramatic)改善"。业务流程再造是提升组织能力的必要手段，尤其是在市场不断变化的新商业时代，更需要企业能够及时面对客户需求变化，不断提高创造价值活动的效率。在业务流程再造中，主要有五个方面的关键内容需要掌握。

（一）面向业务流程

业务流程再造关注的是企业的业务流程，一切重组工作全部围绕业务流程展开。业务流程是指一组共同为顾客创造价值而又相互关联的活动，它决定着组织的运行效率。传统组织注重"职能分工"与层级管理机制，但由于分工过细、组织机构庞大、组织效率低下、管理费用增多，已背离了"分工出效率"的初衷。而业务流程再造从重新设计业务流程着手，强调流程观念，打破职能界限，直达客户。

（二）根本性的反思

业务流程再造并不是在既定的框架上实施再造，而是对长期经营所遵循的分工思想、等级制度、规模经营、标准化生产等基本信念进行重新思考，是需要打破原有的思维定式，进行创造性思维的根本性的反思。反思为什么要做这件事、为什么要这样做、能否不这样做、应当怎样做、现有的准则是否有存在的必要等一系列问题。

（三）彻底重新设计

追根溯源，业务流程再造对流程进行重新构造，而不是改良或调整；对既定的现存事物不是肤浅的调整，而是抛弃现有业务流程和组织结构，创造全新的方法。要打破常规和旧的框架、抛弃旧的结构和程序、树立新的价值观念，建立新的企业文化。

（四）绩效显著改善

业务流程再造寻求的不是一般意义的业绩提升或略有改善，而是要使企业业绩有显著增长，有质的飞跃。这是业务流程再造追求的目标，也是对业务流程实施变革的结果。哈默和钱皮为"绩效显著改善"制订了一个目标，即"周转期缩短70%，成本降低40%，顾客满意度和企业收益提高40%，市场份额增长25%"。所以说，业务流程再造绝非是缓和的、渐进的改善，而是一日千里的大跃进。

（五）重视数字价值

在早期，业务流程再造有了IT支持才取得突破性进展。只有将现代信息技术融于管理模式之中，充分发挥现代信息技术的作用，才能使再造后的流程更有效率、更有竞争力。现阶段，企业在数字化经营过程中应重新认识自己的核心资产和增长点，充分发挥数字化经营分析与决策力，数字化描述、沟通、协同合作力，以及数字化的应急处变能力，利用海量数据、算力、算法更精确地进行流程再造，给企业带来增长点。

三、供应链流程再造的内涵

供应链业务流程再造（Supply Chain Business Process Reengineering）是在动态的市场竞争环境下，针对供应链进行流程重组的管理变革方式，它是由处于供应链上的某一主导企业发起的，以满足客户需求为中心，为了适应供应链竞争的新态势，提高供应链的协同竞争能力，以供应链上企业互惠互利为基础，以信息技术的发展为使能器，对供应链上成员企业的组织结构、协作关系以及企业内部和企业之间的信息流、资金流、物流进行根本性的再思考和再设计，以实现在供应链上关键评价指标（如成本、质量、服务和速度）方面的巨大改善，最终提高供应链的协同竞争能力。供应链业务流程再造的本质主要体现在以下四个方面。

（一）从职能管理向业务流程管理转变

流程再造是面向客户和供应商进行的企业业务流程的整合，它的出发点是顾客需求，流程再造过程中注重的是整体流程最优的系统思想，充分授权发挥每个成员企业在整体流程中的作用。整个供应链的组织结构是以关键流程为主干设计的，因此流程内的步骤是按自然顺序进行的，工作是连续的，而没有被供应链组织结构分拆成零碎的部分。

（二）流程再造需要信息技术但并非自动化

尽管信息技术在供应链流程再造中扮演了重要的角色，但是应该指出，再造工程不等于自动化，用信息技术对正在运行的供应链业务过程进行自动化就好像是为流程再造铺道，单纯的自动化只是为工作提供了更有效的方法。除此之外，也不应把流程再造同所谓的软件工程混为一谈，软件再造工程只是用现代信息技术重新构造过时的信息系统。供应链组织若不改变信息技术的形式，就不能实现供应链流程再造工程。

（三）流程再造的目标是使绩效实现质的飞跃

实施流程再造的目标是使供应链绩效得到巨大改进，供应链运作率大幅提高。它是对供应链流程进行根本性反省、彻底再设计，而不是缓和的、渐进的改善，或者是对原有流程的修修补补。

（四）各类供应链都应该不断进行流程再造

流程再造适用于各种类型的供应链而不只限于出现困境、运作不灵、绩效差的供应链，例如供货中断、库存严重积压或者是交货期过长的供应链，而是适用于所有想要重塑价值、配增价值的供应链。每当客户需求发生变化时就需要进行流程再造，将企业的人、财、物等资源进行优化配置，提高供应链"随需应变"的能力。

本章小结

供应链规划具有层次性，其中，供应链战略规划是供应链管理的最高层次。供应链战略与企业战略、顾客需求的匹配是供应链网络规划、合作关系构建和流程设计及再造的基础。

本章第一节阐述了供应链战略的战略规划，包括如何进行战略识别和制定，这是供应链战略层规划的核心，并从供应链战术层规划对供应链战略应该如何与顾客的需求进行匹配进行了说明。第二节从供应链的主要参与者入手，探讨了供应链网络规划的内涵、特征、基本思想、目标和原则。第三节首先说明了供应链合作关系的发展，对其特征和目标进行了阐述,并介绍了合作关系的构建步骤。第四节在数智化背景下介绍了业务流程再造的缘起与内涵,特别是在全局视角下阐述了供应链的流程再造。

思考题

1. 企业供应链战略有哪些?每个职能战略包含哪些内容?
2. 企业供应链战略应该如何与各职能战略进行匹配?
3. 企业供应链战略应该如何与顾客的需求进行匹配?
4. 供应链的参与主体有哪些?它们在供应链的有效运作中是如何发挥作用的?
5. 供应链的合作关系是如何构建的?
6. 供应链网络构建需要遵从什么原则?在构建供应链网络时应注意结合哪些策略?
7. 供应链是如何实施流程再造的?其与传统业务流程再造有哪些异同?

案例分析题

宝洁灵动的供应链策略

宝洁创始于1837年,是全球的日用消费品公司巨头之一。尽管已经建立了日化产品的帝国,仍然居安思危、兢兢业业,在其日常经营活动中坚持降低存货水平,并将此作为其降低供应链成本的主要手段。通过多年对中国消费市场的洞察,该公司制定了三大供应链灵动策略。

1. 网络优化,极速响应

近年来,宝洁物流面临着一个新的市场环境:第一,随着企业运营业务的不断扩大,物流和供应链的覆盖范围扩大,管理的复杂性增加;第二,由于市场的可变性和客户需求的个性化、多样化趋势,物流服务应具有良好的灵活性,以适应企业内部和外部各种因素的变化;第三,企业之间的竞争已经从产品竞争转向服务竞争。物流作为企业的"第三利润来源",需要通过多种方式降低物流成本,改善客户服务,增强企业竞争力。

为了更好地服务于全域零售业务复杂多变的需求场景,宝洁对全域业务进行了系统梳理,将过去单一的一级分销中心供应链升级为两个层级的动态网络架构:第一层为建设大型物流管理系统中心,打造一体化和多业态的新制造中心,同时兴建第二层网络,建立区域性灵动的前置分销中心。这个新的双层网络结构让产品离消费者更近,通过更高效的物流极大地提升了服务消费者的时效。在新的物流管理系统下,零售商可以订购由不同类型的宝洁品牌产品组成的成品。选择组合订单的客户可以更好地控制库存结构,因为他们只需要在需要时收集所需产品的数量。通过对整个供应链的数据应用,终端需求得以改善,顾客也能订购更少的货物而不会面临脱销。

通过数字化物流管理系统,宝洁重组并优化了端到端需求计划、订单计划、物流模型和绩效方法,并由此实现了物流成本降低10%,收货效率提高30%,更好地满足了关键业务场景的需求。这种全方位的网络布局也使得宝洁的物流配送网络和客户的物流网络高度重叠、距离更短、灵活性更强。

2. 全链路数字化,决策提速

在升级供应网络和智能制造的同时,宝洁继续进一步推进全链路数字化。第一步是整合,宝洁中国已经建立了一个供应链数字化运营研究中心,将分布在全国乃至亚洲各地的规划系统整合在广州总部,并通过一个中心枢纽管理整个中国的业务运营。综合运筹中心促进资源整合和流程标准化,为全链路数字化奠定基础。第二步是建立一个数字化系统,用于可视化整个环节的运行,以便实时查看供应链的端到端运行状态,以及订单履行率、库存、成本和运输效率等供应链KPI。这种全链路数字化大大减少了搜索数据和通信的时间,并加快了决策速度和质量。全链路协同一直是宝洁供应链的核心策略,宝洁坚信所有供应链活动都应以消费者为中心,并通过消费者的节奏带动整个供应链的反应。只有这样才能为消费者和整个零供应企业创造最大价值。

3. 千场千链,极致服务

开头提到,供应链面临的挑战是不断变化的需求场景,宝洁的第三个战略是针对需求场景的战略。在宝洁看来,供应链不只是一串把不同的参与者串在一起的链条,而是一个开放的、无限的生态系统。供应链的最大值不是单个结点的最大值之和,它需要跨越式的连接、突破性的创新和更开放的创造价值。现在,宝洁通过供应链管理系统的助力,可以实现"千场千链",即一千个不同的供应场景和一千种不同的供应链解决方案。供应场景做到可视化数字化,使用不同维度的数字标签,从而实现非常精准化的运作。以履约为例,过去,产品性能路径是固定的,从工厂到配送中心再到客户。现在,宝洁的计划和运营研究中心可根据供应链管理系统提供的订单结构、不同网点的库存以及供应链的响应能力,将每个订单动态分配到最优路径。

此外,在宝洁旗舰店,基于对消费者订单结构的模拟,数千种商品使用了多样化的供应链,并使用了多层次的动态仓库网络,以实现更低的全链路成本,提高了及时性和服务水平,极大地改善了消费者体验。多级仓库网络协作方案也有效减少了供应链结点,显著降低了整个环节的效率和成本。通过实施"千场千链",实现了消费者物流体验的突破性提升。

通过上述三大供应链灵动策略,以供应链、物流等数字化系统为助力,宝洁形成了一体化、多业态的柔性供应链体系,实现体系的创新升级,提升全链路全社会商业效率,成本降幅达20%,效率增幅达3成。

资料来源:https://www.shushangyun.com/article-6869.html。

请思考:

1. 日化企业的供应链管理有什么特点?
2. 宝洁公司为了提升供应链效率,做了哪些举措?

第三章 供应链需求管理

学习目标

- 了解需求与需求预测的基本概念
- 理解需求预测的关键术语和采集
- 掌握德尔菲预测方法的特点和过程
- 掌握简单平均法和趋势平均法算法
- 理解供应链需求中独立和相关需求
- 理解联合需求预测供应链管理思想

【导引案例】

ZARA的快速取胜之谜

ZARA(飒拉)创始于1985年,是全球排名第三、西班牙排名第一的服装商,在87个国家内设立了两千多家服装连锁店。ZARA以快速反应著称于流行服饰业界,其成功与创新的模式成为业界的标杆。ZARA每年提供12 000种不同的产品供顾客选择,从设计理念到成品上架仅需十几天。

ZARA公司坚持自己拥有和运营几乎所有的连锁店网络的原则,同时投入大量资金建设自己的工厂和物流体系,以便于"五个手指抓住客户的需求,另外五个手指掌控生产",快速响应市场需求,为顾客提供"买得起的快速时装"。他们的成功经验在一个"快"字,那么具体又体现在哪些方面呢?

第一节 需求管理概述

一、需求与需求预测

(一)需求

需要、欲望和需求是三个关系密切的概念,理解这三个概念有助于更好地掌握需求预测。

需要指人们某种不足或短缺的感觉。它是促使人们产生购买行为的原始动机,是市场营销活动的源泉。人类需要是丰富而复杂的,主要包括生存需要,如食品、服装、房屋、温暖、药品、安全等;社会需要,如归属感、影响力、情感、社交等;个人需要,如知识、自尊、自我实现等。这些需要不是由企业营销活动创造出来的,而是客观存在于人类本身的生理组织和社会地位状况中。

欲望指建立在不同的社会经济、文化和个性等基础之上的需要。需要对人类整体而言,具有共性,如饿思饮,寒思衣。对消费者个体而言,欲望具有特性。个人的需要因其所处的社会经济文化和性格等不同而异,这种有差异的需要就是欲望。欲望和需要是有差别的,例如,人们买牙膏,从表面上看是对牙膏的欲望,但实质是对洁齿、防龋、止血的需要。如果某一生产者生产出一种新牌牙膏,售价更低,洁齿、防龋、止血的功能更强,消费者将有对新牌牙膏的欲望,但实际需要仍然相同。生产者常常只是关注消费者表现出来的对产品的欲望,而忽略了掩盖在欲望下面的实质性需要。

需求是以购买能力为基础的欲望。小轿车作为一种便捷的交通工具,人人都需要。但对没有购买能力的人来说,对小轿车的需要只是一种欲望,只有对具有足够支付能力的人来说才是需求。在市场经济条件下,人类需求表现为市场需求,因此,并非所有的人类需要都能转化为需求,也并非所有的人类欲望都能得到实现,购买能力是问题的关键。人类欲望无限,而购买能力有限。当价格一定时,消费者选择购买具有最大满足效用的产品,购买效益的高低决定着市场需求的实现程度,市场需求是企业营销活动的中心。

市场需求是指在特定的地理范围、特定时期、特定市场营销环境、特定市场营销计划的情况下,特定的消费者群体可能购买的某一产品总量。某一产品的市场总需求则指在一定的营销努力水平下,一定时期内在特定地区,特定营销环境中,特定顾客群体可能购买的该种产品总量。市场总需求的8个前提条件:产品、总量、购买、顾客群、地理区域、时期、营销环境、营销努力。

市场需求处在经常变化之中。消费者收入和价格是影响市场需求变化的两个最基本因素。一般而言,需求同收入成正方向变化,同价格成反方向变化。若价格一定,当消费者收入增加时,则购买力增加,市场需求数量增加,选择性加强,反之亦然。若收入一定,当价格上升时则市场需求下降,当价格下降时则市场需求增加。

(二)需求预测

需求预测就是预测分类中的一种,是运用科学的方法和模型,根据历史数据对未来的需求做出定性和定量的估计(GB/T25109.1-2010《企业资源计划》第1部分:ERP术语)。在供应链管理中,需求预测就是在特定的一系列条件下,对未来某个时间段客户需求进行的预估或推测。

需求预测是一项关键的管理工具,它随着产品特征而不同。例如成熟期产品因为具备稳定的需求而最容易预测,超市中的日常用品就是如此。但是,当原材料的供应和产成品的需求都波动较大时,供应链的需求预测就比较困难。很多高科技产品和时尚类的产品由于市场周期较短而难以预测。供应链管理中,预测可以对供应链信息进行计划和协调。供应链中的如运输、库存、供应商管理的业务活动都可以预测的资料为基础制定生产经营策略。

需求预测能够帮助企业及时准确地掌握市场需求变化的规律,不仅为企业给出其产品在未来的一段时间里的需求期望水平,而且为企业的计划和控制决策提供依据。需求预测一般具有以下特点:

(1) 预测通常是不准确的;
(2) 长期预测的精度往往比短期预测低;
(3) 综合预测往往比分解预测更精确;
(4) 供应链上游企业对市场需求预测的误差高于下游企业对市场需求预测的误差。

需求预测首先是一门技术,它有各种专业的预测方法,有适合各种场景的预测模型,也有日趋成熟的预测信息系统。但预测也是一项管理,是对整个预测进行计划、组织、协调和控制的管理过程。预测技术体现在预测过程的方方面面,而预测管理更是贯穿整个预测的始终。事实上,影响需求预测成败更多的是预测管理,而不是预测技术。同样,要提升和改进预测效果,依靠的是预测管理的进步,而不是预测技术的提高。

需求预测包括四个核心组成部分。

(1) 特定的一系列条件。它是指各种影响需求的因素,如历史业绩、产品价格、促销、竞争对手动向、行业事件、政策变化以及季节变化等方面。

(2) 未来某个时间段。首先,预测是面对未来的;其次,是对未来特定时间段的预测,需求预测面对的是有起止时间的时间段,而不是单一的某个时间点。

(3) 需求量。需求预测是针对数量的预测,而这个需求量是预测对象(产品或服务)的未来需求量,可以是数量,也可以是金额。

(4) 预估和推测。需求预测需要采用相应的预测技术,选择合适的预测模型对未来的需求量进行预估或推测。

二、需求预测的关键术语

(一) 预测维度

预测维度指的是预测粒度的水平,也就是预测的精细程度。以可口可乐公司某月的可乐需求预测为例:"田纳西诺克斯县在7月对于12连包、每罐12盎司(1盎司约为0.03升)的健怡可乐的需求量是多少"是一个地域维度的库存储备预测;"12连包、每罐12盎司的健怡可乐7月的整体需求是多少"是单品维度的库存储备预测;"无论包装规格,7月市场对于健怡可乐的整体需求量是多少"是品牌维度的预测;"所有可乐,无论什么品种(经典可口可乐、健怡可乐、零度可乐、樱桃可乐等),在7月的总需求量会是多少"是产品维度的预测。

以上每一个问题都代表了不同的预测维度,对于不同类型的业务规划来说都至关重要。通常来说,预测粒度越细,预测越不准确。因为粒度越细,通常随机变量就越多,就会导致地域维度的库存储备比品牌维度还难以精准预测。

(二) 预测跨度

预测跨度所描述的是目前预测的是未来多长时间内的需求数据。也就是说,如果现在是7月,预测9月的需求,那么预测跨度就是2个月。确定企业的预测跨度需要考虑两个方面。一是在做需求预测的时候要留出生产提前期,即预测跨度的最短区间就是生产提前期。换句话说,如果你所预测的产品生产提前期是4个月,那么你提前2个月对该产品进行预测对于供应链部门来说毫无用处。供应链部门在这仅有的2个月时间内无法做出有效反应。二是预测跨度的区间应充分考虑生产力提升的时间。公司引入新的生产设备的研发制造周期需要的时间就是该公司进行预测的跨度区间,如果预测跨度区间短于新设备的制造周期,那么预测结果对于是否要进行生产设备扩张来说毫无用处。所以当以供应链规划为目的实行需求预测时,需求预测区间应该不短于生产提前期,至少要与进行能扩张的准备时间一样长。这种情况在低收入国家离岸生产时也应注意。

(三) 预测间隔

预测间隔就是需求预测更新的频率。对于很多制造型公司来说,常见的预测间隔就是1个月,每月会进行一次预测。在一些情况下,预测间隔也会适当缩短。比如有的生产会进行周预测,有的甚至会每日更新一次预测数据。当公司处于大规模推广宣传的活动时,往往会采取高频的预测。快消品公司一般更新预测数据的频率就比较高,以便掌握目前的市场竞争动态以及产品供应水平并据此制定相关促销活动。

(四) 预测单位

预测单位是指表达需求预测数据时的物理衡量标准,通常的预测数据都是由对应的物理单位来衡量的:箱、磅或者千米。例如,可口可乐公司可能会用"箱"这个单位来表达预测数据,如"7月预测需要多少箱健怡可乐"。对于财务预测,则在物理预测量的基础上加以价格预测,最后得出的结果以货币为单位的预测数值。

三、需求数据采集

数据采集,又称数据获取,是利用一种装置,从系统外部采集数据并输入系统内部的一个接口。在互联网行业快速发展的今天,数据采集已经被广泛应用于人工智能等相关领域,摄像头、麦克风等都是数据采集的工具。数据采集系统整合了信号、传感器等数据采集设备和应用软件。在互联网时代,数据的类型复杂多样,包括结构化数据、半结构化数据、非结构化数据。结构化数据最常见,就是具有模式的数据。非结构化数据是数据结构不规则或不完整,没有预定义的数据模型,包括所有格式的办公文档、文本、图片、HTML、各类报表、图像和音视频信息等。数据采集是进行数据分析、预测的基础,是相当重要的一个环节。

（一）数据采集的特点

1. 全面性

为了保障后续分析工作，采集数据量应足够具有分析价值，数据面足够支撑分析需求。比如对于"查看商品详情"这一行为，需要采集用户触发时的环境信息、会话以及背后的用户 id，最后需要统计这一行为在某一时段触发的人数、次数、人均次数、活跃比等。

2. 多维性

灵活、快速自定义数据的多种属性和不同类型，从而满足不同的分析目标。仍以"查看商品详情"为例，通过采集点我们才能知道用户查看的商品是什么、价格、类型、商品 id 等多个属性，从而知道用户看过哪些商品、什么类型的商品被查看得多、某一个商品被查看了多少次，而不仅仅是知道用户进入了商品详情页。

3. 高效性

高效性包含技术执行的高效性、团队内部成员协同的高效性以及数据分析需求和目标实现的高效性。也就是说，采集数据一定要明确采集目的，带着问题搜集信息，使信息采集更高效、更有针对性。此外，还要考虑数据的时效性。

不同应用领域的大数据，其特点、数据量、用户群体均不相同，不同领域根据数据源的物理性质及数据分析的目标采取不同的数据采集方法，因此全面、准确、高效地进行采集布局对于实现供应链数智化服务至关重要。

（二）需求数据采集的主要环节

在智能化发展的大背景下，供应链管理需要对从产品研发数据、设计数据、生产数据、物流数据到最终产品使用的机器运维数据的整个系统的大数据进行结构化分层研究，打通制造端和流通消费端的数据，构建立体的多层次供应链大数据应用体系。

1. 消费流通大数据

采集消费流通大数据主要是采集流通数据和消费者使用数据。首先，主要依托产品终端的数据采集技术，一方面通过产品运行数据来监测预判产品相关零部件的维护工作，同时，通过对产品终端数据的分析可以掌握第一手的历史需求数据，并从使用评价的维度进行未来需求的评估；另一方面通过对产品运行大数据的分析获得产品进一步优化设计的方向。其次，通过对流通过程中相关数据的采集分析来全方面掌握、优化流通流程和提高客户响应与服务。物流方面，可以有效地根据大数据解决重复运输等典型的物流优化问题，达到进一步降低物流成本的目的；仓储配置方面，可以做到即时动态的调库，达到提高物流响应速度的目的；供应链金融方面，通过区块链技术的融入确保了产品在消费流通环节的数据真实性，真实有效的相关流通数据可以为互联网金融业务的开展提供有效的支撑，可以用于供应链金融产品、互联网金融产品和物流金融产品的研发设计。

销售和物流数据贯穿了整个供应链的上下游，整体上来讲，下游的销售数据量因为是分销的原因会大大多于上游制造商之间的销售数据，而物流数据主要依靠物流公司的信息技术捕捉商品物流数据，这部分数据是各企业的生命线，都已经很好地保存在各企业内部,并且是各企业商业机密的关键,通常不会直接共享。随着互联网技术的进一步发展,这部分数据也开始可以基于共享合作,即通过技术手段在各紧密合作伙伴之间共享。

2. 生产制造大数据

生产制造大数据主要是面向产品生产制造领域、以工业互联网平台为依托的供应链制造端的生产商和各级供应商的生产和运营数据,主要包括现场层设备端的设数运行参数,控制层的现场监测、过程报警、设备控制、数据处理、人机界面和事故追忆等PLC、SCADA、DCS数据,操作层的PDM数据(BOM管理、工艺数据管理)、MES数据(计划分解、设备管理、质量管理、能源管理、生产统计)、WMS数据(物料识别、物料传输、货位管理和自动分拣),企业层的CRM数据(客户管理、市场管理)、ERP、SCM数据等。通过对生产制造过程中工业数据的采集分析获得生产装备的运行数据变化情况,并据此优化产品生产过程中的相关参数和进一步优化生产装备的自身性能,做到装备与产品的双向优化,另外,可以整合社会上富余的生产设备,提高装备使用率,减少社会上制造资源的闲置,为集中同类产业优势资源加速提档升级创造条件。

3. 供应链大数据分析

供应链大数据分析一方面通过消费大数据分析挖掘出消费者的个性化需求,并通过对终端消费者个性化需求的系统分析提炼出共性的生产数据;另一方面,通过对消费、流通端数据和生产制造端数据的横向与纵向双向分析,既能实现现有生产流通模式下的优化改进,又能实现产品的研发升级和生产装备的升级换代,形成一个产品、生产过程、生产装备不断自我升级换代的闭环生态圈,而决定这个生态系统升级换代速度的就是这个生态圈中的大数据技术应用水平。

(三)需求数据采集设备

1. 条码类设备

条形码技术(Bar Code Technology,BCT)是在计算机的应用实践中产生和发展起来的一种自动识别技术。它是为实现对信息的自动扫描而设计的,是实现快速、准确而可靠地采集数据的有效手段。条码数据的采集需要条码设备和标签两种配合使用,它的应用解决了数据录入和数据采集的瓶颈问题,为数智化发展提供了有力的技术支持。条形码技术的核心内容是通过利用光电扫描设备识读这些条形码符号来实现机器的自动识别,并快速、准确地把数据录入计算机进行数据处理,从而达到自动采集数据的目的。

条码技术的出现使得条码能够快速而准确地采集信息,能够满意供应链管理体系对数据收集和识读的信息化需求,提供管理者从供货商到出产者,再到零售商等供应链上的各个环节的信息传递进行通盘考虑的数据基础。

2. 无线射频(RFID)

无线射频是20世纪90年代兴起的一种非接触式的自动识别技术。射频技术相对于传统的磁卡及IC卡技术具有非接触、阅读速度快、无磨损等特点。无线射频技术在阅读器和射频卡之间进行非接触双向数据传输,以达到目标识别和数据交换的目的。一套完整的 RFID 系统,是由阅读器(Reader)与电子标签(TAG)也就是所谓的应答器(Transponder)及应用软件系统三个部分组成,其工作原理是阅读器发射一特定频率的无线电波能量给应答器,用以驱动应答器电路将内部的数据送出,此时阅读器便依序接收解读数据,送给应用程序做相应的处理。

3. 手机

手机也是一种非常重要而且十分普遍的数据采集设备,其主要通过大量的传感器进行数据采集。最常用的手机上,至少有几十种传感器。通过这些传感器收集的数据为手机用户提供各种硬件管理和信息服务。

比如说,GPS 是帮助手机进行定位的,也能够测量我们的距离,还能够进行速度的测量。我们也有指纹扫描仪,来帮助我们进行用户的登录或者支付。当室外的光线强度在变化的时候,光线传感器通过调节屏幕亮度使用户获得更好的体验感。

4. 传感器

传感器(Transducer/Sensor)是一种将声、光、长度(包括距离、高度等)、力、温度等物理信息转化为比较容易处理和传输的电信息的检测装置。它能感受到被测量的信息,并能将感受到的信息按一定规律变换成电信号或其他所需形式的信息输出,以满足信息的传输、处理、存储、显示、记录和控制等要求。传感器是各种测量和自动控制的感觉器官,能像人的感觉器官那样感受外界信息,并能按照一定的规律和要求把这些信息转换成可用输出信息的器件或装置。传感器是供应链上游制造端相关生产企业重要的信息采集设备。

(四)供应链数据采集环节

自动识别扫描技术的发展,使数据通过条码、无线射频、手机等设备被迅速收集起来,为供应链数智化管理提供数据采集和识读的基础支持。从供应链全局视角,数据采集主要集中在以下五个环节。

1. 进货管理

在进货管理环节的数据采集过程中,自动识别技术可协助公司完成对原材料产品进货入库信息的收集。首先将当次采购货物的单据以及信息下载到数据采集器,数据采集器待物料管理员将新产品采购单号输入设备中时,系统将主动判别此单号是否准确。如果是准确的,则采集设备将对入库货物进行扫描,快速完成进货管理的信息录入。

2. 出货管理

在原材料、半成品、成品出库过程中会呈现很多实时的信息数据,使用条码和射频技术能够对实时数据进行采集,同时对产品进行追溯管理,并为后续的库存和出售追寻提供有利的数据支持。

3. 库存管理

在库存管理环节,选用无线网络技术和条码自动识别技术相结合的方法,并通过数据采集器完成数据的采集工作,能使物料出入库以及物品寄存等地址信息传递得更加准确和及时,从而提高生产效率。

4. 配送管理

条码管理系统已被广泛使用在现代配送管理中,货物配送各个环节(收货、摆货、仓储、配送、补货等)都在使用条形码。通过条码技术能够对货物进行很好的分析,从而合理分配产品库存数量,削减库存占用。条码技术和计算机的配合使用在整个数据采集和货物盘点过程中能够起到追溯作用,完成库房的进货、发货、运送中的自动化管理。

5. 生产运营管理

供应链中的生产制造环节是重要的数据采集点。在这一环节的采集包括生产现场设备的数据采集和工厂外智能产品/装备的数据采集,也包括对ERP、MES等应用系统的数据采集。

生产现场设备的数据采集主要通过现场总线、工业以太网、工业光纤网络等工业通信网络实现对工厂内设备的接入和数据采集,可分为三类:对传感器、变送器、采集器等专用采集设备的数据采集;对PLC、RTU、嵌入式统统、IPC等通用控制设备的数据采集;对机器人、数控机床、AGV等专用智能设备/装备的数据采集。这一部分主要基于智能装备本身或加装传感器两种方式采集生产现场数据,包括设备(如机床、机器人)数据、产品(如原材料、在制品、成品)数据、过程(如工艺、质量等)数据、环境(如温度、湿度等)数据,以及作业数据(现场工人操作数据,如单次操作时间)等数据。主要用于工业现场生产过程的可视化和持续优化,实现智能化的决策与控制。

工厂外智能产品/装备的数据采集主要通过工业物联网实现对工厂外智能产品/装备的远程接入和数据采集。主要采集智能产品/装备运行时关键指标数据,包括但不限于如工作电流、电压、功耗、电池电量、内部资源消耗、通信状态、通信流量等数据。主要用于实现智能产品/装备的远程监控、健康状态监测和远程维护等应用,也为提升产品性能和服务质量提供应用市场数据。

对EPR、MES等应用系统的数据采集主要由工业互联网平台通过接口和系统集成方式实现对SCADA、DCS、MES、ERP等应用系统的数据采集,报告中的工业数据采集范围主要指工业现场设备的数据采集和工厂外智能产品/装备的数据采集。

第二节 传统的需求预测方法

传统的需求预测方法分为定性预测方法和定量预测方法。定性预测方法主要包括德尔菲法、部门主管集体讨论法、销售人员意见汇总法、顾客期望法(用户调查法),定量预测方法又可以分为时间序列预测法和因果分析预测法,时间序列预测法主要有平滑模型和分解模型。时间序列预测法是用过去的需求和时间的关系来预测未来的需求,因果分析预测法则是用过去的资料揭示变量和需求的关系,进而预测未来的需求。

一、定性预测

定性预测是以人的逻辑判断为主,并根据由各种途径得到的意见、信息和有关资料,综合分析当前的政治、经济、科技等形势以及预测对象的内在联系,以判断事件发展的前景,并尽量把这种判断转化为可计量的预测。定性预测法一般适应于缺乏历史统计数据的系统对象。下面仅简要介绍一种典型的定性预测方法——德尔菲法。

德尔菲法是美国兰德公司在20世纪40年代末提出的,又称专家函询调查法,是专家会议调查法的一种发展,于1964年首先用于技术预测。它以匿名方式通过几轮函询征求专家意见。预测领导小组对每一轮的意见都进行汇总整理,作为参考资料再发给每个专家,供他们分析判断,提出新的论证。如此多次反复,专家意见日趋一致,结论的可靠性越来越大。这种方法曾在20世纪七八十年代成为主要的预测方法,得到了广泛的应用。经过人们不断改进、完善,它已成为在技术预测和社会预测方面的日常方法。

(一)德尔菲法的特点

德尔菲法有以下三个特点。

(1)为克服专家会议易受心理因素影响的缺点,德尔菲法采用匿名形式。应邀参加预测的专家互不了解,完全消除了心理因素的影响。专家可以参考前一轮的预测结果修改自己的意见而无须做出公开说明,当然也可坚持己见,这都无损自己的威望。

(2)德尔菲法不同于民意测验,一般要经过四轮。在匿名情况下,为了使参加预测的专家掌握每一轮预测的汇总结果和其他专家提出意见的论证,预测领导小组对每一轮的预测结果做出统计,并将其作为反馈材料发给每个专家,供专家提出下一轮预测时参考。

(3)做定量处理是德尔菲法的一个重要特点。为了定量评价预测结果,德尔菲法采用统计方法对结果进行处理。

(二)专家的选择

开展德尔菲法预测需要成立一个预测领导小组,负责拟订预测主题,编制预测事件一览表,以及对结果进行分析处理,更重要的是负责选择专家。因为该方法本身就是一种对于意见和价值进行判断的作业,所以物色专家是一个关键步骤。不仅要注意选择精通专业技术、有一定声望、有学科代表性的专家,还需要选择边缘学科、交叉学科的专家。

视预测问题规模,专家组一般以10人至50人为宜。人数太少,限制学科代表性,并缺乏权威,同时影响预测精度;人数太多,难以组织,对结果的处理也比较复杂。然而对于一些重大问题,专家人数也可扩到100名以上。要注意的是,因种种原因,专家不一定每轮都能参加,所以预选专家数要多于规定人数。

(三) 预测问题的提出

在开展预测前,首先要根据预测任务拟定调查表。

1. 制定目标-手段调查表

预测领导小组与专家一起对已掌握的数据进行分析,确定预测对象的总目标和子目标,以及达到目标的手段。

2. 制定专家应答问题调查表

这是德尔菲法的重要工具,也是信息的主要来源,它的质量可能直接影响预测结果。

(四) 预测的过程

经典的德尔菲法要经过四轮调查。一般说来,经过四轮调查,专家意见可以相当协调或一致。有些派生或改造的德尔菲法,考虑到整个过程进行的时间和复杂程度,以及专家意见的一致程度,会部分取消轮间反馈,适当简化预测过程。

(五) 预测的原则

(1) 对德尔菲法作出充分说明:在发出调查表的同时,应向专家说明德尔菲法的目的和任务、专家回答的作用,以及德尔菲法的原理和依据。

(2) 问题集中:提出的问题要有针对性。

(3) 避免组合事件:比如避免提出"一种技术的实现是建立在某种方法基础上"这类组合事件。

(4) 用词确切:如在"私人家庭到哪一年将普遍使用大屏幕彩电"的预测事件中,"普遍""大"用得比较含糊,改为"私人家庭到哪一年将有80%使用64厘米以上彩电"就更为确切。

(六) 结果的处理与表示

对专家的回答进行分析和处理是德尔菲法的最后阶段,也是最重要的阶段。例如,对事件完成时间预测结果的处理方法为:用中位数代表专家们预测的协调结果,用上下四分点代表专家们意见的分散程度。如果将专家们预测的结果在水平轴上按顺序排列,并分成四等份,则中分点值称为中位数,表示专家中有一半人估计的时间早于它,而另一半人估计的时间晚于它。先于中分点的四分点为下四分点,后于中分点的四分点为上四分点。

二、定量预测

定量预测是指依据统计数据和数学模型进行预测的方法,主要是根据完备的历史统计资料、运用一定的数学方法进行加工处理,以揭示变量间的规律性,从而对市场预测项目未来变化做出定量的估计。定量预测方法较为准确,受主观因素影响较小,但不够灵活,有一定难度,要求有比较完备的历史数据资料。在定量预测法中应用比较广泛的有时间序列预测法(包括简单平均法、趋势平均法、加权移动平均法、指数平滑法等)和因果分析预测法(包括一元线性回归法、多元线性回归法等)。

(一) 时间序列预测法

时间序列预测法是将预测对象的历史数据按照时间的顺序排列成时间序列,然后分析它随时间的变化趋势,预测对象的未来值。这样就把影响预测对象变化的一切因素由"时间"综合起来描述了。

时间序列数据应遵循完整性、可比性和一致性的原则,主要由长期趋势、季节变动、循环变动、不规则变动等因素构成。时间序列预测法可以分为确定性时间序列预测法和随机性时间序列预测法。所谓时间序列,是指各种经济、社会、自然现象的数量指标按照时间顺序排列起来的统计数据,并且是以固定时间间隔(每小时、每周、每月、每季、每年等)为基础的时间顺序的观察值,如国内生产总值(GDP)、商品季度销售量等。时间序列是一种动态的数列,其目的在于掌握统计数据随时间变化的规律。

与时间序列有关的预测方法有平滑模型和分解模型,平滑模型通过多个数据的平均来消除和减少随机成分(干扰),常用的有简单平均、加权移动平均、指数平滑。

1. 简单平均法

简单平均法是使用统计中的简单算术平均数的方法进行的预测法。它是以历史数据为依据,进行简单平均得出的。

$$x = \frac{x_1 + x_2 + \cdots + x_n}{n}$$

式中:x 表示预测的平均值;x_1, x_2, x_n 表示各个历史时期的实际值;n 表示时期数。

例1:某公司经营甲产品,其6年经营的实际结果如表现3-1所示,请使用简单平均法预测第七年的销售量。

表3-1 甲产品6年经营情况

年 份	实际销售量(万元)
第一年	22
第二年	24
第三年	28
第四年	30
第五年	26
第六年	32

将表中所列数据代入公式:

$$x = \frac{x_1 + x_2 + \cdots x_n}{n} = \frac{22 + 24 + 28 + 30 + 26 + 32}{6} = 27(万元)$$

简单平均法计算简单,可以避免某些数据在短期内的波动对预测结果的影响。但是,这种方法并不能反映预测对象的趋势变化,因而使用得比较少。

2. 趋势平均法

趋势平均法是假设未来时期的销售量是与其接近时期的销售量的直接延伸,而与较远时期的销售量关系较小,同时为了尽可能缩小偶然因素的影响,可用最近若干时期的平均值作为预测期的预测值的基础。

假设企业 2021 年 1—12 月的销售额如表 3-2 所示。

表 3-2　2021 年 1—12 月销售额　　　　　　　　　　单位:元

月　份	销售额	五期平均数	变动趋势	三期变动趋势平均数
1	33 000			
2	34 000			
3	37 000	35 800		
4	34 000	38 000	2 200	
5	41 000	41 200	3 200	2 400
6	44 000	43 000	1 800	2 533
7	50 000	45 600	2 600	2 200
8	46 000	47 800	2 200	1 667
9	47 000	48 000	200	1 133
10	52 000	49 000	1 000	
11	45 000			
12	55 000			

表 3-2 中,1 月至 5 月的平均销售额填入"五期平均数"所在列的 3 月份空格,2 月至 6 月的平均销售额填入"五期平均数"所在列的 4 月份空格,以此类推;"变动趋势"则是当期与前一期的"五期平均数"的差额,"三期变动趋势平均数"则是当期与相邻前后两期的变动趋势平均数。

现在假设某企业需预测 2022 年 1 月的销售额,根据表 3-2 的结果,最接近 1 月份的五期平均值是 9 月份计算的平均销售额 48 000 元,2021 年 9 月份与 2022 年 1 月份相距 4 个月,其所对应的三期平均增长量为 1 133 元,因此,2022 年 1 月份的预计销售额为:48 000+4×1 133=52 532 元。

3. 加权移动平均法

加权移动平均给固定跨越期限内的每个变量值以不相等的权重。其原理是历史各期产品需求的数据信息对预测未来期内的需求量的作用是不一样的。除了以 n 为周期的周期性变化外,远离目标期的变量值的影响力较低,故应给予较低的权重。加权移动平均法的计算公式如下:

$$F_t = w_1 A_{t-1} + w_2 A_{t-2} + w_3 A_{t-3} + \cdots + w_n A_{t-n}$$

式中,w_1 为第 $t-1$ 期实际销售额的权重,w_2 为第 $t-2$ 期实际销售额的权重,w_n 为第 $t-n$ 期实际销售额的权重,n 为预测的时期数,$w_1 + w_2 + \cdots + w_n = 1$。

在运用加权移动平均法时,权重的选择是一个应该注意的问题。经验法和试算法是选择权重的最简单的方法。一般而言,最近期的数据最能预示未来的情况,因而权重应大些。例如,根据前一个月的利润和生产能力比起根据前几个月能更好地估测下个月的利润和生产能力。但是,如果数据是季节性的,则权重也应是季节性的。

4. 指数平滑法

平滑法可以消除时间序列的不规则成分所引起的随机波动,包括移动平均法和指数平滑法等。平滑法适合于平稳时间序列的预测,即没有明显的趋势、循环和季节波动的时间序列。平滑法简单易用,对数据的要求最低,通常对于近期(如下一期)的预测具有较高的精度。

指数平滑法是罗伯特•G.布朗(Robert G. Brown)所提出的,他认为时间序列的态势具有稳定性或规则性,所以时间序列可被合理地顺势推延;他认为最近的过去态势在某种程度上会持续到最近的未来,所以将较大的权数放在最近的数据。

指数平滑法是生产预测中最常用的一种方法,也用于中短期经济发展趋势预测。简单的全期平均法是对时间数列的过去数据一个不漏地全部加以同等利用;移动平均法则不考虑较远期的数据,并在加权移动平均法中给予近期资料更大的权重;而指数平滑法则兼容了全期平均和移动平均所长,不舍弃过去的数据,但是仅给予逐渐减弱的影响程度,即随着数据的远离,赋予逐渐收敛为零的权数。

也就是说,指数平滑法是在移动平均法基础上发展起来的一种时间序列预测法,它是通过计算指数平滑值,配合一定的时间序列预测模型对现象的未来进行预测。其原理是任一期的指数平滑值都是本期实际观察值与前一期指数平滑值的加权平均。

指数平滑法的基本公式为:

$$S_t = \alpha y_t + (1-\alpha) S_{t-1}$$

其中,S_t 为时间 t 的平滑值,y_t 为时间 t 的实际值,S_{t-1} 为时间 $t-1$ 的平滑值,α 为平滑常数,取值范围为 $[0,1]$。平滑常数越接近 1,远期实际值对本期平滑值影响程度的下降越迅速,越接近 0,远期实际值对本期平滑值影响程度下降越缓慢。因此,当时间数列相对平稳时可取较大的 α,当时间数列波动较大时,应取较小的 α 以不忽略远期实际值的影响。

根据平滑次数不同,指数平滑法分为一次指数平滑法、二次指数平滑法和三次指数平滑法等,但基本思想都是:预测值是以前观测值的加权和,且对不同的数据给予不同的权重,新数据给予较大的权重,旧数据给予较小的权重。

(1) 一次指数平滑法。设时间序列为 $y_1, y_2, y_3, \cdots, y_t, \cdots$,则一次指数平滑公式为:

$$\hat{y}_{t+1} = S_t^{(1)} = \alpha y_t + (1-\alpha) \hat{y}_t$$

即以第 t 周期的一次指数平滑值作为第 $t+1$ 期的预测值。

(2) 二次指数平滑法。当时间序列没有明显的趋势变动时,使用第 t 周期一次指数平滑就能直接预测第 $t+1$ 期之值。但当时间序列的变动出现直线趋势时,用一次指数平滑法来预测仍存在着明显的滞后偏差。因此,也需要进行修正。修正的方法也是在一次指数平滑的基础上再做二次指数平滑,利用滞后偏差的规律找出曲线的发展方向和发展趋势,然后建立直线趋势预测模型。故称为二次指数平滑法。

设一次指数平滑为 $S_t^{(1)}$,则二次指数平滑 $S_t^{(2)}$ 的计算公式为:

$$S_t^{(2)} = \alpha S_t^{(1)} + (1-\alpha) S_{t-1}^2$$

若时间序列为 $y_1, y_2, y_3, \cdots, y_t, \cdots$,从某时期开始具有直线趋势,且认为未来时期亦按此直线趋势变化,则与趋势移动平均类似,可用如下的直线趋势模型来预测:

$$\hat{y}_{t+T} = a_t + b_t T \qquad T = 1, 2$$

式中,t 为当前时期数,T 为由当前时期数 t 到预测期的时期数,$\hat{y}_{t+T}$ 为第 $t+T$ 期的预测值,a_t 为截距,b_t 为斜率。

$$a_t = 2S_t^{(1)} + S_t^{(2)}$$

$$b_t = \frac{\alpha}{1-\alpha}(S_t^{(1)} + S_t^{(2)})$$

(3) 三次指数平滑法。若时间序列的变动呈现出二次曲线趋势,则需要用三次指数平滑法。三次指数平滑是在二次指数平滑的基础上再进行一次平滑,其计算公式为:

$$S_t^{(3)} = \alpha S_t^{(2)} + (1-\alpha) S_{t-1}^{(3)}$$

三次指数平滑法的预测模型为:

$$\hat{y}_{t+T} = a_t + b_t T + c_t T^2$$

其中:

$$a_t = 3S_t^{(1)} - 3S_t^{(2)} + S_t^{(3)}$$

$$b_t = \frac{\alpha}{2(1-\alpha)^2}[(6-5\alpha)S_t^{(1)} - 2(5-4\alpha)S_T^{(2)} + (4-3\alpha)S_T^{(3)}]$$

$$c_t = \frac{\alpha^2}{2(1-\alpha)^2}(S_t^{(1)} - 2S_T^{(2)} + S_T^{(3)})$$

(4) 加权系数的选择。在指数平滑法中，预测成功的关键是 α 的选择。一般来说，如果数据波动较大，则 α 值应取大一些，可以增加近期数据对预期结果的影响。如果数据波动平稳，则 α 值应取小一些。系数 α 的选择可以采用经验判断法和试算法。

经验判断法主要依赖于时间序列的发展趋势和预测者的经验做出判断。当时间序列呈现较稳定的水平趋势时，应选较小的 α 值，一般可以在 0.05～0.20 之间取值；当时间序列有波动，但长期趋势变化不大时，可选稍大的 α 值，常在 0.1～0.4 之间取值；当时间序列波动很大，长期趋势变化幅度较大，呈现明显且迅速的上升或下降趋势时，宜选择较大的 α 值，如可在 0.6～0.8 间选值，以使预测模型灵敏度高些，能迅速跟上数据的变化；当时间序列数据是上升(或下降)的发展趋势类型，α 应取较大的值，在 0.6～1 之间。

试算法是根据具体时间序列情况，参照经验判断法，来大致确定 α 的取值范围，然后取几个值进行试算，比较不同 α 值下的预测标准误差，选取预测标准误差最小的。

5. 直线趋势预测方程

在时间序列分析中，我们也常常利用最小二乘法拟合直线趋势方程。最小二乘法(Least Squares Method)，又称最小平方法，是一种数学优化方法。它通过最小化误差的平方和寻找数据的最佳匹配函数曲线。利用最小二乘法可以简便地求得未知的数据，并使得这些求得的数据与实际数据之间误差的平方和为最小。

假设直线趋势方程为 $y_c = a + bt$，其中 a 是直线的截距，b 是直线的斜率，称回归系数。a 和 b 都是待定参数，确定了 a 和 b 就可以锁定这条直线。将给定的自变量 t 之值代入上述方程，可求出估计的因变量 y 之值。这个估计值不是一个确定的数值，而是 y 许多可能取值的平均数，所以用 y_c 表示。当 t 取某一个值时，y 有多个可能值。因此，将给定的 t 值代入方程后得出的 y_c 值，只能看作一种平均数或期望值。根据最小二乘法，则：

$$\min Q = \min\left(\sum_{i=1}^{n} \delta_i^2\right) = \min \sum_{i=1}^{n} [\hat{y}_i - (a + bx)]$$

令：

$$\frac{\partial Q}{\partial a} = 0, \frac{\partial Q}{\partial b} = 0$$

得：

$$b = \frac{n\sum y_i x_i - \sum y_i \sum x_i}{n\sum x_i^2 - (\sum x_i)^2}$$

$$a = \bar{y} - b\bar{x}$$

（二）因果分析预测法

上面介绍了时间序列的预测模型，其中时间是唯一的独立变量，但实际情况中有许多的变化不是单纯随时间变化，还存在许多因果关系的因素，比如购买力随工资增加，雨具的销售会随天气而波动。因此，在进行预测时找出真正呈因果关系的事件。单一的因果关系预测可以用一元线性回归模型，此时的自变量不再是时间 t，而是需被证明的影响需求的因素。

所谓回归分析，就是研究某一个随机变量（因变量）与其他一个或几个变量（自变量）之间的数量变动关系。由回归分析求出的关系式通常称为回归模型。回归模型一般分为如下几类。

（1）根据回归模型中自变量个数的多少，可以分为一元回归模型和多元回归模型。

（2）根据回归模型是否线性，可以分为线性回归模型和非线性回归模型。

（3）根据回归模型是否带虚拟变量，可以分为普通回归模型和虚拟变量回归模型。

一元线性回归预测是回归预测的基础。若预测对象只受一个主要因素影响，并且它们之间存在着明显的线性相关关系，通常就采用一元线性回归预测法。一元线性回归预测法研究的是某一因变量和一个自变量之间的关系，但客观世界现象之间的联系是复杂的，许多现象的变动都涉及多个变量之间关系，这种研究某一个因变量与多个自变量之间相互关系的理论和方法就是多元线性回归预测法。

多元线性回归预测法是对自变量和因变量的 n 组统计数据，在明确因变量与各个自变量间存在线性相关关系的基础上，给出合适的回归方程，并据此做出关于因变量的发展变化趋势的预测。

第三节　供应链需求预测

供应链管理中，预测可以对供应链信息进行计划和协调。供应链中的运输、库存、供应商管理等业务活动都可以预测的资料为基础制定生产经营策略。

一、独立需求与相关需求

需求预测又可以分为独立需求与相关需求的预测。

独立需求（Independent Demand）指外界或消费者对制成品或最终产品的市场需求，即企业所承接市场的订单需求。由于它的需求量是由市场所决定的，企业本身只可根据以往的经验法则予以预测，而无法加以控制或决定，故其被称为独立需求。

相关需求（Dependent Demand）是直接与其他项目或者最终产品的物料清单结构有关的需求。当对一项物料的需求与对其他物料项目或最终产品的需求有关时，则被称为非独立需求。这些需求是计算出来的而不是预测的。对于具体的物料项目，有时可能既有独立需求又有非独立需求。

独立需求与相关需求具有紧密的关联性,也各自有不同的特点。

(1) 产品中各种物料的需求取决于产品的需求量。因为一台产品中用什么零部件、用多少都是在产品设计中规定好的,故当产品生产计划确定之后,构成产品的物料的需要量也随之确定,并可以直接从产品的计划产量计算出来。如一辆汽车有 4 只轮胎,生产 100 辆汽车就需要 400 只轮胎。另一些库存物品,如供销售的产品或维修用的备件,则不是这样。后者的需求往往随机发生,具有很大的不确定性,企业无法预先知道它们的需求量,也无法加以控制,对它们的需求计划不能直接计算,只能借助统计资料进行预测。这种需求被称为独立需求。

另外,零部件的工艺路线和制造工时也都是在设计阶段确定了的。当产品的交货日期确定以后,就可根据零部件的工艺路线和制造工时,由产品的交货期推算出零部件的需要时间,甚至它们在各生产阶段的投入出产时间,从零部件的需要时间进而可推算出毛坯或材料的供应时间。零部件等物料与产品之间在需求上的这种相关关系是相关性需求的基本特点。

(2) 需求成批并分时段,即呈现出离散性。装配型产品生产的间断性,决定了对它们零部件需求的成批性和分时性,即每隔一段时间出产一批,形成分批分时段出产的特点,呈现出离散性。它们的生产或采购批量按实际需要量确定。独立需求则与之不同。独立需求一般零星、分散地发生,被假设为连续性变化。它们的需要量只能按平均需要量加以估算。

(3) 相关需求要百分之百地保证供应。对物料的需求是从产品出产计划提出的,而要完成一批产品,必须供应它所需要的全部物料。因此,为保证产品计划的完成,必须按计划的时间要求百分之百地供应其所需要的全部物料。这种保证不是靠加大库存量和储备高额的保险储备量,而是靠周密的计划和控制。独立需求则不必要也不可能百分之百地保证供应,一般按规定的服务水平(小于 100%)来满足对它的需求。

当一个库存项目的需求不依赖于其他库存项目的需求时,就被称为独立需求。因此,独立需求是一种不能从上一级需求派生出本级需求的需求类型,即不会发生其他项目的需求对这一个项目的需求产生影响,如对产成品、备品备件的需求就属于这种类型。这类需求主要受市场等外部随机因素的影响,需求必须经过预测,即根据对历史资料的分析或由管理人员的经验得到。

当一个库存项目的需求与其他库存项目的需求直接相关时,称为非独立需求或相关需求。相关需求是一种能够从上一级需求项目派生出这一级需求项目的需求类型,如半成品、原材料。相关需求是从独立需求中推导出来的。物料需求计划根据独立需求,自动地计算出构成这些项目的部件、零件,以及原材料的相关需求量。

独立需求与相关需求根本的区别是,相关需求是计算出来的,而独立需求是预测出来的。从这个角度可以说,独立需求和相关需求是计划属性,而不是物料属性。

二、联合需求预测

为了提高需求获取的效率,越来越多的企业采用联合需求计划(JRP)方法代替大量独立的访谈。联合需求计划是一个通过高度组织的群体会议来分析企业内的问题并获取需求的过程,它是由企业主管部门经理、会议主持人、用户、协调人员、IT 人员、秘书等共同组成的专题讨论组来分析、讨论问题并定义系统需求。这是一种成本较高但有效的需求获取方法,可以起到群策群力的效果,解决一些易产生歧义的问题或需求不清晰的环节。这种方式由于鼓励用户参与,能够发挥用户和管理人员参与系统开发过程的积极性,提高系统开发效率。联合需求计划会议参与人数为 6~18 人,时间为 1~5 小时,能够明显降低系统需求获取的时间成本,加速系统开发周期。在联合需求计划中可以通过系统原型对系统需求进行确认,便于系统获取设计审批。

供应链合作已经成为企业参与市场竞争的一种最重要的选择。更加紧密的伙伴关系对于实现有效的、预测式的供应链管理非常重要,这一点已经被越来越多的人所承认。同时在激烈的市场竞争中,数智化的供应链合作的解决方案不断出现,这个趋势强烈地驱使市场竞争的参与者也加入实施供应链合作的行列。联合需求预测对于提高供应链的整体运作效率是很有帮助的,在管理实践过程中,供应商、制造商和零售商进行联合市场需求预测。

在协同计划预测补给策略(Collaborative Planning, Forecasting and Replenishment, CPFR)的实施步骤中至少有两个环节需要供应链成员借助最便捷的信息平台来协商解决需求预测中的异常情况。而且协同计划预测补给策略的实施还要求使用联合的订单预测信息来制订生产计划,因此,建立跨越供应链成员的信息平台必不可少。另外,协同计划预测补给策略是一种基于供应链管理的合作模式,因此其实施还应考虑成员的合作伙伴关系。

1995 年,Wal-Mart、Wamer-Lamhert、SAP、Manugistics 和 Benchmarking ParterS 这 5 家公司联合成立了一个叫作"零售供应和需求链工作组"的组织,专门从事协同计划预测补给策略的研究工作。其目的是开发一组业务流程,使供应链成员能够利用它来实现从零售商到制造企业之间的合作,并希望显著地改善需求预测的精度,同时降低库存费用和不断提高供应链运作效率。

供应链联合需求预测强调的是预测的整体性、一致性和协调性。供应链联合需求预测的动因很多,从来源来看,包括外部动因和内部动因。供应链联合的外部动因显而易见,是为了应对竞争加剧和环境动态性强化的局面,以形成供应链的竞争优势;其内部动因则多种多样,主要包括谋求中间组织效应、追求价值链优势、构造竞争优势群和保持核心文化的竞争力等。为了更加精确地预测,跨越供应链或一个供应链内部的不同供应链主体可以是供应链内部各个主体间的协同,包括共享信息和需求预测结果、共同分析需求趋势、共同处理需求例外等。

CPFR 应用一系列的处理技术,提供覆盖整个供应链合作的解决方案,通过共同管理商务过程和共享信息来改善供应链上参与者的伙伴关系、提高预测的准确度,最终达到提高供应链效率、减少库存和提高消费者满意度的目标。实现 CPFR 有 3 条指导性原则:(1)供应链的结构及其运作过程以消费者为中心,并且运用价值链的思想为客户和合作伙伴创造价值;(2)供应链成员联合开发单一、共享的消费者需求预测信息,并以此作为价值链运作的依据;(3)供应链成员承诺共享需求预测,并且共同承担供应过程的风险。

行业间商务标准(Voluntary Interindustry Commerce Standards,VICS)协会设计了 CPFR 基本任务结构,如图 3-1 所示。

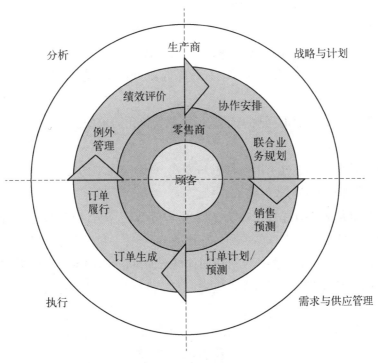

图 3-1　CPFR 基本任务结构

CPFR 基本任务主要集中在四大类活动:战略与计划、需求与供应管理、执行、分析。其中,战略与计划包括协作安排、联合业务规划等内容;需求与供应管理包括销售预测、订单计划/预测等,其关键任务是预测;执行包括订单生成和订单履行两个大的方面;分析包括绩效评价和例外管理环节,如果绩效满意,则继续执行,否则进行必要的修改。

协同需求预测重点关注三个方面的问题:流程、组织和技术。供应链中的伙伴可以通过信息共享平台管理需求、库存和其他活动,信息的动态和不间断性更新保证了端到端供应链流程更加有效。CPFR 的本质是对贸易伙伴和业务关系的再造,目标是通过收集供应链内外部可获得的信息、知识和经验以形成单一的、更加准确的、可支持整个供应链的预测结果。与单独的需求预测相比,供应链所有伙伴都是基于一定的机制协同工作。

第四节 数智化需求预测

一、数智化需求预测和计划的内涵

企业使用传统需求计划工具,往往导致需求预测与客户的实际需求有巨大的差异,从而会对整个供应链的上下游产生牛鞭效应。因此企业开始采用数智化需求预测和计划来提升需求预测的准确性。数智化需求预测和计划是通过对需求变化的实时感知,采用深度学习或者人工智能算法来做出需求预测,并且把需求预测转化为需求计划在供应链上下游实时沟通。数智化的需求计划可以有效降低真实需求与需求预测的差异,从而提高供应链的绩效。

通过数智化需求预测和计划的定义,可以把数智化需求预测和计划分为三个步骤来理解:

第一步,需求感知。通过采用各种感知方式,对影响需求的变量进行实时的感知,从而获取对需求预测的数字化数据输入。

第二步,需求预测。通过人工智能、深度学习等智能算法,把需求感知到的数字化信息进行加工分析,从而得到需求的预测。

第三步,需求共享。需求共享又可以叫作需求的可视化,终端客户的需求预测结果转化成为需求计划,通过供应链平台在供应链上下游进行共享,从而达到供应链协调。

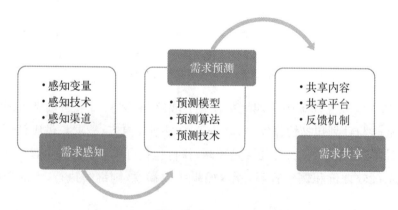

图 3-2 数智化需求预测和计划的步骤

数智化需求预测和计划与传统需求预测和计划在数据收集方法、数据量、数据及时性、数据偏差修正以及数据处理预测模型等方面都有巨大的区别。

表 3-3 传统需求预测和计划与数智化需求预测和计划的区别

	传统需求预测和计划	数智化需求预测和计划
数据收集方法	人工数据收集	自动数据收集
数据量	有限维度、数据量较小	多维度、大量数据
数据及时性	某个(某段)时间的数据	实时的数据
数据偏差修正	选择性等人为偏差	没有人为偏差
数据处理模型	单一模型应用于所有产品	系统根据需求模式选择最适合模型

二、数智化需求预测和计划的作用

数智化需求预测和计划可以通过以下方式改善短期预测，并提高供应链绩效：

第一，推动更好的库存部署和运输配送决策，从而减少缺货和减少紧急订单；

第二，因预测准确性较高而降低安全库存；

第三，因预测错误较少而减少循环库存；

第四，提高客户服务水平和客户对产品"立刻"可得性；

第五，通过完全自动化的流程，释放供应链计划人员的能力。

三、数智化需求预测和计划的过程

（一）数据获取

数智化需求预测首先需要获取相关数据。系统将从年度需求计划中获取基于历史时间的需求计划，同时，分别从内部源（如交货、销售订单、促销和未履行订单）和外部源（如零售商的 POS 和库存数据、竞争对手的销售数据、市场份额的变化、社交媒体信号、天气变化等信号）收集输入数据，并将其添加到预测模型中。

（二）数据预处理

获取数据后，系统已设置的预测模型将对输入数据执行一个或多个预处理，主要处理一些非常规数据的影响。基于产品生命周期信息的考虑，为新产品导入有参考价值的历史数据。系统若检测销售历史记录中存在统计离群值，则在学习阶段会将其排除，由于促销带来销售提升的相关数据，则将从销售历史记录上消除。系统在数据处理中需要对周需求和日需求的模式进行识别、匹配和平衡。

（三）需求预测和调整

数智化的需求预测采用的需求感知算法是使用机器学习和需求模式识别，达到优化短期预测的目的。通过数智化需求算法使用机器学习技术计算调整因子，会将预测与每周最近的需求进行比较，做出相应的偏差预测，归纳出未出订单的规律模式，从而计算出每周优化后的感知需求。根据在预测模型中预先设置的阈值（即与输入预测相比允许增加或减少的最大值）为感知需求设置上限，则可以对促销期间的需求进行平衡调整。

（四）结果共享

数智化的需求预测通过智能算法和机器学习，使用在预测模型中选择的方法分解每周感知需求，得到每周、每日的感知需求，可以有效地提高短期预测的准确率。无论是周感知需求还是日感知需求都在供应链上下游分享感知需求的结果，以推动库存部署和运输配送决策的优化。

本章小结

需求预测是对将来供应链需求的预期，是企业制定战略规划、生产支配、销售计划，尤其是供应链管理计划的重要依据，是企业供应链管理中最重要的环节，也是供应链管理工作的龙头。

本章第一节阐述了需求与需求预测的基本概念，并对几组需求预测中的关键术语进行了说明，特别在数字化背景下介绍了常见的需求数据采集方法。第二节分别介绍了传统定性和定量需求预测方法，重点阐述了定性预测中的德尔菲法和定量预测中的时间序列法。第三节区分了供应链的需求预测中的独立需求和相关需求，并在此基础上提出了联合需求预测的供应链管理思想。第四节介绍了数智化需求预测的内涵、作用和过程。

思考题

1. 需求预测的特点是什么？需求预测有哪些核心组成部分？
2. 需求预测包含哪四项关键术语？
3. 请简述需求数据采集的主要环节和设备。
4. 供应链需求数据的主要采集环节有哪些？
5. 请简述德尔菲预测方法的特点。
6. 请简述联合需求预测的含义。
7. 请简述智能化需求预测的作用。

案例分析题

医药人如何做药品需求预测

企业要不要做销售预测或需求预测？答案无疑是肯定的。同时，销售预测质量的高低将直接决定整个供应链的运作效率和品质。没有准确的预测就没有准确的计划，一方面会导致库存积压或者缺货的问题,另一方面会造成生产反应不及时,只能依靠加班等方法应付,从而大大增加成本。作为中国市场规模排名前三的某国营医药巨头,虽然产业链复杂、药品品类繁多,但主要药品销售预测准确率达到了80%左右。这样的成绩是怎么取得的呢?

首先,选对预测方法和模型。过去,该国营医药巨头的销售预测主要依靠个人的历史经验和手工填报。像OTC(非处方药)药品多达200多个品种,单纯依靠人工每月进行一一预测数据填报,难度非常大。这造成小品种药只能被忽视,主要选报一些较为重要或者关键的品种,导致整体预测率偏低,仅为40%左右。

为改变这一点,企业高层引入了一个科学、智能的销售预测系统,为销售、供应链、营销中心等部门提供系统化的技术支持,从而全面改善了其预测质量长期低迷的现状。该系统采用多版本的滚动需求预测方法,定期把前一期的历史实际数据纳入预测考量,来响应市场对产品的实际需求。也就是说,每月一产生新的销售数据,就要根据市场实际的销售状况对未来的预测数据进行调整。这不但提升了预测准确率,而且可以更快地察觉市场变化,提早启动应变机制,为生产、物流留出充足的前置准备时间,让供应链支持更到位,也有利于企业的中长期战略规划,做出更周全的决策考量。

通过统计模型优化,系统会自动给各销售大区和地区生成建议值作为调整基准,针对一些非重点品种或者小品种,销售人员可直接参考建议值进行填报。这样,95%的用户在2小时内能完成预测提报,显著降低预测数据填报的难度。

其次,数据获取要实时、准确、便捷。但销售预测准确一直是非常困难的,特别是对于医药企业来说,在销售业绩的压力下,容易盲目地编制新品销售计划,使得计划与供应链脱钩,加剧供需失调。此外,药品的批次要求严格、缺货成本高,不仅要求库存合理,还必须对客户响应及时,达到较高的产品交付率,这也加大了供应链管理的难度。

以前,该企业的产品历史数据都散落在企业内部的各个系统之内,想要利用这些数据来销售预测,需要经过层层部门申请,从提出需求到获取数据,至少需要2天时间,到手的信息显然已经过时。而且由于缺乏通畅的获取渠道,不少人员并没有形成利用数据来辅助决策的习惯。为此,该企业专门打造了大数据中心,来打通各个系统之间的信息孤岛,完成数据整合和共享,并与销售预测系统进行对接,实现总部、大区、片区、产品、客户等维度批量的销售影响因子可视化。"不管是前端销售,还是营销中心、供应链部门,都可以在系统上找到第一手的实时数据,了解销售任务的进度、库存周转率、纯销同环比、订单同环比等信息,及时补单、补货,或者制定促销计划去库存,方便地利用数据作精细化决策。"该系统的提供商联合通商科技顾问高铭介绍。

此外,该系统还支持根据库存状况、销售量等信息来设定系统的预警机制,对异常信息进行实时追踪和预警,一旦发现异常,系统会自动侦测并通知、处理。

最后,透彻的需求分析是基础。系统再好也只是个工具,需要依靠人来实现。而销售预测更是需要大量人员的支持和协同合作,涉及跨部门的沟通和协调。以该企业为例,销售预测流程中涉及的角色是非常多的,从地区的销售经理到大区的商务经理,总部的供应链组、营销中心等部门人员都要参与进来。

所以,在项目正式实施之前,该企业在系统提供商的协助下,与各个销售大区、片区进行大量的访谈,深入了解各个部门的需求,重新梳理了整个销售预测流程。最终,与营销中心、大区、片区和供应链部门一起完成了协同销售预测体系构建,实现了自上而下、自下而上的销售目标分解以及销售预测编制。

通过这个项目,该企业建立了销售预测协同流程,实现了滚动销售预测,增加了信息透明度,加快了市场反应效率,同时也解决了销售预测准确率较低和没有好的新产品预测模型的问题,降低了库存和缺货率,在销售预测上有了新的思路和更好的预测方式。

资料来源:公众号"联合通商科技"中的供应链创新的实战案例。

请思考:

1. 请总结案例中药品销售预测可借鉴的经验,思考需求预测在供应链管理中的作用。
2. 结合本案例,谈谈该企业如何进行数智化需求预测的优化。

第四章 供应链运作管理

学习目标

- 理解供应链中运营管理的含义与目标
- 掌握推动式与拉动式供应链运营模式
- 掌握柔性供应链的概念和特点
- 掌握敏捷供应链的概念和特点
- 掌握定制与延迟化供应链的概念和特点
- 了解数智化供应链运作的优势

【导引案例】

海思堡的转型利器

纺织服装工业一直是中国的支柱产业、重要的民生产业。经过多年的发展,中国服装产业建立起了全世界最为完善的现代制造体系,产业链各环节制造能力与水平均位居世界前列。但同时服装行业又存在很多问题,比较突出的问题是:第一,产业链长,产销不匹配,提前生产导致库存高;第二,订单趋向小批量多种类,大货生产模式柔性不足;第三,不了解用户需求,缺少售后护理服务导致的用户满意度低。

作为山东省最大的牛仔服装生产企业,海思堡曾面临三大问题:订单周期长、库存高,销售结束后无法追踪,无法了解用户需求的行业痛点。通过对海思堡的系列咨询诊断,COSMOPlat为海思堡打造了专门的解决方案。COSMOPlat是海尔数字科技(青岛)有限公司运营的工业互联网平台。海思堡通过与COSMOPlat合作,从传统的牛仔加工企业变成了可以小批量、定制化生产的牛仔定制企业,产品附加值大幅提升,企业竞争力显著提高。

那么,COSMOPlat是如何成为海思堡的转型利器呢?本章的内容将会帮助读者分析理解供应链运作模式。

第一节 供应链运作模式演进

供应链的概念是由扩大生产的概念发展而来的,它将企业的生产活动进行了前伸和后延。近一二十年来,生产管理学界对于生产的理解逐渐深化,生产不仅指有形产品的制造,还包含无形产品——服务的提供;它是指将生产要素投入转换为有形产品和无形服务的产出,通过创造效用而增加附加价值的过程。供应链运作管理理念就是从消费者角度,对制造产品和提供服务的过程进行组织、计划、实施和控制,通过企业间的协作,谋求供应链整体利润最大化。

随着经济的不断发展、科技的不断进步和全球化的不断深化,企业所面临的经营环境不断变化,影响企业的竞争因素不断变化,为了更好地适应生存环境的变化,供应链的运作模式也在不断变化和改进。

一、竞争因素的演化历程

随着社会发展和科学技术的进步,企业生产效率不断提高,人们的收入不断增加,消费水平不断提高,在顾客追求个性化和多样化的当今时代,企业要获得竞争优势,就需要分析自己的竞争优势和顾客需求的关系,追寻竞争优势的新源泉。不同企业的供应链竞争策略不同,企业供应链的竞争优势体现在何处?是成本低?还是差异化?抑或反应快?

(一)成本低廉性

20 世纪 60 年代到 70 年代,价格是竞争的主要因素,只有低价格才能争取更大的顾客群,才能不断扩大其市场规模,实现规模经济。而低价格的实现靠的是低成本,而企业生产的产品只有生产成本和物流成本都低才有消费市场的低价格,因此,出现了基于成本的竞争策略,使产品和服务的成本尽可能比竞争对手低。基于这一竞争策略,降低成本也就成了这一时期供应链运作管理的主要目标之一,通过供应链运作管理尽量在生产过程中降低制造成本,在流通过程中降低物流成本。

(二)质量可靠性

20 世纪 70 年代到 80 年代,质量因素变成了竞争优势的主要来源。质量因素是反映产品或服务满足规定和潜在需要的能力特性的总和,代表产品的使用价值,即企业提供合格产品和满意服务的能力。实施基于质量的竞争战略是指把质量因素作为竞争优势的来源,即通过在客户感知到的产品质量和服务质量方面领先于竞争对手,来赢得高市场占有率和稳定的利润。随着消费者对产品质量要求的不断提高,衡量质量水平的主体和方式已经从企业的符合性和适用性检验上升到顾客的满意度和协同性的感知。产品和服务质量不但要符合技术标准,还需要以客户的价值观来进行度量和评价。在服务经济时代,不但要重视产品本身的质量,更应注重产品售前、售中和售后的服务质量。供应链环境下,还要考虑上下游企业之间的交货质量,重视交货的准时性。

(三) 应变灵活性

20世纪80年代以后,企业经营环境的不确定性增加,顾客需求往往具有多样性和不确定性,为了适应客户需求的不确定性和多样性,要求企业运营应该具有较强的应变能力,而企业应变能力的高低则体现在面对产品和服务种类的不确定性和多样性上,能否迅速地生产不同的品种和开发新的品种,能否快速地提供不同的服务和开发新的服务,以适应市场需求的快速变化。

(四) 交货时间短

经过20世纪七八十年代的长足发展和渐进演变,20世纪90年代以后,整个市场环境发生了根本性的变革,体现出新的特征:经济全球一体化;用户需求水平持续快速提升;技术持续快速进步,产品更新换代间隔越来越短,产品可销售期越来越短。为了不影响产品的上市时间和销售的实现,对产品的交货时间要求也越来越高,因此交货时间也就成为影响竞争的一个非常重要的因素。交货时间是指能迅速地满足顾客的需求,快速、准时、可靠交货的能力。交货期不但要短而且要准时,包括交货的速度和交货的可靠性。交货速度主要体现为产品的交货期长短,是响应需求的时间量度;交货可靠性主要体现在产品交货的服务水平,需要按时按量按质提供顾客需要的产品或服务。市场需求的变化或波动都会引起企业生产的变化或波动,企业获取基于时间的竞争优势,可以缩短产品开发周期、制造周期和物流运送周期,提高供应链的反应速度,缩短对市场需求的反应时间,保证需求可以有效的实现。

(五) 定制程度高

在服务经济时代,客户已经不满足于在市场上购买标准化的产品,他们希望能够按照自己的设计得到定制化的产品和服务。这就要求企业能通过灵活和快速响应实现多样化和定制化,使顾客买得到自己想要的产品和服务。企业需要推行即时化、客户化的定制式生产和交付,这就是即时客户化定制,应该满足三大目标——低成本、定制化和零时间,即完全按照客户个性化的要求提供产品和服务,产品价格低廉,追求交付定制式产品的零时间。零时间是对客户需求响应时间的极限,产品交货期是非常短的,是基于时间竞争的最高目标。

(六) 资源环保性

资源环保性是指产品在制造、使用和废弃过程中,应遵循循环经济3R(Reduce 减量化,Reuse 循环再用,Recycle 循环再生)的理念,降低对环境的影响程度,减少资源消耗,实现资源的优化利用和减量排放。人类工业化过程创立的社会化大生产方式是建立在对自然资源和生态环境免费使用基础上的,所采用的技术范式是单向线性不可逆的生产模式,所面临的矛盾是生产无限扩大的趋势和自然资源有限供给的约束,造成了全球范围内的环境污染、生态破坏等一系列的问题。20世纪末期,绿色运动兴起,人们的环保意识不断增强,消费方式和消费观念也发生了深刻的变化,绿色消费的理念悄然生起,产品的生态性正在成为影响其市场竞争力的主要因素。反生态特征向生态性回归呼唤制造业生态化发展,基于环保的竞争将导致供应链运作管理出现新的变革。

(七) 信息准确性

随着计算机的出现和逐步的普及,信息量、信息传播的速度、信息处理的速度以及应用信息的程度等都以几何级数的方式在增长,信息对整个社会的影响逐步提高到一种绝对重要的地位。美国前总统卡特曾言,国民生产总值一半以上都与情报活动有关。日本索尼公司总裁说:本公司名扬全球,靠的是两手,一是情报信息,二是科学研究。目前,95%的世界500强企业建立了较为完善的情报信息体系。由此可见,一个企业乃至一个国家竞争力的强弱在很大程度上取决于能否准确地获取信息和运用信息。而对于信息在竞争中的角色,波特曾经指出,信息革命正以三种重要方式影响竞争:一是改变了产业结构,同时也改变了竞争规则;二是让企业以新的方式超越竞争对手的表现,进而创造出竞争优势;三是它能从企业内部既有作业中,开展出全新的事业。

(八) 经济全球化

经济全球化(Economic Globalization)是指经济活动超越国界,商品、技术、信息、服务、货币、人员等生产要素可以跨国跨地区流动,形成全球范围的有机整体。经济全球化是当代世界经济的重要特征之一,也是世界经济发展的重要趋势。例如,美国通用公司的汽车已经不能简单定义为由美国制造的产品,因为它的设计来自德国,发动机、车轴、电路板等部件是在日本生产的,其他一些零部件是由新加坡和中国台湾地区提供的,总装是在韩国完成的,数据处理是在爱尔兰和巴巴多斯进行的,市场营销和广告服务是由西班牙提供的,而只有像战略研究、金融、法律和保险这样的业务才是在美国本土进行的,美国本土业务大约只占总成本的40%。因此,竞争不再停留在对一国国内资源的充分利用上,而是看谁能在全球范围内优化配置各种资源,实现自身利益最大化。

(九) 数智化

随着工业4.0的到来,新数字工业技术的兴起将带来制造业的巨大转变。通过机器来收集和分析数据,以更低的成本通过更快速、更灵活、更高效的流程,生产出更高质量的商品,这在工业4.0时代都成了可能。当前,供应链的数智化发展趋势已现,新技术将带来更高的生产效率,同时将改变供应商、生产商、用户甚至还有人和机器之间的传统生产关系。迈向"十四五"阶段,供应链数智化要与实体经济深度融合。首先,要充分挖掘数据的价值,通过数字化技术手段,实现供应链智能协同;其次,要突破物流环节,聚焦全产业链,实现从消费端到产业端各环节的整体优化。例如,美的电器通过数智能供应链,进行消费预测和仓储优化,从商品入仓到最终送到消费者手中,实现从过去的30~45天减少到如今的28天左右的目标。再如,基于大数据分析用户痛点,海尔与京东联合定制了可智能监测胆内水质的电热水器,产品一上市便受到消费者热捧,其销量非常可观。

二、运作模式的发展历程

通过前面的分析可以发现,随着人们消费水平的不断提高以及科学技术的发展,影响竞争的因素正在不断发生变化。尤其是 20 世纪后期,顾客需求呈现个性化、多样化的特点,需要提供多种多样的产品供顾客选择。除了要考虑基于价格、质量、时间的竞争之外,还要考虑基于服务、柔性和环保的竞争。单一化的产品,即使质量好、价格低,也不能为顾客所接受,品种成为竞争的主要因素。当价格、质量、品种的差别不大时,谁能最及时地向顾客提供产品,谁就有竞争力,交货时间成为竞争的主要因素。当以上 4 种因素的差别不大时,谁能为顾客提供最好的服务,谁就能赢得更大的市场份额。目前,环境问题又特别突出,当以上 5 种因素的差别都不大时,哪种产品能够清洁地生产出来并在使用、回收处理中对环境的污染最小,哪种产品就能得到顾客的青睐。竞争因素的不断变化,就要求供应链的运作模式也随之发生变化。纵观工业革命的发展历程,供应链运作模式与企业竞争方式的关系如图 4-1 所示。

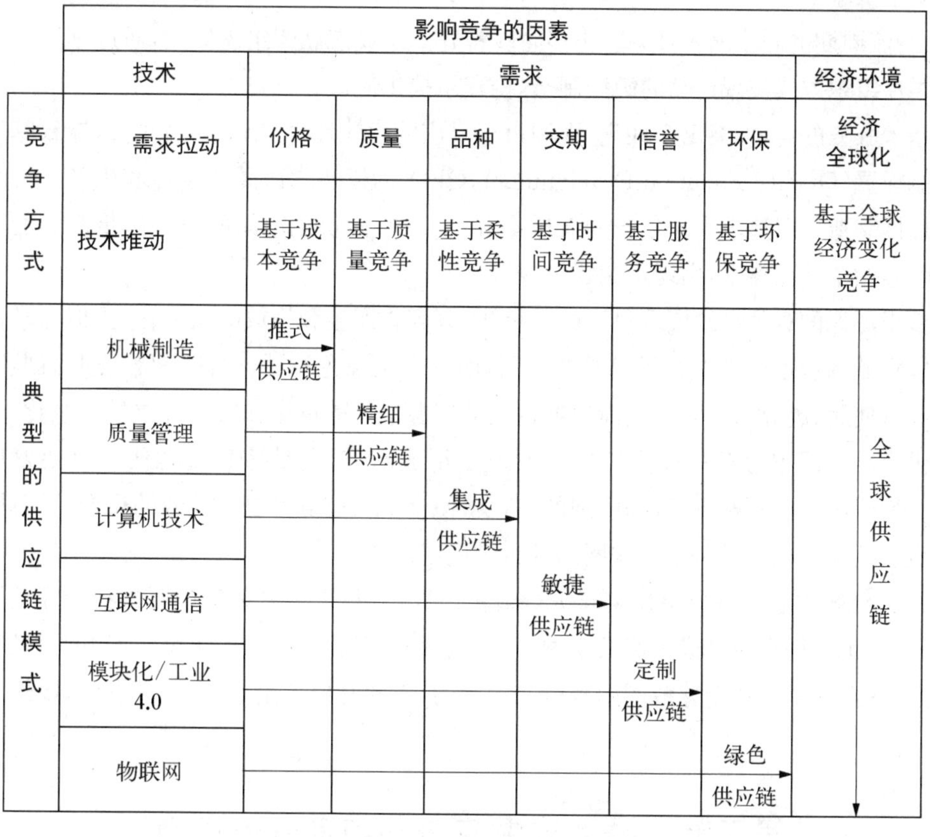

竞争方式		影响竞争的因素							经济环境
		技术	需求						
	需求拉动		价格	质量	品种	交期	信誉	环保	经济全球化
	技术推动		基于成本竞争	基于质量竞争	基于柔性竞争	基于时间竞争	基于服务竞争	基于环保竞争	基于全球经济变化竞争
典型的供应链模式	机械制造		推式供应链						全球供应链
	质量管理			精细供应链					
	计算机技术				集成供应链				
	互联网通信					敏捷供应链			
	模块化/工业4.0						定制供应链		
	物联网							绿色供应链	

图 4-1 竞争方式与运作模式的关系

工业化发展前期,基于价格的竞争导致企业追求低成本,福特把亚当·斯密的劳动分工理论运用到了极致,借助泰罗的标准化原理将机械制造单元组建成流水生产线,实现了单一产品的大量生产,这是工业革命中所产生的新的生产方式,这一生产方式也推动了传统的推式供应链运作模式的产生。

工业化发展中期,随着技术的进步和经济的发展,消费水平日益提高,质量和服务成为影响产品竞争力的关键。为了更好地确保产品和服务质量,需要全体员工实施全过程、全方位的质量保证,全面质量管理技术应运而生。全面质量管理技术的应用和完善,推动了精细化供应链运作模式的产生。

20 世纪末,信息技术的普及和应用从根本上改变了企业的目标、结构、形态和习惯,同时伴随着企业经营环境的不确定性增加,竞争优势已转移到品种、交货期和服务上。为了提高整体的经营水平,企业将计算机信息技术与先进的管理方法进行综合运用,出现了集成化供应链,实现订货需求信息快速传递和共享,供应链上成员同步化运作,保证了企业制造出不同品种的同时兼顾低成本和高品质,提高了供应链系统的柔性。

基于交货时间的竞争导致生产组织模式的变革,以动态变化的组织方式快速应对市场需求的不断变化,加之因特网技术在美国获得的巨大成功,世界各个工业化国家以及一些发展中国家都纷纷加入因特网。运用因特网通信技术,实现了产品开发周期、生产制造周期、物流周期的同步缩短,因此,很多企业都建立了动态联盟组织形式,通过"以变应变"的高柔性组织方式实现产品的敏捷制造,构建敏捷供应链。

基于服务的竞争,突出个性化,强调市场反应的敏捷性、低成本和高质量,导致基于质量功能配置(Quality Function Development,QFD)的模块化产品的设计和生产。模块化的零部件制造可以追求大量生产的低成本和高质量,模块化产品的组装满足产品的多样性和顾客的个性化需求,出现定制式供应链。

基于环保的竞争导致资源投入的减量化,废弃物产生和排放的减量化,不但力求清洁生产以降低制造过程对生态环境的副作用,而且强调绿色设计,关注产品从理念创意、设计、生产、使用、废弃回收等全生命周期过程的资源消耗减量化和废弃排放的减量化,出现绿色供应链。而作为新一代信息技术的重要组成部分,也是信息化时代的重要发展阶段——物联网正在不断崛起,物联网的出现将使整个供应链可以更有效的融合。因此,未来供应链运作模式将是基于物联网的绿色供应链。

经济全球化通过将资源在全球进行最优配置,有利于资源和生产要素在全球范围内合理流动,也使得供应链成员遍及全球,生产资料的获得、产品生产组织、货物的流动和销售、信息的获取都是在全球范围内进行和实现的,由此开启了全球化供应链运作模式。

第二节　推动式供应链与拉动式供应链

传统的供应链运营模式通常被划分为推动式和拉动式两种。这种划分来自 20 世纪 80 年代的制造革命,从那时起制造系统就被划分为推动式和拉动式两种类型。在最近的几年里,相当一部分公司开始实行这两种形式的混合形式:推-拉式的供应链运营模式。

一、推动式供应链

(一) 产生背景

20世纪80年代以前,需求市场环境是各企业所面临的市场份额大,需求变动也不剧烈,比较容易准确预测市场需求(品种和数量),采取推动式供应链(Push Supply Chain)提高运作效率而获得规模经济。供应链上成员企业的管理理念基本上是"为了生产而管理",企业之间的竞争是产品在数量上和质量上的竞争,企业间的业务协作是以"本位主义"为核心的,即使在企业内部,其组织结构也是以各自为政的职能化或者区域性的条条框框为特征。此时,供应链上各成员之间的合作关系极为松散。这种"为生产而管理"的导向使供应链成员之间时常存在利益冲突,阻碍了供应链运作和管理的形成。

当时,虽然业务链上的部分企业已采用了 MRP/MRP-II 来管理自己的业务,但这些管理也只是企业内部各职能部门分别在相互隔离的环境下制订和执行计划,数据的完整性差,甚至在企业内部信息都缺乏统一性和集成性,更谈不上在业务链上形成标准化和数据流,这种业务链在某种意义上无法形成一种供应链的运作。在理论研究界,供应链管理也只是停留在开始探索和尝试的阶段,因而无法对供应链管理提出较完善的管理理念和指导思想。

(二) 推动式供应链模式

推动式供应链的模式如图 4-2 所示。

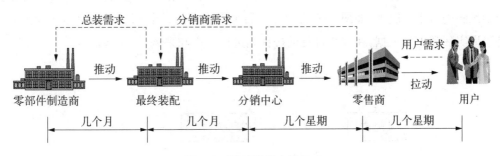

图 4-2 推动式供应链模式

从图 4-2 中我们可以看到,推动式供应链仅仅是一个横向的点到点的集成。它是以产品为导向的推式管理,供应链上各企业之间只存在交易关系,采购、生产制造、销售、配送等功能性活动相互分割,结点企业的供应链系统都有各自的标准,互不兼容,导致其自身的计划和利益与整个供应链的计划和利益相互冲突。

在这种由供应商、制造商、分销商、零售商和客户依次连接的供应链中,沿着供应链环节向上游移动,需求的不稳定性增加,预测准确度降低。同时因为整条供应链的响应周期长,导致生产商和零售商必须备有大量缓冲库存,而且上、下游企业之间因为缺乏信息沟通和共享,生产率大不相同,这些都造成了供应链上的高库存风险。

这里的供应链管理是一种层级式的、静态的、信息不透明的管理模式,虽然有了供应链管理的雏形,但仍存在不少缺陷,此时的供应链管理还处于企业内部供应链管理阶段,同上游企业之间的供应商关系管理系统,以及与下游用户之间的客户关系管理系统都还没有建立起来,还有很大的发展空间,这是20世纪90年代精细供应链诞生的一个基石。

(三) 推动运营

推动式供应链的运营一般是以制造企业的生产为中心,以制造商为驱动源点,通过尽可能提高运营效率来降低单件产品成本、获得利润。推式供应链管理模式下,制造企业一般根据自己的 MRP-II/ERP 计划管理系统,通过对下级用户的历次订单信息进行需求预测来安排其生产计划;再根据产品物料清单(Bill of Material, BOM)将生产计划展开计算物料需求计划,向供应商发出订货,购买原材料;从原料仓库领取物料,生产出产品;并将产品通过其分销渠道,如分销商、批发商、零售商等,逐级向供应链的下游推移,推至零售商,客户处于被动接受的末端。传统的供应链几乎都属于推式的供应链,侧重供应链的效率,强调供应链各成员企业按基于预测的预先制定的计划运行,如图4-3所示。

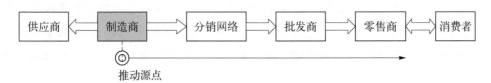

图4-3 推式供应链示意图

一般来说,制造商利用零售商历次订单需求的品种和数量来预测市场的需求,并根据长期预测进行生产决策,如图4-4所示。产品生产和原料采购都是以历次需求预测而不是当期实际需求为依据,在客户订货前按计划进行生产和采购。

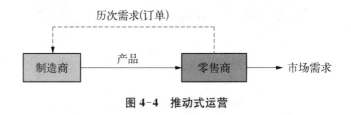

图4-4 推动式运营

二、拉动式供应链

(一) 产生背景

20世纪90年代,企业的竞争重点已转向了追求生产效率。企业的组织结构和内部职能划分也发生了转变,大多数企业开始进行企业组织机构的精简和改革,并开始从分散式的部门化和职能化转变为集中的计划式,更关注业务流程的变革。

在这期间,部分企业将信息技术和计算机应用引入了企业管理的范畴,拥有了较好的管理工具,特别是在20世纪80年代末,MRP-II 的推广、ERP 系统和 JIT 模式的引入和应用,逐渐使企业内部实现了信息集成,为供应链上下游之间的业务提供了所需的业务处理信息。同时,企业间的业务联系方式也随着通信技术的发展而不断改善,使上下游业务链在市场竞争的驱使下逐渐向供应链运作方式演变,这些都促使供应链管理概念在企业管理理念的不断变化过程中逐步形成。但在初期,传统的供应链的运作多局限于企业内部,即使扩展到了外部,供应链中各个企业的经营重点仍是注重企业的独立运作,时常忽略与外部供应链成员企业的联系,因此,在供应链上仍然存在着大量的企业之间的目标冲突,无法从整个供应链的角度出发来实现供应链的整体竞争优势,从而导致供应链管理的绩效低下,尚无法实现整体供应链的运作和从供应链向价值链的根本突破。

(二) 拉动式供应链模式

拉动式供应链(Pull Supply Chain)的模式如图 4-5 所示。

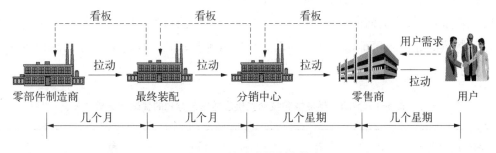

图 4-5 拉动式供应链模式

拉动式供应链是以消费端的客户需求为中心,以销售商为驱动源点,通过尽可能提高生产和市场需求的协调一致性,来减少供应链上的库存积压,从而降低单件产品成本并获利。拉式供应链管理模式下,依据消费市场或消费者的当期实际需求,沿供应链向上游层层拉动产品的生产和服务。这种供应链的结构原理如图 4-6 所示。

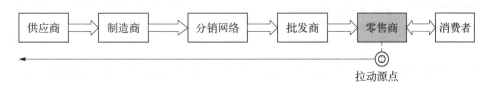

图 4-6 拉动式供应链示意图

(三) 拉动运营

在拉动式供应链中,生产和分销是由当期需求驱动的,驱动力直接来自最终顾客的当期需求。产品生产和交货是根据当期订单的实际顾客需求而不是基于历次订单预测需求进行协调的,这样生产和分销就能与真正的市场需求而不是预测需求进行协调。拉动式运营方式如图 4-7 所示。它强调对市场的响应性,目的在于缩短订货提前期,按市场当期的实际需求拉动供应链运营。

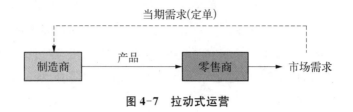

图 4-7 拉动式运营

三、推-拉式供应链

(一) 推式与拉式供应链的比较

如上所述,推动式供应链反应能力一般较差,库存水平较高并且库存过时的风险也较大,其订货提前期较长、服务水平较低,但对提前期长的产品支持较好,有较高的运输和制造的经济规模。拉动式供应链反应能力一般较好,库存水平较低并且库存过时的风险也较小,其订货提前期较短、服务水平较高,但相比推动式供应链,拉动式供应链的运输和制造的经济规模难以实现。推动式供应链和拉动式供应链运营方式的比较如表4-1 所示。

表 4-1 推动式供应链和拉动式供应链运营方式的优缺点比较

两种运营模式	优 点	缺 点
推动式供应链	● 提高了设备利用效率 ● 实现规模经济 ● 增加了系统产出	● 库存风险较大 ● 不能对市场快速反应 ● 订货提前期较长 ● 服务水平较低
拉动式供应链	● 库存风险较小 ● 可以实现市场的快速反应 ● 提前期缩短 ● 服务水平高	● 设备利用率低 ● 难以实现规模经济 ● 对技术要求较高

由于单纯的推动式或拉动式供应链具有各自的优势,但也存在着种种局限,因此在现实中,许多企业都采用推、拉并举的供应链运营方式,某些层次是推动式运营方式,其余的层次采用拉动式运营方式,推-拉式的供应链运营模式应运而生。

(二) 推-拉式供应链的推拉边界

在推-拉式供应链运营模式中,供应链的某些层次如上游的几层以推动的形式运营,而其余的层次采用拉动式模式。根据预测生产的模式(推的模式)向根据订单生产的模式(拉的模式)转换的邻接点常常被称为"推拉边界",或者"去耦点",如图4-8 所示。为了更好地理解这一战略,观察供应链的时间线,即从采购原料开始到将订单货物送至顾客手中的一段时间,推拉边界必定在这条时间线的某个地方,在这个边界上,企业的运营策略会

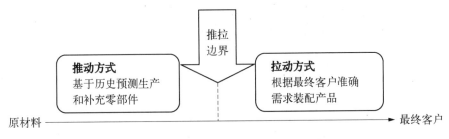

图 4-8 推-拉式供应链

从推动式转换为拉动式运营模式。

以个人电脑生产商为例,传统的运营方式是根据备货型生产(Make to Stock)策略组织企业物流,即根据历次订单数据预测进行生产品种和数量决策,再以较长订货提前期进行分销配送,生产的产品不断补充其成品库存,然后根据对市场需求的反应进行分销配送,如图 4-9 所示。

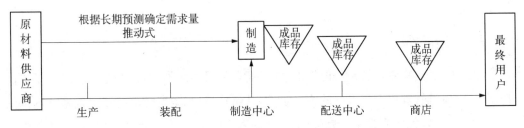

图 4-9 个人电脑生产商推-拉式供应链

在激烈竞争的市场环境下,单位产品的市场盈利率不断下滑,但市场的个性化需求却越来越强烈,导致交货成本居高不下,部分制造商采取了按订单组织生产的运营模式。部件库存仍然是按照需求预测进行采购和库存管理,但最后成品组装是根据最终的顾客订单进行的。这样,生产商的推动部分就在成品装配之前,而供应链的拉动部分则是从成品装配环节开始,并按照实际的顾客需求运营,所以推拉边界就在装配点。

(三) 推-拉式供应链的应用案例

虽然计算机的配置、规格、型号不同,但主要是由一些共用零部件和少量个性化组件组装而成的,生产商充分利用共用零部件总体需求更为准确的特点,从而降低了库存运营成本。戴尔计算机非常成功地运用了这种运营模式,作为订单生产(Make to Order)的制造商,实施推-拉式供应链运营,其供应链推-拉模式如图 4-10 所示。

在这个例子中,戴尔电脑制造商充分利用了总体预测更为准确的特点,对所有产品都会用到的部件进行总体预测,使预测更为全面、准确。因此,对零部件需求的不确定性比每种制成品需求的不确定性要小,从而降低安全库存。戴尔电脑正是因为成功运用了该战略,成了推-拉式供应链的典范。

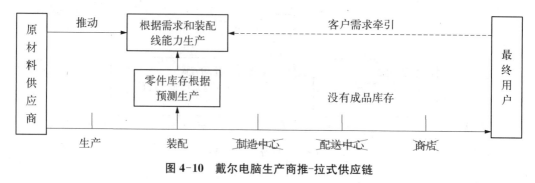

图 4-10 戴尔电脑生产商推-拉式供应链

(注：图中"×"表示戴尔的直销模式取消了传统的制造中心仓储、渠道配送仓储、商家店铺仓储。)

第三节 柔性供应链与敏捷供应链

一、柔性供应链

进入 21 世纪，随着社会经济的发展，市场竞争的日益激烈，对供应链管理提出了更高的要求。供应链管理中存在高度的不确定性，从市场情况、消费需求的多变到系统内部的各项运作管理，如各环节的库存数量、供应商的生产质量、信息传递的方向、运输条件的变化等，都是管理的难点。其中有一些因素是可以通过人为的努力将其化解的，而另一些则是无法预测的，只能采取一些措施和设计相应的管理模式加以规避，以取得最好的效果。在这种情况下，则要求供应链的管理要灵活、开放、有效、动态和敏捷。而建立柔性供应链(Flexible Supply Chain，FSC)就是解决问题、达到以上标准的途径之一。

(一) 柔性供应链的基本内涵

供应链的柔性是指供应链的弹性，即灵活性，也就是指供应链适应市场需求变化的能力。关于供应链柔性，斯赖克(Slack)认为供应链柔性是指整个供应链系统针对顾客需求的变化做出反应的能力，包括生产柔性和交货柔性，其中生产柔性是指改变生产批量的能力，可用生产能力的富余指标来衡量，交货柔性是指改变计划交货的能力，用提前期的富余来反映。当今的市场，正日益呈现出多样化、个性化的特征，与以往相比，市场需求的不确定性大大增加，只有充满柔性的供应链，才能对变化莫测的市场需求做出及时、快速的反应。

(二) 柔性供应链的具体内容

1. 制造系统柔性

所谓制造系统柔性，即为应对外部环境变化，在现有的资源条件下低成本快速地生产出满足市场需要的、质量优良的产品的能力。

2. 物流系统柔性

所谓物流系统柔性，是指在外部环境条件变化的情况下，以合理的成本水平，采用合适的运输方式，在合适的时间和地点收集和配送合适的产品、资源以及服务，以满足顾客或合作伙伴需要的能力。

3. 信息系统柔性

由于供应链在其整个生命周期运作过程中具有动态性，其间会发生供应链各个层面的重组或重构，信息柔性子系统能够相应地调整以适应变化。

4. 供应系统柔性

具有供应柔性的供应链能够适时调整生产计划，改变零件或产品的产量、种类或组合以满足合作伙伴或顾客的需要。

（三）打造柔性供应链的措施

1. 以需求为驱动力建立柔性供应链的合作联盟

柔性供应链的建立要求核心企业根据自己的核心业务和市场需求，在预先设定的系统整体目标的指导下，综合参照相关指标（如企业业绩、业务结构与生产能力、质量系统、企业环境等）选择适合自身经营发展的任何结点企业，它是链体的中心，是整个系统的组织者和协调者。同时为了更好地在共赢思想指导下实现各结点企业的资源共享和优势互补，以核心企业为首建立有效的绩效评价和激励机制也是十分有必要的。

2. 构建完善的信息系统，实现柔性供应链内部的信息共享

随着知识经济时代的来临，信息已是现代企业生存和发展的重要资源。信息从市场需求反向进入供应链系统，到各个结点企业信息的共享、运作进度的控制及最终顾客的使用，贯穿于整个供应链管理的始终。然而传统的供应链中，一方面是结点企业内部自我封闭，缺乏信息共享机制，严重阻碍了企业对顾客需求的快速响应；另一方面，传统的供应链采取的是推动式的运作模式，需求信息从下游结点企业流向上游企业，在逐级传递过程中预测的信息与实际的顾客需求不断产生偏离，形成"牛鞭效应"，最终导致很高的库存水平或缺货损失成本。

3. 运用具有更高柔性的先进库存管理技术和方法

创新库存管理方法可增强柔性。例如，由供应商代理分销商或批发商行使库存决策权的供应商管理用户库存，基于协调中心的联邦式的风险分担的库存管理策略的联合库存，或基于工作流的多级库存管理优化与控制方法，削减供应链的衔接不确定性，实现同步化，以最低的库存水平满足用户的需求。

4. 建立高效的物流配送系统

高效的物流配送是供应链管理过程中最重要的环节之一。低成本、高效率、响应性好、具有动态性的配送系统，能够实现供应链内部及时准确的物料传送。通过高效的物流配送系统可有效地进行资源配置，使供应链各结点企业之间的物料得到最充分的利用，以实现供应链系统高效、协调、同步化运作，从而提高柔性供应链的快速反应能力。

二、敏捷供应链

敏捷供应链(Agile Supply Chain, ASC)源于敏捷制造(Agile Manufacturing, AM)，采用基于时间的竞争战略，追求"零时间"，着眼于供应链"时间缩短"。零时间是指从顾客下达订单到顾客拿到产品的时间缩短为零，这既包括订货提前期又包括配送时间。

(一) 敏捷制造的基本内涵

20世纪70年代到80年代，美国制造业日益衰退，为了应对来自日本、德国和世界其他国家和地区的激烈挑战，重新夺回美国制造业的世界领先地位，美国政府把制造业发展战略目标瞄向21世纪。在这种背景下，一种面向21世纪的新型生产方式——敏捷制造(Agile Manufacturing)的设想诞生了。敏捷制造是美国国防部为了21世纪制造业发展而支持的一项研究计划。该计划始于1991年，由美国通用汽车公司(GM)和里海(Leigh)大学的雅柯卡(Iacocca)研究所牵头，在国防部的资助下，组织了百余家公司来研究新型生产方式。此研究历时三年，于1994年底提出了《21世纪制造企业战略》。在这份报告中，提出了既能体现国防部与工业界各自的特殊利益，又能获取其共同利益的一种新的生产方式，即敏捷制造。

所谓敏捷制造，就是企业在无法预测的持续、快速变化的竞争环境中生存、发展并扩大竞争优势的一种新的经营管理和生产组织的模式。它强调企业通过与市场用户和合作伙伴在更大范围、更高程度上的集成与联合来赢得竞争；强调通过产品制造、信息处理和现代通信技术的集成，来实现人、知识、资金和设备的集中管理和优化利用，最大限度地满足用户的需求。

(二) 敏捷供应链的功能特征

敏捷供应链是将敏捷制造的思想应用于供应链管理中，以变化的需求为出发点，以缩短产品开发的周期和物流周期为目标，以柔性生产技术为特点，依靠信息技术，由具有核心竞争力的企业整合而成的虚拟企业或动态联盟。敏捷供应链具有如下三方面的功能特征。

1. 迅速而准确地识别产品市场

企业应该迅速而准确地识别企业的用户是谁，用户的需求是什么，并且判断企业对市场做出快速响应是否值得，如果企业做出快速响应，能否获取利益。敏捷制造战略的着眼点在于快速响应用户的需求，使产品设计、开发、生产等各项工作并行进行，不断改进老产品，迅速设计和制造能灵活改变结构的高质量的新产品，以满足用户不断提高的要求。

2. 不断协调与提高企业各项职能

企业的应变来源于先进制造技术、企业信息网络和信息集成技术。其中最关键的因素是企业的应变能力，衡量企业的应变能力需要综合考虑市场响应速度、质量和成本，以最快的速度、最好的质量和最低的成本，迅速、灵活地响应市场用户需求，从而赢得竞争。

3. 强调合作伙伴的"竞争-合作-协同"

采用灵活多变的动态组织结构，改变过去以固定专业部门为基础的静态不变的组织结构，快速从企业内部部门和企业外部公司中选出设计、制造该产品的优势成员，动态组成一个单一的经营联盟实体。企业需要考虑：哪些企业能成为合作伙伴，怎样对合作伙伴进行选择，选择一家还是多家合作伙伴，采取何种合作方式，合作伙伴是否愿意共享数据和信息，合作伙伴是否愿意持续不断地改进。这一单一的经营实体在完成所承接的产品或项目后即行解体，实体的参与人员立即各自转入其他项目。

(三) 实施敏捷制造的措施

为实现制造企业敏捷、快速响应的目标，敏捷制造企业通常采取下列措施。

1. 快速重组的生产技术

为了能够敏捷地改变生产，对于离散型生产的企业，必须发展有柔性、可编程的、可重组的模块化单元；对于连续性生产的企业，必须发展智能型的过程控制器和过程检测器，以及能和实际生产并行运行的复杂过程的仿真系统，以测定不可测的中间变量，进一步对其实现有效的控制。

2. 快速响应的组织方式

第一，企业内部动态的组织方式。敏捷制造要求企业组织结构减少层次、扁平化，权力下放；根据市场的需求进行组织机构的设置和任务分配，如人员职能、各部门之间的关系、新的合作小组配置和合作方式等。这种组织形式可以对用户需求和市场竞争做出敏捷的反应，从而达到最佳的工作效果。

第二，企业外部的动态联盟。敏捷制造企业的组织形式是开放性的，可以根据市场需求快速组成动态联盟，各组成成员在相互信任的基础上进行技术、资源、经营等方面的合作，各自发挥自己的特长，从而快速、低成本、高质量地生产出市场需要的产品，共同获取利润。一旦市场需求消失，该联盟也随之解散，各个成员可以根据新的市场需求再组成新的联盟。这种动态的组织方式为企业的发展提供了新的机遇。

第三，重视人的因素。把雇员的知识和创造性看作企业的宝贵财富。雇员是企业中的积极组成部分，企业的竞争力很大程度上依赖雇员的知识和技能，因此企业应通过奖励和创造良好工作环境等各种方式来珍惜这一宝贵财富；通过继续教育和培训不断更新和提高雇员的全面技能，从而使雇员能够获取最新的信息和知识，并应用这些信息和知识提高企业的竞争力。

3. 创新产品的研发技术

为了缩短新产品的上市时间，必须掌握最新的技术信息，并拥有自己独有的研发技术。通过及时掌握最新的信息技术、培养具有广阔知识和创造性的人才、组成强有力的产品研发团队等方式实现敏捷制造。

4. 组织-人-技术的集成

敏捷制造企业还必须通过集成来实现整个企业的全局协调。通过将动态多变的组织、高素质的人才及高新技术集成起来,组成一个有机的、充满活力的制造系统,才能使整个企业具有敏捷性特征,实现敏捷制造的最终目标。当然,组织、人和技术三者的集成需要以信息的集成作为基础才能实现。

三、柔性供应链与敏捷供应链的比较

虽然柔性供应链和敏捷供应链都是为了更快、更好地满足客户需求,但二者在适用情景、关注重点、对应相关行业等方面有所区别,如表4-2所示。

表4-2 柔性供应链与敏捷供应链的比较

	柔性供应链	敏捷供应链
适用情景	适用于需求既有极高的需求峰值,也有较长时间的低需求阶段的不确定性;聚焦于处理例外情况,甚至紧急情况	适用于中间产品制造商,具备一定的定制能力;在需求未知情况下,快速满足客户需求或具备极短的交付周期
关注重点	1. 关键资源的充足产能 2. 快速响应能力 3. 在流程或工程技术上的技术先进性 4. 流程设计本身具备高度的可配置性	1. 额外产能 2. 最小批次的产品/流程设计
相关行业	服装、鞋包、钢铁、电子等行业	服装、包装、特种化学品、金属加工服务等行业

第四节 定制化供应链与延迟化供应链

一、定制化供应链

20世纪20年代,以福特创造的大规模流水生产线为代表的追逐规模经济的生产方式获得了巨大的成功,并且在相当长的时间内一直是大多数制造企业所采用的基本模式。自20世纪50年代以来,以丰田生产方式为代表的满足多样化需求的批量化生产管理模式日益焕发生机,人们开始发现现在的竞争形势已与过去的大规模生产时代完全不同。那时的产品是标准化的,市场是统一的,产品生命周期和开发周期也比较长,一切都是有规律的,稳定的。而今天,随着经济的发展,人们的物质生活水平不断提高,消费需求越来越多样化个性化。以前,人们习惯于千篇一律的消费形式和生活方式,从衣服到家庭装修都是标准化的。但是随着生活水平的提高,人们对个性化的消费越来越推崇,几乎没有人愿意跟别人穿一样的衣服、用相同的手机。多样化和客户化的产品代替了标准化产品,产品的生命周期和开发周期日益缩短,客户(无论是消费者还是企业)的要求越来越苛刻,他们希望获得他们真正所需要的产品或服务。

为了更好地满足顾客的需求,很多企业开始了定制化生产,即按照顾客需求进行生产,以满足顾客个性化需求。可是由于消费者的个性化需求差异性大,加上消费者的需求量又少,因此企业实行定制生产必须在管理、供应、生产和配送各个环节上,都必须适应这种小批量、多式样、多规格和多品种的生产和销售变化,这便导致了企业运营成本的增加。同时,随着工业的进一步全球化和集中化,竞争日益激烈,要求成本越来越低,与实现产品定制化生产相矛盾。传统的供应链运作模式无法将二者进行协调,因此过去企业通常只能在降低成本与追求多样化两种策略之间进行权衡,或者大规模生产标准化的产品,或者以高成本生产多样化的产品。而今天,企业越来越发现,必须采用既能提高效率又能实现个性化的策略,将这两种策略结合即为大规模定制产品。

(一) 大规模定制的内涵

大规模定制的思想最早由托夫勒(Alvin Toffler)在《未来的冲击》(*Future Shock*)一书中提出,派恩(B. Joseph Pine)在其著作《大规模定制:企业竞争的前沿》(*Mass Customization: The New Frontier in Business Competition*)中第一次对大规模定制进行了系统论述。尽管人们对大规模定制概念仍然存在一定的分歧,但大规模定制基本上可分为两类:一是广义上的完全意义上的大规模定制;二是狭义上的大规模定制,它将大规模定制视为一个系统,前者的代表人物是戴维斯(Davis)和派恩(Pine)。戴维斯将大规模定制定义为一种通过高度灵敏、柔性和集成的过程,为每个顾客提供个性化设计的产品和服务,在不牺牲规模经济的情况下,以单件产品的制造方法满足顾客个性需求的生产模式。而派恩将大规模定制分为四类,说明他开始倾向于从实用的角度定义大规模定制。许多学者将大规模定制定义为一个系统,认为其可以利用信息技术、柔性过程和组织结构,以接近大规模生产的成本提供范围广泛的产品和服务,满足单个用户的特殊需求。美国生产与库存控制协会认为:"大规模定制是一种创造性的大量生产,它可以使顾客在一个很大的品种范围内选择自己需要的特定产品,而且采用大量生产方式,其产品成本非常低。"

(二) 大规模定制供应链的特点

1. 产品设计和制造的模块化

大部分产品和服务的更新换代并不是将原有的产品全部推翻重新设计和制造的,而只是更改产品中的某一个部件或者服务的某一个流程,更新一个模块,在主要功能模块中融入新技术,使产品上一个新台阶,甚至成为换代产品。因此,在面对消费者多样化需求和规模生产的标准化要求时,企业可以将产品模块化,建立能配置多种最终产品和服务的模块化构件,以适应消费者多样化需求和生产的标准化。此外,模块化产品便于分散制造和寻找合作伙伴。开发新产品的核心企业主要是做好产品不断的创新研究、设计和市场开拓工作,产品的制造可以分散给专业化制造企业协作生产,核心企业将从传统的"大而全、小而全"的橄榄型模式中解脱出来,转换成只抓产品设计研究和市场开拓的哑铃型企业。

大量定制生产中,规模经济是通过构件而不是产品获得的,范围经济是通过在不同产品中反复使用模块化构件获得的,定制化是通过能够被配置、组合而成的众多产品获得的。也就是说,通过模块化构件的大量生产实现规模经济;通过模块化构件组合成不同的产品品种和系列实现范围经济;通过模块化构件配制成众多产品,实现定制化。定制产品和服务模块化的形式主要包括以下三个方面。

(1) 共享构件模块化(Component-sharing Modularity)。共享型模块是构成产品的共用零部件,这是产品的基本部件,如汽车发动机、轮胎等。同一构件被用于多个产品以实现范围经济。这一方式最适用于减少零件数量,从而降低高度多样化的现有产品系列的成本。

(2) 互换构件模块化(Componet-Swapping Modularity)。互换型模块是构成产品差异化的部件。不同的互换型构件与相同的基本产品组合,形成与互换件一样多的产品。

(3) 变更-装配式模块化(Cut-to-fit Modularity)。根据顾客个性化需求,进行产品尺寸、颜色等参数的"量身定制"。变更是一个或多个构件在预置或实际限制中是不断变化的,生产规格不同的产品,不再以妥协或牺牲舒适性而接受标准规格的产品。

(4) 混合模块化(Mix Modularity)。依据配方,将构件混合在一起形成完全不同的产品,如油漆、化肥、食品。针对不同市场、不同地点、不同人群进行配方变化,以实现定制。

(5) 总线模块化(Bus Modularity)。采用可附加大量不同构件的标准结构,允许在可插入该结构的模块类型、数量和位置等方面有所变化。

(6) 可组合模块化(Sectional Modularity)。允许任何数量的不同构件类型按任何方式通过标准接口连接实现配置,如儿童积木,提供了最大限度的多样化和定制化。

2. 企业间的合作关系伙伴化

在传统的供求关系管理模式下,制造商与供应商之间只保持一般的合同关系,制造企业通过合同采购的原材料和零部件进行生产,转换成产品并销售给供应商。制造商为了减少对供应商的依赖,彼此间经常讨价还价,这种管理模式的特征是信任度和协作度低,合作期短。但大规模定制生产需要整个供应链企业间的共同合作,才能快速、准确地完成产品从研发、原材料采购、生产到销售的全过程,它是以供应链企业间的有效合作、互相依存为前提的,使得供应链企业间由竞争关系转变成合作伙伴关系,从而实现整个供应链的共赢状态。

(三) 大规模定制的分类

为了更加深刻地理解大规模定制,不同学者从不同的角度对大规模定制进行了分类。派恩从实现的途径把大规模定制分为合作型定制、透明型定制、适应型定制、装饰型定制四类。第一,合作型定制,是指企业通过与客户进行交流和合作,准确地设计并生产出满足客户需求的个性化产品和服务,如戴尔的定制方式。第二,透明型定制,是指企业在了解客户具体要求的条件下,为客户提供定制产品和服务,客户不一定清楚地意识到这些产品和服务是为他们定制的。第三,适应型定制,是指企业为所有人提供标准化产品,但是客户在使用的过程中,这些产品能够自动调整或客户根据可以根据自己的特殊需要进行调整。第四,装饰型定制,是指企业以满足客户个性化要求的包装方式、配送方式,将同样的产品提供给不同客户。

我国学者祁国宁、顾新建等提出了客户订单分离点(Customer Order De-coupling Point,CODP,或称客户订单解耦点)的概念。客户订单分离点是指生产经营活动中由基于预测的库存生产转向响应顾客需求的定制生产的转换点或分水岭。按照定制点发生在价值链中的位置不同,可以分为按订单销售(Sale-to-Order,STO)、按订单装配(Assemble-to-Order,ATO)、按订单制造(Make-to-Order,MTO)和按订单设计(Engineer-to-Order,ETO)四种类型,如图4-11所示。

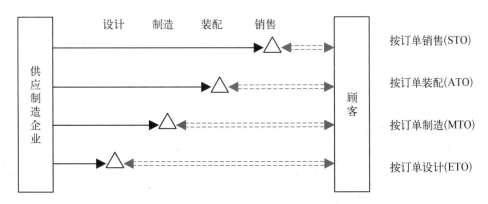

图4-11 客户定制在价值链上的订货分离点

在图4-11中,左边实箭线表示推动式运营,右边虚箭线表示拉动式运营。

1. 按订单销售

按订单销售又称按库存生产或备货型生产(Make-to-Stock)。这是一种大量生产方式,只有销售活动是由顾客订货驱动的。它是在对市场需求量进行预测的基础上,有计划地进行生产,产品有库存。为防止库存积压和脱销,按"量"组织生产过程各环节之间的平衡,保证全面完成计划任务。它通常是标准化地、大批量地进行轮番生产,其运营效率比较高。但是这种生产方式的顾客定制程度很低,产成品按预测计划生产出来,沿分销链逐级推向产品市场,在分销链的实物配送过程中按顾客需求进行订单组货,实现按客户订单交货。在这种生产方式中,企业通过客户订单分离点位置往分销链上游移动而减少现有产品的成品库存。

2. 按订单组装

按订单组装又称订货组装方式,定制化发生在成品装配环节。它是预先生产出半成品存货,然后根据顾客要求组装成不同的定制化产品,如图4-12所示。如在汽车工业中,用相同的底盘、发动机配以不同的车型和内部装饰,组装成不同型号的产品。在这种生产方式中,装配及其下游的活动是由客户订货驱动的,企业通过客户订单分离点位置往组装上游移动而减少现有产品的零部件和模块库存。订货组装方式在性质上类似于备货生产方式，其零部件的标准化和通用化程度较高，生产批量较大，生产效率较高，既适合采用流水生产以提高生产率降低成本，又可满足顾客的不同要求，代表了一种产品设计和制造综合改进的方向。

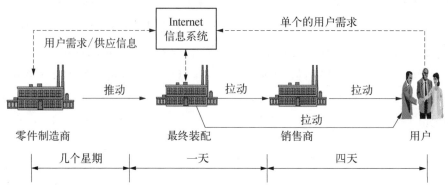

图 4-12　即时客户化供应链

3. 按订单制造

按订单制造又称订货制造方式，定制化发生在零件生产环节。它是在收到顾客的订单之后，才按顾客的具体要求组织零件生产和产品装配。由于产品是预先设计好的，故生产准备工作如原材料采购和外协件的加工，可以根据市场预测按计划提前进行，这样产品的生产期限基本上等于生产周期，有利于缩短交货期。但由于是根据预测进行原材料采购，故如果预测不准确，就会造成原材料和外协件的库存积压。生产与作业管理的重点是加强预测工作和缩短采购提前期和生产周期。

4. 按订单设计

订货设计方式是按顾客订单的特殊要求重新设计与制造能满足特殊需求的新零部件或整个产品，定制化发生在产品设计环节。在收到订单后先要进行工程图设计，待工程图绘出后，才进行供应商的选择、材料的采购、外协、生产技术准备和制造。订货工程方式的生产周期长，运作管理的重点是如何缩短设计周期，提高零部件的标准化和通用化水平，如采用计算机辅助设计（CAD）可以大大缩短设计周期，如果再能结合计算机辅助工艺设计（CAPP），则可进一步缩短生产技术准备周期，使制造系统的整体响应速度大大提高。

二、延迟化供应链

伴随着市场全球化、客户需求多样化和技术更新加速化，企业产品种类大幅增加。在全球市场中，由于不同国家和地区客户的偏好、语言、环境以及所遵行的政府法规的不同，单一产品常常需要有多个型号和版本来各自满足特定地区客户的特定要求。例如，售往不同国家的计算机，其电源模块为适应当地电压、频率和插头型号而会有所不同；键盘和说明书必须适合当地语言;通信产品由于支持它的通信协议不同,也会有所差异。即使在同一地区,由于产品的不同功能和能力,一个产品族也会有多个产品型号。这些不同型号的产品反映了不同市场细分的不同需求,如商务、教育、个人或政府部门的不同需求。因此,在一个产品族里产品数量极其众多并不少见。此外,随着技术更新速度的加快,企业必须生产多个版本以应对不同的升级需求。

基于这些原因导致的产品种类的"激增"会带来多重消极影响。首先,预测同一大类下不同版本的具体需求简直就是天方夜谭,预测失误的结果就是一些产品库存过多而另一些则缺货;其次,为了保持高水平的客户服务水准,许多管理者往往采用一种简单落后的方法应对——尽其所能地多储存产成品以备不时之需,这样应对的结果就是库存成本居高不下,同时由于技术更新而导致的产品核废成本大幅增加;再次,由于企业必须管理大量的产品供货,需要有高额的行政管理开支,这些因素都促进了延迟化供应链的产生,实施恰当的延迟策略,可提升供应链的柔性、降低成本、提高效益、改进顾客服务水平。

(一) 延迟策略的含义

延迟策略是指将供应链上的客户化延迟,直至接到客户订单,即在时间和空间上推迟客户化的活动,尽可能延迟产品差异化的业务,等最终用户对产品的外观、功能与数量提出要求后才完成产品的差异化业务,使产品和服务与客户的需求实现无缝连接,从而提高企业的柔性以及客户价值。供应链中实施延迟策略是为了减少总需求的预测失误,因为在延迟制造中,企业只需要预测产品的需求总量,不需要对具体的细分产品数量进行预测。

延迟化供应链能将供应链上的产品生产过程分为"不变"与"变"两个阶段,将不变的通用性标准部件提前生产,最大化规模经济;将变化的组装过程在接到顾客订单之后完成,这样企业便能以最快的速度完成产品的差异化过程与交付过程,以不变应万变,从而缩短产品的交货提前期,并降低供应链运作的不确定性。

(二) 延迟策略的分类

延迟差异包括产品成型延迟、发送时间延迟和空间地点延迟。根据延迟概念在供应链结构中的利用程度,可以分为无延迟、成型延迟、物流延迟和完全延迟四种运作策略,如表4-3所示。下面我们将重点介绍成型延迟、物流延迟和完全延迟三种延迟策略。

表4-3 延迟策略的类型

		物流	
		预测	延迟
生产	预测(预测生产)	完全预测(无延迟概念)	物流延迟(发送时间延迟+存放空间延迟)
	延迟(接单生产)	成型延迟	完全延迟(生产延迟+物流延迟)

1. 成型延迟策略

成型延迟只是延迟产成品的形态差异性。产品的通用部件提前加工与制造,但是在收到客户订单后,完全明确客户需要什么外形、规格、型号的产品类型时,才即时地进行产品的装配作业,使之成型而制造出产成品,而不是按照预测计划预先成型制造。

例如,世界著名的服装制造贝纳通(Benetton)过去在生产产品的时候,往往先把纱线染成各种各样的颜色,然后把这些染好颜色的纱线编织成最终产品。由于预测失误,加上已经上好颜色的各种服装之间不可转换,每到销售季快结束时,贝纳通都不得不为大量存货而进行的季末大减价付出昂贵的代价。而现在贝纳通公司通过调换染色和编织这两个过程成功地实施了成型延迟策略,改变了公司的收益状况。贝纳通公司将漂白的纱线先编织成各式各样的型号,然后在季节流行颜色更加清楚的时候再将这些最终产品染色。染色和编织的互换不是将去耦点放在成型的毛线衫这一水平上,而是将去耦点移到了编织之后、染色之前。这种情况下,染色这一程序就是定制化,是按照根据订单生产的模式进行的。

2. 物流延迟

物流延迟着眼于产品地理位置,推迟产品的发运,包括空间地点延迟、发送时间延迟、标记延迟和包装延迟。物流延迟是建立在改变定制化步骤发生地点基础上的,要求重新设计供应链流程所包含的任务和模块,以便于定制化步骤可以在靠近顾客的下游进行。比如,传统的方法是所有的步骤都是在远离消费者的工厂进行,而运用设计改变的方法可以使得那些下游的步骤在配送中心完成。

物流延迟的潜力随着加工和传送能力的增长以及具有高度精确性和快速的订单发送而得到提高。这样做的好处在于每个消费地点不需要冒预测的风险建立过多的库存,在中央仓库层次上又可以获得规模经济优势,结果是以较少的总体库存投资来提高服务水准。为了确保物流式延迟的成功实施,企业必须采取有效措施来保证下游实施的定制化不会导致质量降低,并且保证下游位置有能力完成这些任务而不带来成本和时间的额外增加,同时还要有获得定制化所必需的零部件和模块的能力。另外,企业还要确保工程团队能够并且愿意设计出产品和流程,来使得定制化步骤能被有效地推迟到下游位置。

3. 完全延迟

完全延迟是推迟最终产品形成的同时也推迟产成品的发运。这是把成型延迟和物流延迟放在一个供应链系统中加以运用。通过提供两种不同方法将对生产的预期和对市场的承诺延迟至收到客户订单位置,共同减少预估风险,发挥两者结合的优势。

(三)延迟策略的实施条件

延迟化供应链是企业在新的市场竞争环境下获得竞争优势的有力手段,是达到顾客化的一种较好的途径,但并不是所有的行业和产品都能实施延迟化供应链的运作模式。实施延迟化供应链须具备以下条件。

1. 产品在供应链中的形成过程可分离

只有最终产品可分解为相互独立的几种中间产品,产品的形成过程才又有可能分成通用化阶段和定制化阶段,也才可能使差异化过程在时间和空间上延迟。

2. 形成最终产品的中间产品可通用

最终产品能分解成独立的中间产品,同时这些中间产品只有在可通用的情况下才能进行大规模的模块化生产,体现出这一阶段的规模效应。

例如,北美国家的电源插座大部分是110 V电压的,而欧洲很多国家则是220 V,于是这样很多带有电源装置的产品在最初销往这两种类型的市场时,要生产出两种完全不同的产品,分别面向北美市场和欧洲市场。由于很难预测在北美和欧洲的需求量,这就可能导致一个洲的产品大量积压,而另一个洲的产品又供货不足、出现脱销。但是,如果重新设计一下产品,使之具有通用的电源和保险丝装置,那么产品在送达最终客户之前就不需要进行差异化设计。采用通用的电源装置还有一个附加的好处,就是无论什么时候,只要供求不平衡,产品就可以顺畅地由一个洲运往另一个洲。

3. 产品定制化过程相对简单

为了提高对顾客的响应能力,最终的定制化过程一般会在离顾客很近的地方,如在配送中心或者第三方物流中心被授权完成,在时间和空间上都与大规模的模块化部件或者中间产品分离出来,因而要求最终加工过程的复杂性低、加工时间短。

4. 产品交付要有适当的交货提前期

在未接到顾客订单之前,产品保持在中间状态;在接到顾客订单之后才对这些中间产品进行个性化加工或组合。这就要求有一定的提前期,而过长或者过短的交货提前期都不适用于实施延迟化供应链。

(四)延迟化供应链的应用案例

惠普公司成立于1939年,1988年进入打印机市场,销售部门分布在110个国家,总产品超过22 000类。随着销售额的逐步增长,1999年达到600 000台,销售额达4亿美元,库存增长也紧随其后,在成功实施延迟化供应链之后,这种情况得到改善。

最初,设在温哥华的总机装配商不仅负责通用打印机的生产,还负责电源配件、用户操作手册等附件的生产,生产出来的产品由装配厂进行客户化包装后发往设在北美、欧洲和亚太地区的三个分销中心。由于受到顾客需求不确定性因素影响,通过海运需要一个月的时间才能把产品运到欧洲和亚太分销中心。为了保证顾客订单98%的即时满足率,各成品配送中心要保持7周的库存量。因此,公司运营中存在产品类型多、库存分布广、存储周期长、产成品库存水平高及库存资金占有量大等问题。而且由于发送到分销中心的打印机是客户化打印机,如果欧洲市场上出现的缺货的现象,从亚洲分销中心调用的打印机会因为电源变压器和用户手册语言不适用而需要重新进行客户化包装(拆开原来的包装,取出适用于亚洲地区的电源配件和用户手册,放入适用于欧洲的电源配件和用户手册,然后进行包装),一方面造成了极大的浪费,另一方面客户等待的时间过长,公司有失去客户的风险。

为了在不牺牲顾客服务水平的前提下削减库存,惠普公司重新设计供应链,采用延迟策略来解决上述问题,将订货点设在加拿大温哥华的总机装配,而延迟点在欧洲亚太分销中心,如图4-13所示。在这个供应链结构中,温哥华总机装配商扮演着"订货点"的角色,只负责通用打印机的生产和测试,在完成装配后将通用打印机发往分销中心;各分销中心扮演着"延迟点"的角色,亚洲代理商和欧洲代理商将适合于本地的电源变压器、插座以及用当地语言编制的用户手册和通用打印机一同完成整机包装,然后经由本地经销商送至最终顾客手中。这样供应链上的各分销中心只需保持5周的库存量就能保证98%的服务水平,一年库存成本节省3 000万美元。

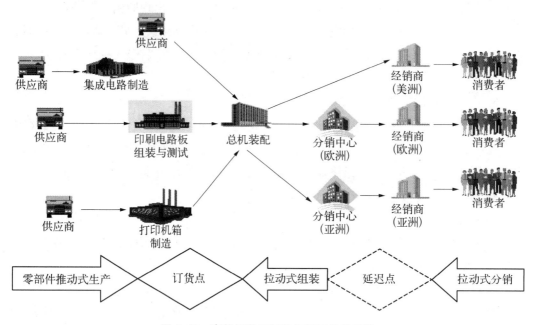

图4-13 惠普打印机订货与延迟化供应链

第五节 数智化供应链运作

"数智化"可认为是数字智慧化与智慧数字化的合成。实现数智化有三个层面的含义:一是在大数据中加入人的智慧,使数据增值,提高大数据的效用;二是运用数字技术,把人的智慧管理起来,相当于从"人工"到"智能"的提升,把人从繁杂的劳动中解脱出来;三是把这两个过程结合起来,构成人机的深度对话,使机器继承人的某些逻辑,实现深度学习,甚至能启智于人。供应链的数智化是一个重要发展方向,本节将介绍供应链为何要进行数智化运作,以及数智化供应链运作的基础逻辑与步骤。

一、数智化供应链运作优势

在竞争逐渐激烈的市场上,企业的交货期不断被压缩,产品设计环节的变量不断增加,客户需求随时都可能发生变化。这些市场现状给企业产品的全生命周期管理都带来了巨大的运营压力。想要应对这些挑战,唯一的方法就是打造一条端到端的数智化供应链,包括从设计、计划、制造、物流到运营维护等所有的环节。通过建立跨越不同地域和行业的全新生态系统,该系统网络能生成数据,并将这些数据与内部的企业数据和产品数据进行跨组织架构的整合,建立起全新的数智化供应链。数智化供应链运作具有以下优势。

1. 可提高供应链柔性和敏捷性

传统制造企业重视的是生产销售,然而信息技术以及供应链管理都没有处在核心位置。随着市场中产能过剩、需求疲软,企业需要更快地了解市场需求,这样才能快速做出反应。如果客户需求信息传递得更快,可以帮助上游供应商更好地安排生产,避免做出不必要的库存。数智化可以提高供应链响应速度,让下游需求变动更快地传递给上游,减少整个供应链上的"内耗",实现供应链柔性和敏捷性提升。

2. 可提高全局数据可视性

客户无法及时分享需求的波动主要有两种可能性,首先是不愿意,其次是能力不足。客户的下游还有客户,想要获取真实需求信息,就需要拿到实时的数据,了解库存所在位置和数量。电子表格、分离在各个信息孤岛中的数据,这些技术很难提供全局数据的可视性。供应链里的情况时刻都在变化,而且同时发生在需求和供应的两端。不管是哪一端的信息变动,都需要及时更新,否则就不能反映目前的现状。如果没有数智化工具,全靠计划员手工更改,不仅效率低,而且容易做错,想要得到全局数据可视性更是难上加难。

3. 可减弱牛鞭效应

数智化技术可以收集、整合和报告数据,展示实际的供应链活动,并避免上游供应商被虚假信息忽悠,从而导致牛鞭效应。人为加工后的数据,一般会加一点缓冲在其中。例如,给供应商的预测信息,采购担心预测数量过少,供应商可能没有备足原材料,于是就加大预测量。因为缺少安全感,会人为放大需求信息,牛鞭效应就产生了,库存在系统里越来越多,始终难以消化掉。为了减弱这种负面效应,数智化技术用信息流取代库存,把推动式生产改为拉动式生产。从销售的终端发出需求的信号,帮助计划人员迅速根据实际需求做出反应。

4. 可加深供应链合作信任关系

由于信息传递不通畅,供应链上下游之间经常会有一些摩擦。例如,已按订单完成生产后,出现订单客户毁约的情况,这必然会遭到供应商的抱怨。长此以往,会破坏两者的合作关系。数智化技术可以利用实时信息共享在供应链伙伴之间创造更大的信任,加深供应链成员企业间的信任关系。

二、数智化供应链运作的基础逻辑与步骤

传统供应链运作管理中信息技术应用水平不高,数智化程度较低,已经不能满足企业发展需要,那么供应链运作数智化转型就变得势在必行,数智化供应链运作需要将信息技术渗透到供应链的每一个环节,其基础逻辑为:理数—收数—看数—用数。首先"理数"

是对竞争战略梳理、供应链架构设计、组织和流程制度化与标准化的过程,这个过程如果没有设计好,那么后续所有的数智化运作管理都是空中楼阁。然后,根据运营需要设计数据采集点,即"收数";进而将收集的数据输入相关决策算法,即"看数";最终将数据反馈到决策运营单位,进行"用数"的全过程。这个过程需要根据供应链架构与流程针对性设计信息化管理软件系统,才能最大限度地驱动供应链竞争力。

根据数智化基础逻辑,可通过以下步骤实现数智化供应链运作管理:(1)清晰企业竞争战略与供应链架构;(2)优化支撑供应链的流程与组织;(3)分解与设计运作数据采集点;(4)针对性选择或开发供应链管理系统;(5)数智化落地与反馈优化。以上五个步骤层层推进,环环相扣,跳跃其中任何一步都将难以实现供应链运作数智化。

本章小结

本章介绍了供应链中的生产运营环节。生产运营是供应链中五大流程的核心,它如同纽带一样,串联着供应链中其他各个环节,采购是为生产运营服务,交付是递交生产运营的成果,计划是为了生产运营能够有效、流畅地进行,由此可见生产运营管理在供应链中具有很重要的地位。生产运营管理中,重要的是计划和现场管理,生产运营计划是一个完整的体系,由不同层次的生产运营计划组成。本章第二节对推动、拉动和推拉结合式运作进行了详细的描述。第三、四节关注对先进制造系统的描述,主要讨论了柔性化、敏捷化、定制式和延迟化四种先进的制造系统。第五节讨论数智化供应链运作问题,介绍数智化供应链运作的优势,以及数智化供应链运作基础逻辑和步骤。

思考题

1. 供应链运作模式有哪些?
2. 推动与拉动式供应链的区别是什么?
3. 打造柔性供应链的措施有哪些?
4. 实现敏捷制造的主要措施有哪些?
5. 根据订单分离点,大规模定制可分为哪些类型?每个类型的特点是什么?
6. 数智化供应链运作的优势有哪些?

COSMOPlat 服装行业大规模定制应用案例——海思堡

海尔数字科技(青岛)有限公司是海尔集团在物联网时代踏准时代节拍进行战略转型

设立的全资高科技公司。其运营的海尔COSMOPlat工业互联网平台,业务涵盖工业互联网平台建设和运营、工业智能技术研究和应用、智能工厂建设及软硬件集成服务(精密模具、智能装备和智能控制)、能源管理等业务板块,助力中国企业实现大规模制造向大规模定制升级快速转型,始终秉承国家级工业互联网平台的使命,为用户、企业和资源创造和分享价值,创引领全球的工业互联网生态品牌。

COSMOPlat通过实施服装行业大规模定制解决方案,助力山东海思堡服装服饰集团有限公司实现从大规模制造向大规模定制的转型。海思堡项目实施概况具体如下。

一、项目总体概况

(一)总体架构

海思堡项目通过产品数字化及数据实时化,通过OMS定制下单系统,辅助AI量体,实现用户个性化定制下单,由TDC技术数据中心实现工艺、版型等的自动处理,并通过CAD实现版型生成。SCM与WMS系统实现供应商高效协同与物料精准管理,由APS高效排产,MES信息化驱动裁剪、缝制、后整、包装全生产过程,成品WMS及TMS对接,实现成品的高效管理及实时追踪。基于上述全流程信息化方案,同时对接铺布、视觉检测、裁剪、吊挂、AGV、分拣、亮灯、手持机等自动化设备和应用,实现大规模个性化定制的服装智能制造解决方案。总体架构如图4-14所示。

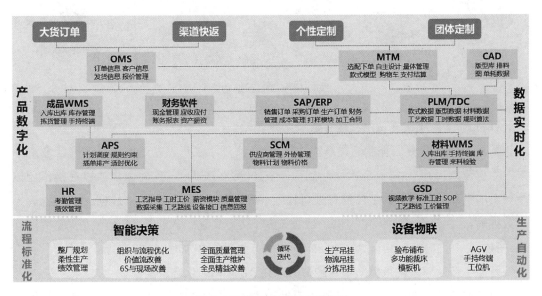

图4-14 海思堡项目总体架构

(二)订单动态追踪及一站式供应链服务

OMS订单管理系统通过B或C客户在线创建个性化产品订单,并无缝集成至后端数据智能中心。系统可根据业务需要随意对框架、应用进行扩展。在安全性方面,系统在调用关系的应用之间可实现系统自动预警依赖关系,防止应用被意外移除导致系统崩溃,统一的调用入口可有效防止意外执行非系统程序产生的错误。

OMS 下单系统通过对客户下达的订单进行管理及跟踪,动态掌握订单的进展和完成情况,提升效率,从而节省运作时间和作业成本,提高市场竞争力。系统以 3D 定制下单、微定制下单等多种下单方式,支持支付宝、微信等多种付款方式,提供用户整合的一站式供应链服务,订单管理以及订单跟踪管理能够使用户的要求得到全程的满足。

(三)通过大数据分析集成匹配生产工艺

智能 TDC 大数据智能分析,自动匹配出订单的生产工艺和 CAD 版,如图 4-15 所示。这样能有效地节省工艺指导和制版成本,提高企业工作效率;促进企业对工艺、款式数据库的积累。

图 4-15　TDC 系统功能

(四)MES 系统实现工厂互联互通及数据驱动

智能 MES 系统是智能制造的智能执行系统,实现了工厂设备的互联互通和工业流水线的数据驱动,裁剪后每一个衣片都会有一个身份证-RFID 卡,作业人员通过在操作台显示屏上刷卡获取此订单的工艺信息进行作业,MES 同时也采集到订单数据、生产数据、人员数据等,为生产系统的优化提供了数据支撑,从而实现了人机互联、机物互联、机机互联,搭建了一个自作业、自反馈、自诊断的物联网生产系统,如图 4-16 所示。

智能生产管理系统是整个项目的核心系统,负责个性化订单的具体生产制造,它实现了工业流水线的数据驱动,每一个员工都通过 MES 的指令工作,实现个性化产品全生命周期的单件流管理、生产全程零占压、管理精细化。

智能生产管理系统实施后,在信息层面将建立数字化工厂基本体系,将产品的各生产要素(物料、设备、产品等)有机结合,实现智能制造的信息层建设。

(五)仓储数字化管理

仓储管理系统可分为物料和成品仓储管理系统。对物料仓储系统而言,其核心价值

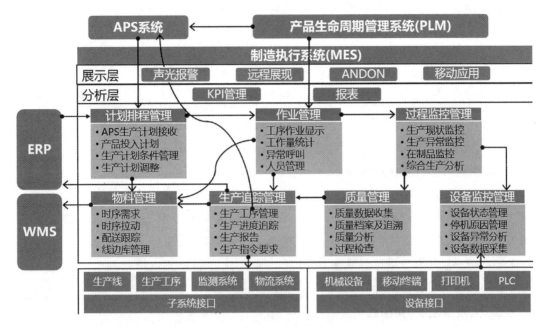

图 4-16 MES 系统功能

是物料的存储和数字化管理,确保生产车间及时获得精准的物料供给。对成品仓储管理系统而言,其核心是成品的储存和数字化管理,确保成品交付的及时准确,如图 4-17 所示。

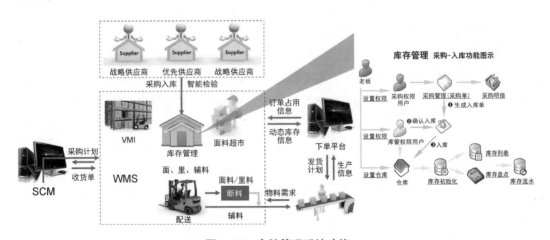

图 4-17 仓储管理系统功能

在配套环节,成品上下装数据与 MES 系统对接,获取应配套数据;根据生产交付环节的刷卡,获得实际入库可配套单品,对应配套数据和可配套单品进行比对,并控制和驱动吊挂配套系统在进行自动配套,为包装发货做好准备。

(六)物流智能化与生产自动化

通过智能物流系统,打通物流渠道,提高生产效率的同时确保车间各环节数据互通、信息共享,降低沟通成本,包括智能吊挂系统及 AGV 智能配送系统。

智能吊挂系统分为上挂线、缝制 1 线、缝制 2 线、个性化线、下挂线共 5 个部分。其中两条缝制线共用 1 条上挂线、1 条个性化线及 1 条下挂线,衣片上挂后由系统自动分拣驱动至其中 1 条缝制线,2 条缝制线内均为常用工站。当出现个性化加工工艺时,吊挂系统自动驱动对应衣架前往个性化工站加工,加工完成后再次返回主线体,经由个性化线体流至下挂线下挂,空挂具返回至上挂站点。AGV 智能配送系统负责裁剪至模块化线体以及智能配片系统之间、缝制至水洗段以及水洗至后整段的物料配送。

二、服装行业大规模定制典范

通过与 COSMOPlat 合作,海思堡实现了对客户个性化需求的精准把握,实现了从大规模生产向大规模定制的转型。目前企业已经实现生产效率提高了 28%,库存降低 35%,定制产品毛利率从 12.5% 提高到 40% 以上,是原来的 3.2 倍。在企业升级过程中,海思堡把自己总结研发的牛仔水洗方案等行业经验沉淀到 COSMOPlat 平台,为更多的牛仔企业提供技术支持。

三、大规模定制,共创共赢

基于 COSMOPlat 平台的服装行业大规模定制解决方案,坚持以用户需求为中心,重塑服装行业价值链和生态链,推动行业的智能化、数字化、一体化进程,构建共创共赢的生态体系。目前 COSMOPlat 平台已在女装、牛仔、西装等服装细分行业开展实施大规模定制转型,形成模块化机理模型,为纺织服装企业提供快速、低成本的大规模定制转型升级服务。

资料来源:工业互联网产业联盟。

请思考:

1. 服装行业供应链运作的难点有哪些?
2. COSMOPlat 是如何帮助海思堡实现从大规模制造向大规模定制的转型?

第五章　供应链采购管理

学习目标

- 理解供应链采购管理的特点及采购模式
- 了解战略性采购与操作性采购职能
- 理解集中式与分散式采购策略的适用性
- 掌握如何根据物料类型选择合适的采购策略
- 理解供应商开发流程和供应商评价方法
- 掌握如何构建供应商评价指标体系

【导引案例】

华为的全球化采购

全球采购是在全球背景下资源配置进行优化组合的趋势下整合配置出来的,全球公司进行资源配置,其销售体系、采购体系、供应体系都形成了全球化供应的格局,特别是国际学术界以及很多国际企业都倡导在供应链概念下全球的运作体系、采购体系和这种合作的关系。这是全球采购在全世界发展的一个基本趋势。

有一家中国跨国企业在发达国家迅速崛起,这就是华为技术有限公司。该公司已经成长到了可与瑞典爱立信公司争夺通信运营商网络设备市场份额首位的水平。在中国民营企业500强榜单中,华为连续多年名列前茅。在《财富》公布的世界500强排行榜中,华为也是常年登榜。那么,华为是如何实施全球化采购战略,迈向跨国企业巨头? 本章的内容将会帮助读者分析理解供应链采购策略。

第一节　采购管理概述

采购管理包括计划下达、采购单生成、采购单执行、到货接收、检验入库、采购发票的收集直至采购结算等采购活动的全过程,通过对采购过程中物流运动的各个环节进行严密的跟踪、监督,实现对企业采购活动执行过程的科学管理。采购管理直接影响企业物资供应库存水平、生产计划的完成、顾客服务水平等,现代采购不再仅仅是一种操作层面的职能,而是企业战略决策不可或缺的一部分。供应链下的采购管理环节促进结点企业之间合作交流、沟通生产需求、联系物资供应,在供应链企业之间的原材料和半成品的生产合作交流方面搭建桥梁,这是实现供应链系统的供需信息和流程的连接纽带,是提高供应链上企业同步化运营效率的关键环节,是现代企业资源决策和提高核心竞争力的重要手段。

一、采购管理的理念

随着经济全球化和信息网络技术的高速发展,新商业模式不断涌现,全球经济的运行和流通方式产生了巨大变化,企业之间的竞争也愈加激烈。竞争方式由原来的企业之间的竞争转变为供应链之间的竞争,企业采购模式也随之不断转变。基于供应链环境下的现代采购管理主要是探讨如何在正确的时间,以合适的价格、恰当的数量和良好的质量采购原材料,来应对瞬息万变的供应环境。作为供应链中的重要一环,采购管理的成本、质量、服务直接影响整条供应链的效率,其基本目的是保障对企业物料的供应,低成本、低消耗,加速资金周转,从而提升企业竞争力。

传统模式下,采购管理的重心集中在与供应商交易过程的价格谈判上,一般是从多方竞争中寻找价格最低者。整个运作环节的质量控制和执行力度偏弱,难以在市场发生变化时及时响应用户需求,缺乏应付需求变化的能力。面对变化莫测的市场,企业在采购时必须更多地关注外部市场和环境,从注重自身内部发展转向适应供应链的发展。

在供应链中,各制造商通过外购、外包等采购方式,从众多供应商中获取生产原料和生产信息,采购正在逐渐由传统交易采购模式向供应链采购模式转变。由于企业组织与管理模式的变化,现代采购管理与传统采购管理相比,具有如下理念特点。

(一)以用户需求订单来驱动采购

传统的采购模式是为补充库存而采购。采购部门并不关心企业的生产过程,不了解生产的进度和产品需求的变化,采购过程缺乏主动性,所制订的采购计划难以适应需求的变化。这样,一方面造成超量库存,增加了库存成本;另一方面又产生缺货,不能满足生产需求,影响生产效率。

供应链管理模式下的采购活动以客户订单驱动企业生产、驱动采购订单、驱动供应商。在客户订单驱动模式下,供应商能共享制造部门的信息,既提高了应变能力,又减少了信息失真。同时,在订货过程中不断进行信息反馈,修正订货计划,使订货与需求保持同步,实现了供应链计划同步协调。准时化的订单驱动模式使供应链系统得以准时响应用户需求,从而降低库存成本,提高物流速度和库存周转率。此外,订单驱动的采购方式简化了采购工作流程,采购部门的作用主要是沟通、协调供应与制造部门之间的关系,为实现精细采购提供基础保障。

（二）以外部资源管理为工作重点

传统交易采购管理中，采购部门是内部辅助部门。在现代采购管理中，采购工作重点发生转移，从以内部资源最优配置转到有效利用外部资源，即将事后把关转变为事中控制，实现更大范围的资源配置。

供应链下的采购管理的主导思想是协调性、集成性、同步性、共赢性，要求提高采购的柔性和市场响应能力，在生产控制中采用基于订单流的准时化生产模式，使供应链企业的业务流程朝精细化生产发展。供应链采购的实质就是充分利用企业外部的资源和供应商的能力来实现企业供应的保障，让供应商对自己的产品和物资供应负责，从而实现无采购操作的采购业务。这既降低了生产成本，又提高了工作效率，实现了双赢。采购工作的重点转向外部资源管理，应从以下几个方面努力。

（1）建立战略合作伙伴关系，减少供应商数量，形成相对稳定、多层次的供应商网络；

（2）与供应商共享数据和信息，建立资料库，不断改进信息管理系统；

（3）明确与供应商合作的目的，以增加双方的经济效益为最高原则；

（4）对供应商产品质量进行事前控制，共同制定有关产品质量标准。

（三）事前与过程控制的采购管理

传统的交易采购过程是由一系列相对独立的环节组成的，各环节缺乏足够的协作、充分的沟通和信任，供应与采购双方在信息沟通方面缺乏及时的信息反馈，供需之间对用户需求不能得到实时响应，关于产品的质量控制也只能进行事后把关，不能进行实时控制，这些缺陷使供应链企业无法实现同步化运营。

供应链下采购管理注重各个环节、结点之间的合作与互助，需方委派专人参与供方企业的生产计划制订与产品质量管理，实现信息共享、联合计划与同步化协作，对产品质量、数量和交货期进行过程控制。通过对过程的统一控制，简化采购的订货流程和入库验收作业，最终达到采购过程总成本和总效率的最优匹配。

（四）从买方主动向买卖互动转变

传统的交易采购是买方主导采购业务，订货购买的主要风险由买方承担，采购工作效率极低。供应链采购则实现了从买方主导向买卖双方互动的观念转变，采购订货与补货变成了买方与卖方共同的事。而供应商的主动更富有效率和效益，因为这不但可以为采购方节省采购业务，而且可以根据采购方提供的市场需求信息及时调整自己的生产与进货计划，从而实现供需双方的共赢。

（五）与供应商双赢的合作伙伴关系

在传统的交易采购模式中，供应商与需求企业之间是一种简单的、对抗型的买卖关系，彼此竞争多于合作，双方缺乏足够的信任，是一种信息不公开的博弈行为。供需双方相互封锁、信息保密，不考虑对方利益，因此无法解决一些全局性和战略性的供应链问题。

基于伙伴关系的供应链采购方式实现了这一关系的转变,即由一般买卖关系向战略协作伙伴关系转变。供需双方可以通过协调、沟通、共同参与、信息共享、行为一致,减少供应链的牛鞭效应和交易风险。因此,通过合作伙伴关系,供需双方共同寻找降低成本、改进质量的方法来降低库存,加快市场响应速度,从而提升整个供应链的竞争力。

二、采购管理的范围

采购职能的转变经历了一系列的发展阶段,最终上升到战略高度,与企业的整体战略融为一体。作为企业功能的代表,每个部门都要承担一定的职责,这被称作该部门的管理范围,采购部门的管理范围可以概括为以下四个方面。

(一) 评选潜在合格的供应商

评价与选择合适的供应商是采购部门的重要职责之一,强调从正确的来源获得满足质量、数量和价格要求的合适的设备、原料、储备物资和服务。如果采购部门具有足够的经验和专业化技能,就可以执行这一职能,从而避免"后门"现象的出现,即供应商与采购部门的内部客户直接接触并交易时出现的一种情况。当然,由采购部门来担当这一职责并不意味着采购部门在鉴定或评价供应商的时候不向其他部门及非采购人员寻求帮助。例如,工程师可以通过评价供应商产品和供货方式的执行能力来帮助采购部门选择供应商,也可以向采购部门提出选择供应商的要求以满足工程的需要。但是,非采购人员必须遵循不与供应商直接签订合同的原则。而对于评价合格的供应商,在合作过程中,给予适当的奖励会激励其加大改善和革新程度。

(二) 审查物料的规格与质量

审查物料的规格和质量也是采购部门的管理范围之一。采购人员应该努力增加有关物料的知识与经验,从而提高审查力度。应严格执行询问审查的权力和职责,允许采购部门在需要的地方审查所进货物的规格,遵循适价、适时、适量、适质、适地的原则。例如,采购部门也许会提供一种成本更低的物料,与工程部门讨论它们是否可满足产品的质量要求。通过严密的审查,控制产品质量,加强与供应链各部门协调间的合作,采购工作可以高效进行。

(三) 供应商的沟通与洽谈

供应商只能与采购人员接触是采购部门长期存在的一项政策,但一些公司已逐渐放松了这项政策。现在普遍认为,虽然与供应商洽谈是采购部门的主要任务,但在需要时其他部门也应该能与供应商进行直接接触。例如,施乐公司允许它的工程师与供应商工程师在审定采购合同时直接接触,这使得两个技术群体能够互相交流,并"使用他们自己的语言"。该方式使得买卖双方之间的交流更有效率,同时也更为精确。图 5-1 比较了两个交流模式:第一个模式的特点为所有的联系环节从采购直接到销售,第二个模式则以扩展的点对点的联系环节为特色,形成反馈机制。当采购部门将与供应商的联系作为主要职责时,这种独立接触的权力便要求部门分工更为灵活化,而不仅仅是人员和信息在企业和部门间的及时流动。

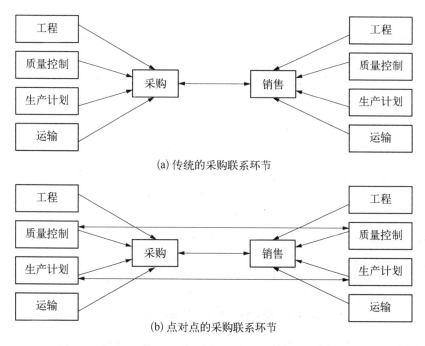

图 5-1　两种交流模式的对比

(四)决定采购合同的方式

根据这一职责,采购部门被授予审查决定采购合同的权力。采购部门审定确定一个合同是基于竞标、洽谈或是这两种方式的混合而进行的。如果采购部门采用竞标这一方式,就需要考虑竞标参与者的数目。如果采用洽谈方式,采购部门就应该主导与供应商的洽谈,但这并不意味着采购部门不能让其他部门的人员加入洽谈过程中来,可经过多方研讨比对,使最终决策更加科学合理。采购部门保留管理所有流程的权力,作为企业代表签订正式合同,并商谈采购价格。

三、采购管理的流程

供应链采购管理的过程包含两个职能:战略性采购与操作性采购。两个职能的明确分工能够有效地提高采购对整个供应链的价值贡献。

(一)战略性采购

战略性采购主要包含的工作责任有:(1)供应商体系的构建(选择、评价、谈判、数据维护、解决冲突、寻找新的供应商);(2)供应市场的调研,准确预测需求,进行风险分析;(3)原材料的分类,分析综合成本;(4)制订降低成本的计划并具体实施;(5)改善采购流程的计划和实施,滚动采购订单;(6)制定采购战略和采购策略,控制订单变化;(7)对交货期、成本、供应商数量、付款期等重要指标负责;(8)标准合同的制定;(9)支持新产品开发。可以看出,战略性采购的主要责任是从战略层面上把握与外部供应商以及内部部门的匹配,进行供应商的选择以及供应商合同标准化的开发。现代战略性采购管理只有打破单一界面、站在企业整体最优和供应链最优的基础上,实现供应细分管理,才能真正为企业取得生存和发展的空间。

(二) 操作性采购

操作性采购主要是从作业层面进行相关的采购活动,直接从供应商层面获取相关的产品及信息,通过过程和时间控制来保证采购产品的可得性和准时性。它包括:(1)需求预测;(2)制订物料需求计划;(3)下订单;(4)库存管理(指库存水平);(5)货物的接收;(6)支付;(7)与生产部门的协调;(8)过程控制。

图 5-2 是战略性采购与操作性采购的范围。

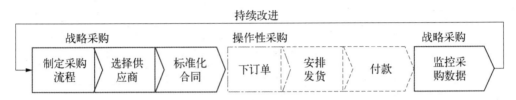

图 5-2 战略性采购与操作性采购的范围

将战略性采购与操作性采购分开,制定产品的差异化采购模式及相应流程方案,可以更有效地配置管理资源,并使两项功能都得以高效地发挥。因此,采购流程应该根据不同的产品类型实现差异化策略,并开始实施标准合同管理,从而优化采购核心流程,实现流程效率的提高和流程成本的降低。战略性采购和操作性采购互相协调,共同提高采购对供应链的效用。企业典型的采购管理业务流程模型如图 5-3 所示。

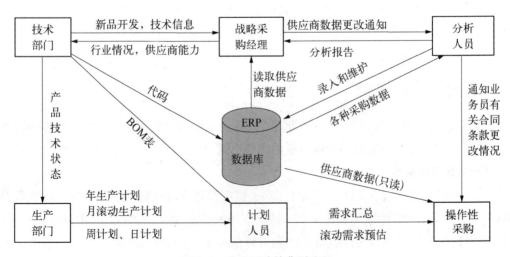

图 5-3 企业采购的典型流程

第二节 采购管理组织

一、采购管理组织概述

采购管理组织是指为了完成企业的采购任务,保证生产经营活动顺利进行,由采购人员按照一定的规则组建的一种采购团队。我们可以把采购管理组织定义为企业内一个以采购管理中枢部门为核心,对责任和权限进行分解、组合,以履行采购管理各项职能所形成的一定的组织结构。

采购管理组织的职能是通过一定的采购管理机构,确定与其相应的职位、职责和职权,并合理传递信息等一系列活动,将采购环节各要素连接成一个有秩序的有机总体。按照采购管理组织机构设计的原则,在充分考虑影响采购管理组织机构设计因素的前提下,不同的企业有不同的采购管理组织。按一定标准划分,分为分权式采购管理组织和集权式采购管理组织。通常,组建采购部门有以下步骤:(1)确定采购部门的组织结构;(2)为采购组织设立岗位;(3)确定采购部门人员配置;(4)明确采购部门的职责。

二、集中采购

集中采购是相对于分散采购而言的,它是指企业在核心管理层建立专门的采购机构,统一组织企业内部不同部门和环节所需物品的采购进货业务的活动。跨国公司的全球采购部门的建设是集中采购的典型应用。它以组建内部采购部门的方式统一管理其分布于世界各地分支机构的采购业务,减少采购渠道,避免重复采购,通过批量采购获得价格优惠。

随着连锁经营、特许经营和外包制造模式的增加,集中采购不仅扩大了它的适用范围,更是体现了经营主体的权力、利益、意志、品质和制度,是经营主体赢得市场,保护产权、技术和商业秘密,提高效率,取得最大利益的战略和制度安排。因此,集中采购将成为未来企业采购的主要方式,具有很好的发展前景。如 IBM、恒基伟业、麦当劳等企业都在这一层面上通过集中采购实现了自身的利益。实施集中采购具有三个方面的优势。

(一)成本优势

集中采购充分平衡企业内部和外部的优势,旨在降低供应链的总成本,而不是以最低采购价格获得物品的简单交易。集中式战略采购要求供应链上的更多成员参与到采购成本降低战略中,企业、供应商、供应商的供应商,各个环节共同合作,寻找降低总成本的机会,达到规模效益。成本优势是集中采购为企业带来的最显著的竞争优势。据统计,在制造业中采购成本是成本结构中比重最大的部分,约占销售收入50%,是成本结构中比重最大的部分。因此,企业应该把降低成本的关注点更多地集中在供应链的源头,即采购环节上。

(二) 运营优势

集中采购的另一大优势是提高供应链运营效率。一方面从企业内部出发，集中采购实现了从基于库存的管理到基于市场订单的管理的理念转变，与传统的采购模式相比较，它显著提升了供应链运营效率，加快了采购物品的存货周转率。另一方面从企业外部着手，集中采购通过与供应商建立双赢的战略伙伴关系，实现了跨企业边界的供应链流程整合和关键信息共享，提高了整条供应链的竞争优势。

(三) 战略优势

集中采购的战略优势能够最大限度地提升企业的竞争力。首先，在该模式指导下，企业能够结合整体管理战略，综合考虑市场变化趋势和各部门采购资源，摆脱供应链上各自为战、散乱对外的被动情况，制定切实可行的采购目标和采购计划，充分体现了该模式基于订单管理的特性，因此它对企业战略的支持力度大大超越传统采购模式。其次，通过对企业内所有采购需求的集中管理，该采购模式能够按照物品战略重要性程度，对关键物品进行优先采购，提高抗风险能力，保证关键业务的稳定性。最后，和供应商建立的战略伙伴关系有利于减少供应市场的不稳定因素，包括价格短期波动和缺货问题，进而保证企业运营的稳定性。

三、分散采购

与集中采购相对应，分散采购是由企业下属各单位，如子公司、分厂、部门、车间或分店实施的满足自身生产经营需要的采购。这是集团将权力分散的采购活动。

分散采购是集中采购的完善和补充，有利于采购环节与存货、供料等环节的协调配合，可以尽快地满足用户的需要，特别是一些特殊需要，如定制类产品。分散型采购程序简单，便于操作，采购周期比较短，有利于及时满足企业对该物料的需求，使得采购工作富有弹性和成效，适用于零星采购、地域采购、紧急情况采购等。

(一) 分散采购的劣势

分散采购的劣势有：(1) 难以形成规模经济；(2) 缺乏对供应商统一的态度；(3) 市场调查分散，不易汇集；(4) 在采购和物料方面形成的专业技能少；(5) 对不同的经营单位可能存在不同的采购条件，情况繁多；(6) 采购过程和库存较难控制。

(二) 分散采购的优势

1. 速度和响应性

可以快速响应市场信号的企业是具有优势的，对用户和消费者需求实现快速反应是支持分散采购的一个重要依据。大多数采购专业人员认为，分散采购有助于建立良好的市场响应性，而且有助于支持低级组织层次的采购活动。

2. 理解运营条件

分散采购中的采购人员对本部门独特的运营条件有很好的理解和正确的评价，使得采购与需求能较好地结合。这些员工逐渐熟悉产品、流程、业务惯例、该部门或该工厂的客户等方面。随着熟悉程度的增加，他们在与当地供应商建立稳定合作关系的同时，对他们所支持的部门可以进行预测分析。

3. 产品开发支持

大多数的新产品开发出现在部门层次或者业务单元层次，因此分散采购对最初阶段的新产品开发有较好的支持。比如，供应商可以较早地参与产品的设计过程、评估物料产品的长期需求、制订战略计划、确定替代品的可得性、预测产品需求和做出最佳供应商的选择等各个方面。

集中采购和分散采购并不是完全对立的，大多数公司通过在两个极端进行平衡来满足他们的生产需求：明确产品分类，对于某些产品采取集中的采购组织形式，对于另外一些产品采取分散的采购形式；明确产品所处的阶段，在某一阶段它们会采用分散的采购组织，而在管理成熟的阶段采取集中与分散相结合的采购模式。由此来细化物料的分类，降低过度集中采购或者分散采购的负面影响，使采购效果最优化。

有关工业企业的大量研究表明：大部分企业采用混合的集中-分散采购结构。图5-4表明在一组企业样本中使用各种采购结构的公司所占的比例。经验表明，实行严格集中采购的企业所占比例较少，不足1/3，实行纯分散采购的企业所占的比例更低，可见单一的采购方式在企业实际业务中是很少见的。

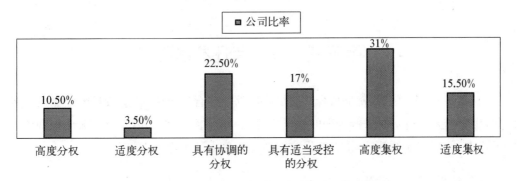

图5-4 企业中使用各种采购结构公司的比例

四、全球采购

随着经济全球化时代的到来，大型跨国公司规模与数量日趋增加，这些跨国公司在多个国家和地区设立了子公司和事业部。加上全球网络加速的发展，让跨国公司的采购工作更加复杂。随着跨国公司业务的发展和全球化采购战略的实施，一种比较先进的全球性采购组织模式——集团引导下的分散采购模式应运而生，它致力于寻找全球的供应源和供应商，扩大了供应商比价范围，从而节约了采购成本，提高了采购质量，增强了市场竞争力，同时也起到了分散采购风险的作用。全球采购组织结构如图5-5所示。

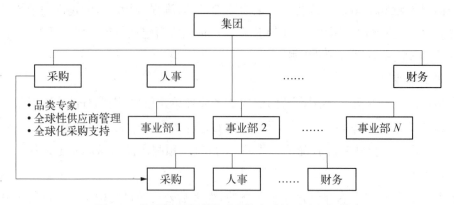

图 5-5　集团引导下分散采购的全球性采购组织模式

在这种采购模式中，集团设立全球性采购部门，负责做全球市场的研究和分析，识别关键的品类，对各个事业部的战略采购提供指导；各事业部负责战略采购，各事业部下的工厂负责操作采购。该组织模式的运用前提是：事业部制比较完善，并已经实现全球化采购，生产基地相对分散。例如，1993 年，通用汽车就已经提出了全球化采购的思想，并逐步将各分部的采购权集中到总部统一管理。通用汽车下设四个地区的采购部门：北美采购委员会、亚太采购委员会、非洲采购委员会、欧洲采购委员会。据统计，海尔的国际化供应商的比例达到了 71%，目前世界前 500 强中有 44 家是海尔的供应商。

第三节　供应商开发遴选

采购的一个重要目标就是从合适的供应商处选择合适价格、合适数量的商品或服务。因此，供应商开发遴选是采购管理的重要职责之一。选择可靠的供应商是保证采购质量、降低成本、保证交期的基础，是提升供应链核心竞争力的关键所在。

一、供应商开发流程

在确定正式供应商之前，企业一般通过寻找潜在的供应商、评估潜在的供应商来确定合格的供应商。采购部门应当对该细分市场的发展趋势、竞争程度和代表性供应商有深入的了解，这样才不会在供应商的选择过程中没有重点和立场。

（一）寻找潜在供应商

潜在供应商评选需要基于供应商能力进行综合评价。寻找潜在供应商时应关注以下特征：掌握核心技术、价格合理、交货期短、服务优质、有强烈的合作意愿、生产能力强且质量过硬等。需要注意的是，现代供应链下的供应商选择标准，提供最低价格的供应商不一定是最合适的供应商。如果采购只注重交期、质量和价格这三项传统评估要点，缺乏寻找新技术开发和新供应商的意识，那就会导致企业丧失机遇和核心竞争力。

采购人员应承担起研究物料采购市场的活动。在对市场的供需情况仔细分析后，除了已经建立往来的供应商之外，还应从多种渠道发现供应商群，包括已经合作供应商的竞争对手以及该行业新入的新型供应商，并收集相关供应商的资料。例如，工商企业名录、广播、电视以及专业媒体广告、行业年报、供应商公开发布的财务报告、供应商的主动上门介绍、其他用户对供应商的介绍、互联网搜索、贸易展览会、行业协会等。采购人员应随时关注市场变化情况，对在该行业市场中占有一定份额的知名企业密切关注。

采购人员向所有潜在供应商发放"供应商基本信息表"，如表5-1所示，并将供应商所填写的信息输入潜在供应商资料库来管理供应商的基本信息。

表5-1 供应商基本信息表

公司名称：	法人代表：	公司电话/传真/网址：
注册地址：	企业性质：	进出口许可证号：
注册日期：	投资方：	年进出口额：
注册资本：	净资产：	联系人姓名/职务/电话/电邮/填表日期：
注册号：	经营期限：	职工状况（总数/生产工人人数/研发人数/质量控制人数）：
注册机关：	经营范围：	质量标准/工程标准：
主要原料、主要供应商、年成交量：		
销售产品、主要客户、年成交金额：		
主要生产设备及主要检验设备：		

这些基本信息为初步分析供应商的综合实力提供了依据。在剔除无合作诚意以及明显不达标的供应商后就得出一个供应商考察名录。

（二）评估潜在供应商

企业识别到合适的供应商后需要全方位考察潜在供应商的能力并仔细衡量双方合作的可能性，这就需要采购人员从多种途径搜集有关供应商的资料，从各个角度综合评价潜在供应商。

1. 产能、技术和质量的评估

产能和技术能力以及质量管控体现的是供应商的运营能力，评价因素包括：

（1）产能柔性评估。供应商能否生产企业所需类型的产品或者提供所需类型的服务；供应商在一定时间内能够生产多少单位的产品；供应商现有的产能是否透支（透支可能影响交货期），是否未充分使用（警惕供应商可能存在生产效率低或设备老化）；供应商是否具有快速响应、灵活应对紧急需求或额外订单的能力。

（2）技术能力评估。供应商在创新、设计、JIT 供应、快速定制、逆向物流等方面的能力是否能满足未来需求；供应商是否具有电子商务潜力，并利用互联网对供应链进行管理，支持协同规划。

（3）质量管控评估。供应商提供的产品是否符合要求和规格；供应商产品的设计和工艺是否体现出其对细节的关注度；供应商是否有完善的修正质量缺陷的管理体系（这体现出供应商的质量管控能力）。

2. 价格、成本和财务能力的评估

供应商的价格和成本结构体现了供应商竞争能力，而供应商财务状况也应当在早期评估，一个供应商的财务稳定性是使价格和成本具有竞争能力的关键因素。

（1）价格评估。即分析供应商报价的合理性，确保公平交易，考查供应商附带条件是否为买方接受。具体评估内容包括：事先发现报价内容有无错误，避免将来的冲突，将不同的报价基础进行统一，便于将来议价和比价；重点分析供应商历次交货价格与协议价格比较，考察是否存在抬价行为；测算某供应商的平均交货价格并与所有供应商的平均交货价格比较，考察是否存在价格欺诈行为。

（2）成本评估。即要求供应商列出报价明细，对报价明细进行逐项对比，分解报价的成本因素，分析其成本构成的合理性。尤其是在全球采购中，不同贸易术语下成本构成和承担的风险责任不同。企业不仅要关注产品生产成本构成，还要分析报价包含的物流成本，如运输费用、保险费用、清关费用等，以及在途货物灭失风险的转移情况。评估具体内容包括：供应商的成本是如何构成和分摊的，这也决定其能否提供具有竞争力的价格；供应商是否有意愿和能力协同开展降低供应链成本的活动；未来谈判中能否通过批量采购或缩短账期获得折扣价。

（3）财务能力评估。即了解供应商是否存在过度依赖少数大客户的情况，是否存在被并购或收购的可能性。评估的具体内容包括：首先，需要衡量供应商的盈利性、现金流、资产和负债情况、成本结构和分摊方式等；其次，从供应商公开的财务报表中分析供应商的盈利能力、财务杠杆和流动资本水平。

3. 信誉度、兼容性、协作性的评估

这一评估内容不仅仅是选择供应商的资格预审，还考虑了该供应商是否能够成为长期持续性的伙伴关系。

（1）信誉度评估。选择供应商一定要注意其商业道德和社会责任问题，企业的组织声誉和品牌也会因为上游供应商破坏职业道德、环境资源、劳工准则等行为的曝光而受到损害。

（2）兼容性评估。供应商在公司战略和企业文化层面上是否与买方兼容，运营和技术层面的各种流程和组织构架是否兼容。

（3）协作性评估。供应商能否高效进行供应链协调与协作，是否愿意共享信息，公开自己的产能安排、成本和生产计划等相关信息。

4. 上下游供应网络的评估

（1）上游供应链评估。潜在供应商也有自己的供应商，为其生产和技术能力提供支持，供应商对自己的供应链管理的好坏，关系到供应商能否提供高质量的产品或服务、能否保持创新以及更大程度地实现柔性化。

（2）下游供应链评估。一方面通过供应商当前的生产订单可了解到其产品或服务是供不应求还是经营惨淡；另一方面了解供应商当前的客户群，看是否有着与自己相似的商业流程和市场定位，由此可以看出供应商提供的产品或服务能否最大限度地贴合企业要求。

（三）选择正式供应商

在开发供应商时，企业要求供应商送样报价的目的在于确定供应商是否具备进入合格供应商列表的资质。供应商对样品所报价格和交货期只具有参考意义。合格供应商能否成为企业日常供货的供应商、能够为企业提供哪些物料还需要经过以下步骤确定。

1. 寻价与报价

企业在与合格供应商签订保密协议后，根据项目进度，研发部和质量部技术人员就物料的技术规格与供应商进行交流及可行性分析，并帮助供应商正确地对物料报价。技术人员在征询采购人员意见后，与供应商签订详细的技术协议以确保供应商能够提供合格的物料。采购人员向已签订技术协议的供应商提供详细的报价要求，要求供应商尽量按照统一的格式（如门到门送货）进行报价。

2. 沟通与谈判

在收到供应商的报价后，采购人员需要进行报价分析。虽然在询价阶段，采购人员已经要求供应商按照标准格式进行报价，但有时还会有一些供应商因为各种原因没有完全按照采购部统一的格式报价。首先，采购人员需要和供应商沟通交流，彻底澄清对报价条款的疑问。其次，在比较多家供应商的价格时，一定注意各个供应商报价所涵盖的范围是一致的，否则就没有可比性。如果供应商报价范围不一致，先要将价格折合成一致的供应范围再进行比较。采购人员要清楚明确供应商价格构成，如材料成本、人工、管理费、利润，还需要综合考虑汇率、关税和增值税、付款周期、交货方式以及供应商承诺交货期和公司项目需求等诸多因素。最后，采购人员根据企业政策和物料的性质确定谈判战略和目标价格，并以此开展与供应商的谈判。

3. 供应商排名

经过谈判，企业对供应商研发能力、所能提供物料的质量特征和价格属性、交付履行、服务水平有一个整体的认识。这些体现供应商能力的诸多因素既有定性的，也有定量的。在选择供应商时，企业应根据物料性质用适当的方法将供应商排序。

4. 签供货协议

企业根据实际需要，选择排名最靠前的一名或多名供应商作为相应物料日常供货的供应商。在确定日常供货的供应商后，采购人员根据谈判结果及项目需求与供应商磋商双方合作的具体模式,最终签订框架性质的供货协议。协议主要内容包含时间、地点、供需双方当事人、协议标的物、价格及其有效期或有效数量、交货条款、双方各自的责任与权利、违约责任、担保条款、保密条款等。该框架协议不是供应商何时具体发多少数量物料的依据,而是双方合作过程中合作模式及权利义务的指南。此后,供应商将依据企业对物料所下的订单或提供的订货预测在需要时间供应需要数量。

(四) 供应商确定原则

通过对潜在供应商的评估和筛选,采购部门要对可用供应商有了一定了解,把潜在供应商减少到可用范围内并增加新供应商是企业采购管理中的一项重要策略,具体原则如图5-6所示。

图 5-6 供应商确定四原则

(1) 二八原则:根据采购的物料金额大小和重要程度,可把供应商分为核心供应商和次要供应商。核心供应商是企业致力于培养的核心供应商群体,而次要供应商则起到补缺补漏的作用,因此要合理减少次要供应商的数量。由此,企业采取双向调节合理调整供应商主次结构。

(2) 数量控制原则:同类物料的供应商数量一般为 2~3 家,采购应当以企业实际情况确定适宜的供应商数量,不宜太多。控制供应商数量一方面降低了采购监管成本,另一方面也提高了供应商管理的效率。

(3) 标准化原则:任何物料供应商所在领域内都应有一个该行业内共同认定的标准,即使没有,采购部门也应该为自己的供应商设置门槛,这样才能保证供应商的规模实力、信用程度和物流服务等。比如丰田汽车对满足 JIT 采购的供应商设置了三大门槛:一是供应商必须与丰田建立稳定的战略合作关系,二是双方信息要高度共享,三是满足丰田采购的"多次少量"的要求。

(4) 订货批量不过半原则:采购部门应当具备采购风险管控意识,调查核实供应商的最大产能,对比该物料的订货批量,一般不能超过供应商产能的一半;否则一旦出现供货意外事故,特别是战略性物料的供货中断,势必会严重影响企业生产部门的正常运作。

日产中国的核心零部件供应商大部分来自上海,在上海有83家供应商。2022年上半年受上海等地疫情的影响,日产中国在全国多地工厂暂时停产。持续的芯片短缺和因新冠疫情加剧导致的供应链中断,对产品生产和销售造成了持续的影响。可见,分散供应商、采购批量不过于集中的采购策略在一定程度上可以降低不确定性环境带来的采购风险。

二、供应商遴选决策

(一) 供应商评价指标

采购人员在对潜在供应商进行评估时,就必然涉及供应商评估的属性指标。一般企业之间的关系是买卖关系,评估并选择供应商注重的主要方面是价格、质量和交货期,而企业要建立长期的伙伴关系,不但要考虑上述这三个基本要素,而且要评估供应商能否提供长期而稳定的供应、其生产能力能否配合公司的成长而相对扩展、供应商是否具有健全的企业体制和同本企业相近的经营理念、其产品未来的发展方向能否符合本企业的需求,以及是否具有长期合作的意愿等。

华中科技大学管理学院 CIMS-SCM 课题组 1997 年的一次调查统计数据显示,我国企业在选择合作伙伴时,主要的评价指标是产品质量(98.5%的企业考虑了这项指标)、价格(92.4%)、交货提前期(69.7%)、品种柔性(45.5%)、价格折扣(30.3%)。一般而言,主要考虑如下影响因素。

1. 采购价格属性因素

在自由竞争的市场环境中,采购价格反映了企业生产成本的高低。价格属性主要是指供应商所供给的原材料、零部件的产品市场价格,运输、仓储等物流费用,以及供应商所提供的数量折扣优惠。供应商的产品价格高低对采购企业生产成本将产生重要影响,直接影响生产商和销售商的利润率,从而决定供应链的低成本竞争优势,因此价格是一个重要因子。选择供应商时,应关注供应商的市场报价、数量折扣、物流费用,综合权衡决定采购成本。

2. 质量属性因素

质量代表供应商产品的性能及其使用价值,主要是指供应商所供给的原材料、零部件的产品质量,产品质量是供应链下游客户满意度之源,是企业生产的产品能给客户提供的使用价值之本,产品的使用价值是以产品质量为基础的。供应商所供原材料和零部件的质量是企业产品质量的关键之所在,输入物料的质量不高,输出产品的质量就很难有保障,因此,质量是一个重要因子。选择供应商时,应关注供应商产品的合格品率、质量认证情况、全面质量管理实施情况等,从制度上保障供应商产品质量的可靠性。

3. 交货期属性因素

交货期是响应需求的时间量度,衡量以多快的速度响应准时化采购需求。客户市场的不稳定性、供应商供给的不稳定性、制造企业生产过程的不稳定性等都会导致供应链各级库存的波动。订货点的库存数量等于订货提前期内的平均需求量和应对不确定影响的安全库存之和,是其订货提前期的正比例函数,提前期越短,企业的库存持有成本就越低。供应商的交货履约要求准确及时交货。如果供应商的交货准时性较低,则必定会导致供应链流程中断或库存增加。因此选择供应商时应关注其订货提前期长短、交货准确率高低、供应商的柔性订货能力(接受紧急订货的能力、处理不确定订货量的能力)等。

4. 信誉度属性因素

信誉是供应商在企业采购和交货过程中所提供的各种担保,反映了采购企业在订货和交货过程中对供方产品的性能和售后服务的满意程度。哪些供应商的服务最能使客户满意,信誉最好,就最具竞争力。供应链管理的实质是供应链各方的合作与协调,建立战略合作伙伴关系,构筑供应链利益共同体,需要各方讲求诚信,诚信是相互合作的基础。因此,信誉度是选择战略合作供应商的重要因子之一。选择供应商时,应关注供应商在同行中的声望、供应商满意度、供应商交货履约的历史情况等。

5. 信息化属性因素

降低供应链各级库存,减少供应链的需求放大效应,相互合作提高供应链的整体效益,需要准确的需求信息做保证,要求供应链成员各方信息共享和透明,这是供应链有效运营的前提,信息化也就成为选择战略合作供应商的重要因子之一。选择供应商时,应关注供应商信息的标准化程度、信息系统的先进性、信息管理能力、信息网络基础设施的完善性、信息系统的兼容性和集成性等。

6. 研发属性因素

集成化供应链是战略联盟型供应链的未来发展方向。产品的推陈出新是企业的市场动力。产品的研发(Research & Development,R&D)不仅仅是生产商自己的事,在集成化供应链环境下,供应商既要参与新产品的研发和设计工作,又要不断进行技术革新,积极适应生产企业产品升级带来的零部件技术提升的需要。因此,研发属性是供应商有无成长性、是否具有发展潜力的保障,研发也是选择战略合作供应商的重要因子之一。选择供应商时,应关注供应商的技术开发能力、新技术学习能力、改进与创新能力等。

此外,供应商所处的外部环境也不容忽视,在特定情况下将影响供应商的选择,如应考虑供应商的地理位置、所在国的关税税率、所在国的汇率稳定性、所在国的政治稳定性等因素。

根据心理学测试,人的最大分辨能力为9级。由于度量供应商属性的指标项数很多,如果采用单一指标层次,用标度把采购人员的主观判断量化处理时,就容易导致思维混乱,影响采购人员判断的准确性。因此,将供应商的属性指标按属性归类,一般有三层指标,如图5-7所示。第一层为选择优秀的供应商O;第二层为准则层U,设有m项准则$U_i(i=1,2,\cdots,m)$,考虑采购成本、供应质量、交货期、企业信誉、信息化建设、研发能力和外部环境,则$m=7$;第三层为属性指标层V,设准则U_i下又设置了具体的属性指标$V_{ij}(j=1,2,\cdots,m_i)$。

(二)供应商评价方法

供应商选择与评价的方法很多,主要有定性、定量以及定性与定量相结合三大类。

1. 经验判断法

经验判断法是根据征询和调查所得的资料并结合人的分析判断,对供应商进行分析、评价的一种方法。这种方法主要是倾听和采纳有经验的采购人员的意见,或者直接由采

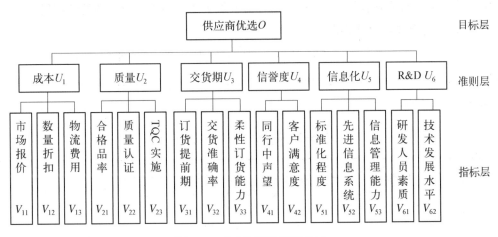

图 5-7 供应商评价指标体系

购人员根据经验做出判断。这种方法比较直观,简单易行,但是主观性太强,选择的结果科学性太差,常用于产品的非主要原材料供应商的选择。然后,企业从多个供应商中选出供应条件较为有利的几个分别进行协商,再确定合适的供应商。

2. 招标投标法

当原材料定购数量大、供应商竞争激烈时,可采用招标法来选择合适的供应商。先由企业提出招标条件,各供应商进行竞标,提交技术标和商务标,然后组织开标与评标,对于技术标具有实质性响应(完全满足招标文件规定的技术性能指标要求)、商务标最经济(评标报价为最低)的供应商签订合作协议。通过招标的方法,企业可以更大范围地得到既满足条件价格又便宜的原材料,但招标的方法持续时间长,对于时间要求紧迫的原材料供应商的选择并不适用。

3. 成本比较法

对于质量和交货期都能满足要求的供应商,则需要通过计算采购成本来进行分析比较。采购成本一般包括售价、采购费用、运输费用等各项支出的总和。采购成本比较法是通过计算分析各个不同供应商的采购成本,选择采购成本较低的供应商的一种方法。这种方法单纯从采购成本的角度进行选择,有很大的局限性,往往与企业的战略目标相违背。

4. 多指标排序

在对供应商进行选择评价时,涉及的指标很多。有的指标越大越好,有的则越小越好,即指标极性不统一;并且各指标的量纲也不一致,各供应商同一指标的数值又不完全相等,从而造成无法直接比较方案的优劣。因此,需将各指标值无量纲和无极性化处理,以使各指标的评价尺度统一,再将各指标的处理结果与其权重线性加权(乘积求和),作为各供应商的价值评定。

多指标综合排序的不足在于,评价结果仅对供应商决策或排序比较有效,并不反映现实中评价目标的真实重要性程度,其应用时要求供应商的各因素有具体的数据值。

(三)供应商遴选决策举例

某企业生产需要从供应链上的其他企业购进一种零件,年需求量为 10 000 件,有三家供应商可以提供该种零件,它们的价格不同、零件质量不同、交货提前期不同、采购批量不同,如表 5-2 所示。

表 5-2 各家供应商的供货情况

供应商	价格(元/件)	合格品率	定货提前期 L(周)	采购批量(件)
A	9.5	88%	8	2 500
B	10.0	97%	11	5 000
C	10.5	99%	1	200

又已知:缺陷零件的处理成本为 6 元;每周零件需求数量是不稳定的,标准差为 80,不缺货的概率 $\alpha=95\%$;与零件库存有关的维持费用,按库存价值的 25% 计算。要求:(1) 仅按零件价格排序;(2) 按价格+质量水平排序;(3) 按价格+质量水平+交货时间排序。

1. 仅按零件价格排序

根据表 5-2 的第 2 列数据可知,供应商 A 的零件价格 9.5 元/件,为最低,排列第一;供应商 B 的零件价格 10.0 元/件,为次低,排列第二;供应商 C 的零件价格 10.5 元/件,为最高,排列第三。

2. 按价格+质量水平排序

由于各家零件的合格率不同,缺陷零件需要处理,每个缺陷零件的处理成本为 6 元,所以先要计算各家的缺陷零件数量,再计算全年的缺陷处理成本,再平均分摊折算为每个零件的单位缺陷成本,如表 5-3 所示。

表 5-3 各家供应商的零件质量成本

供应商	缺陷率	年缺陷量(件)	年缺陷处理成本(元)	质量成本(元/件)	价格+质量成本(元/件)	排名
A	12%	1 200.00	7 200.00	0.72	9.50+0.72=10.22	2
B	3%	300.00	1 800.00	0.18	10.00+0.18=10.18	1
C	1%	100.00	600.00	0.06	10.50+0.06=10.56	3

由于合格率+缺陷率=100%,计算缺陷率得表 5-3 的第 2 列;再用缺陷率乘以零件的年需求量 10 000 件,得年缺陷量,见表 5-3 的第 3 列;乘以单位缺陷的处理成本 6 元,得

年缺陷处理成本,见表 5-3 的第 4 列。

由于每年需要零件 10 000 件,把年缺陷处理成本平均分摊,即表 5-3 的第 4 列除以 10 000,计算得到单位零件的质量成本见表 5-3 的第 5 列。

最后,根据采购价格和质量成本进行排序,供应商 B 排名第一,供应商 A 排名第二,供应商 C 排名第三。

3. 按价格＋质量水平＋交货时间排序

由于零件需求不是稳定的,需求的波动需要设置安全库存来应对生产缺货。由库存服务水平(不缺货的概率)$\alpha = 95\%$,反查正态分布表得 $Z_\alpha = 1.64$。由于各家供应商的定货同前期 L 不同,因此在同一需求波动($\sigma_D = 80$)的情况下,所需要的安全库存量 SS 不等。根据 $SS = Z_\alpha \cdot \sqrt{L} \cdot \sigma_D$ 计算安全库存,如表 5-4 第 2 列所示。

表 5-4　各家供应商的零件库存成本

供应商	需求波动安全库存	周转库存(件)	预防缺陷安全库存	实际总库存价值(元)	维持费用(元)	单位零件库存成本(元/件)
A	371	2 500	345	18 672.44	4 668.11	0.47
B	435	5 000	163	30 980.50	7 745.13	0.75
C	131	200	3	2 460.26	615.06	0.06

根据表 5-4 的已知条件,得到周转库存,即定货批量,见表 5-4 第 3 列数据。在质量完全合格的前提下,最高库存量为周转库存和安全库存之和;但是,这 3 家供应商的质量都存在不同的缺陷率,所以为了避免质量问题而导致的缺货,还需要设置预防缺陷安全库存,即最高库存量乘以缺陷率,如表 5-4 第 4 列数据。

由于平均库存量为周转库存的一半和安全库存之和,平均库存量乘以单价得实际总库存价值,如表 5-4 第 5 列;再乘以 25% 得零件库存维持费用,如表 5-4 第 6 列;最后除以零件的年需求量 10 000 件,计算得到单位零件库存成本,如表 5-4 第 7 列。

价格、质量成本、交货期的综合评价结果如表 5-5 所示。

表 5-5　各家供应商的零件总成本

供应商	价格(元/件)	质量成本(元/件)	交货期成本(元/件)	总成本(元/件)	排　序
A	9.50	0.72	0.47	10.69	2
B	10.00	0.18	0.75	10.93	3
C	10.50	0.06	0.06	10.62	1

供应商 C 最有优势,供应商 A 次之,最后选择供应商 C 为供应链上的合作伙伴。

第四节　供应商考核管理

供应商绩效考核是企业对供应商在提供产品的质量、价格、服务水平等方面进行的综合评价,也是供应商选择和供应链优化的重要依据。由于企业越来越重视自身核心能力的培养,致使大量非核心业务外包给供应商,因此供应商绩效表现直接影响企业的生产能力、供应链运作成本和竞争优势,甚至最终的盈利能力。供应商绩效考核管理对企业乃至整条供应链都有着至关重要的作用。

一、供应商考核流程

企业在对供应商进行绩效考核时,可以按照以下流程分步骤开展。

(一) 确定考核对象

在供应商管理中,不仅供应商数量较多,而且企业与供应商的合作关系具有多种类型,在考核之前必须确定考核对象是哪一种类型的供应商。一般来说,考核大多是针对愿意与企业建立供应链合作关系的供应商。

(二) 制定考核目标

在进行供应商考核前,还需建立考核目标。例如,以提高供货质量为目标、以降低成本为目标或以整体绩效综合评价为目标等。目标确定之后才能对供应商进行考核。

(三) 组建考核小组

企业还应建立考核小组,组员以来自采购、质量、生产、技术等与供应商合作关系密切的部门的成员为主,组员必须有团队合作精神。考核小组必须同时得到制造商企业和供应商企业最高领导层的支持。

(四) 建立考核指标体系

供应商考核指标体系是企业对供应商进行综合评价的依据和标准,根据考核目标不同应建立不同的指标体系。指标体系的确立要遵守一定的原则。

(五) 选择考核方法

选择适当的绩效评价方法也是一项重要的工作。由于供应商质量的评价结果由多方面多因素共同确定,而这些因素包括了定性和定量化的多项指标,因此供应商的绩效考核是一种具有复杂性的多目标决策问题。为了能够真实地反映供应商的绩效水平,需要客观、科学的评价方法。比较常见的方法有主观判断法、采购成本法、层次分析法、模糊评价法和平衡计分卡法等。

(六) 供应商考核

考核供应商的一个主要工作是调查、收集有关供应商的全方位信息。在收集供应商信息的基础上,就可以利用一定的工具和技术方法对供应商进行考核。

(七) 考核结果分析

对考核的最终结果进行认真分析,包括服务水平、采购成本的高低和结构、现有供货能力与企业要求和目标的差距等问题。然后对所有这些问题的原因进行分析,提出相应的改进措施,进一步分析改进过程中的制约因素是什么,对这些制约因素应采取什么样的措施才能消除。这个过程非常重要,它涉及今后供应商的使用、激励以及与供应商的关系处置等问题。

二、供应商考核指标

(一) 考核指标的设计原则

供应商处于供应链的上游,其供货能力的高低制约着整条供应链的竞争力。建立一个客观、合理、有效的供应商绩效考核体系对企业乃至供应链的发展都起到十分重要的作用。为使所选取的指标能够准确反映供应链环境下供应商的能力,在构建绩效考核指标时应遵循以下原则。

1. 科学性原则

影响供应商绩效的因素很多,设计指标体系时要能够科学地反映供应商绩效的综合实力,评价考核体系的可操作性要强。考核内容应力求概括、精炼,考核目标明确、清晰,相关数据容易收集。选取的指标要能精练、清晰地概括供应商的绩效,体现指标的科学性。

2. 系统性原则

由于供应链是一个系统化有机整体,各结点企业相互依赖、相互影响。因此,在构建供应商绩效考核体系时,除了尽可能全面、系统地反映供应商的综合水平,还要考虑评价供应商对企业本身、对供应链上其他结点企业的运作情况和对整个供应链系统的影响。

3. 简洁性原则

在供应商绩效信息较完整的情况下,供应商绩效考核指标应该简洁、精炼,尽可能减少指标之间相互的重叠,以免造成考核评价时不必要的重复工作。简洁性还应该体现在评价指标体系的合理性上。绩效指标的设置应当简单易行,且能够明确指标的计算方式。此外,关键绩效指标应突出供应商特点,采用能够反映供应商业务流程的绩效考核体系。

4. 可比性原则

对供应商的绩效考核需要确定一个衡量标尺,通常会选取同行业提供相同服务的供应商的平均水平(即业内平均水平)作为评价供应商综合实力高低的依据。指标体系所涉及的考核内容要能反映实际情况,充分体现科学性、客观性。同时,为了方便供应商之间的横向比较,统计计算方法应当尽可能相同。

5. 目的性原则

考核评价供应商的目的是使其能力不断改善提高,为采购企业提供更好的产品或服务。因此,指标体系在设计时应考虑企业和供应链的战略发展目标,指标的选择要与组织的战略保持一致,绩效评价方法也要与战略目标相吻合。

(二)关键性指标

供应链中对上游供应商的绩效考核,不同于一般的企业内部绩效考核,以下几个指标通常是供应商绩效考核中的关键性指标,在整个绩效考核指标体系中起到至关重要的作用。

1. 采购价格

价格是企业采购管理中的关键因素。因为较高的物料采购价格,将一定程度上增加企业的制造成本,并会在终端产品的售价上得到体现。产品价格的偏高,将不利于企业参与市场竞争。在大多数情况下,企业将价格因素作为考核供应商的重要指标。

2. 供货及时性

供应商绩效考核的第二个关键性指标就是供货及时性。为了降低企业的库存成本,很多企业都采用了准时制(JIT)或供应商管理库存(VMI)的管理模式。这就要求供应商必须按照主体企业的生产计划及时供应所需物料。供应商的供货不及时将可能导致产品失销(产成品缺货引起)或生产线的停线(零配件缺货引起),从而增加供应链的运营成本,降低市场竞争力。

3. 原材料质量

供应商管理的重要性不仅体现在成本和时间控制上,还体现在供应商提供的原材料质量上。由于供应商是供应链管理的源头,因此原材料的质量优劣直接决定了供应链终端产品的质量。所以在进行供应商绩效考核时,必须将原材料质量作为一个关键性考核指标。

三、供应商关系处置

在供应商绩效考核结束后,企业可以依据考核结果进行分析,下一步如何处置与供应商的关系,将面临两种选择,一是供应商关系拆伙,二是持续改进供应商关系。

(一)供应商关系拆伙

优胜劣汰是每个行业都存在的现象。对企业而言,并不是每个供应商都具有永久合作的价值,在必要的时候为了企业不被淘汰就必须淘汰不适合合作的供应商。

1. 供应商关系评级

在供应商履约绩效考核完成后,企业基本可以把供应商分为四个等级。

(1)不合格供应商。不能满足采购方组织运作和战略需求的供应商列为考核不合格供应商,企业应要求其迅速制定整改方案并监控整改计划的执行。对于经过整改仍达不到要求的供应商,特别是对一种产品有三家以上供应商的企业,必须迅速采取拆伙措施。

(2)可接受供应商。可接受供应商是能够满足合同约定的供应商,其提供的产品和服务其他供应商也能做到,因此不具备额外的竞争能力。

(3) 优质供应商。优先供应商能够配合采购方努力改善、消除不增值的活动,满足采购方的部分战略需求。

(4) 卓越供应商。卓越供应商能够预测采购方的运作和战略需求,并能超额满足。这类供应商未来可与企业结成合作伙伴和战略联盟,拥有巨大的竞争优势。卓越供应商企业应当给予肯定和奖励,珍惜未来的合作机会。

2. 如何进行关系拆伙

(1) 拆伙标准制度化。劣质的供应商使得企业蒙受重大损失。对于不合格供应商,企业应以坦诚的态度和专业的拆伙方案使应剔除的供应商有秩序地退出。有些优质供应商"要大牌"会使得企业十分被动,但企业需谨慎淘汰,因为其中可能有企业的战略合作型供应商。因此,建立一套完整的供应商拆伙方案和制度对企业淘汰供应商具有重要意义。它能避免武断,并公正、详细地展现双方合作出现的问题,尽可能地减小与供应商之间的敌意,使破坏程度最小化。

(2) 拆伙方案专业化。在供应商理解企业要求拆伙的基础上,企业与供应商共同确立公平的拆伙方案,以便将双方损失降到最低。拆伙方案明确双方的责任和合理的时间安排。双方责任包括对已发生的费用如何结算、如何以最低的成本处理现有库存等。

企业采购部根据供应商淘汰的原因将所淘汰的供应商级别从日常供货供应商降为准合格供应商、潜在供应商或作永久删除。企业以坦诚的态度、专业的拆伙方案对供应商进行淘汰虽然终止了当前不令人满意的合作状态,但并不会成为今后再次与该供应商合作的障碍。

供应商关系拆伙意味着企业的新旧供应商交替,对于企业而言,涉及供货的稳定性、客户满意度和企业声誉等众多方面的影响。好的拆伙流程能够使供需双方平稳、快速地度过"阵痛期",使得损失降至最低。因此,供应商关系拆伙并不是一种单纯的惩罚措施,而是供应链管理中的企业对其战略布局的长远利益权衡。

(二) 持续改进供应商关系

持续改进与供应商的关系,可固定双方长期合作伙伴关系,进一步挖掘供应链上的潜在利益需求,实现价值共创共享。企业可以采取以下策略进行供应商关系改进。

1. 建立信息交流与共享机制

(1) 完善彼此信息共享平台,和供应商进行成本、质量控制等的交流沟通,可以减少采购的中间环节,降低库存风险,实现降低成本的目标。

(2) 让供应商参与产品设计环节,以便获得有关原料、零部件的信息,使得产品改进效率更高。

(3) 与供应商建立联合小组,解决共同关心的问题瓶颈。与供应商建立基于团队的合作小组,可以更高效地解决问题。

(4) 运用互联网、人工智能等新兴技术构建数智化交流共享平台,帮助企业与供应商实现双方的高效信息共享。

2. 建立供应商考核结果反馈机制

对供应商关键指标进行评价不是最终目的,而是需要供应商能够及时改进,以便更好地合作。因此,企业应当及时把考核结果反馈给供应商,并与供应商积极探讨问题产生的根源,采取相应的措施予以改进。

3. 建立有效的激励机制

激励机制如果起不到激励作用,就形同虚设。没有有效的激励机制就不可能维护良好的供应关系。因此,采购部门在设计激励机制时,不仅要公平公正,还要挖掘到供应商感兴趣的激励措施,促进双方达成双赢关系,并使得这种激励机制能够长期有效。

4. 建立战略联盟

与供应商建立供应链战略联盟的出发点是增强整条供应链竞争实力,降低供应链运作成本,并且这种合作形式带来的效益是任何单独一方无法实现的。战略联盟关系也能够降低外界不确定因素带来的风险,使得供应链能够应对更大的市场竞争风险,谋求可持续发展。

四、供应风险与控制

风险具有不确定性,同时也是客观存在的,只要有供应链活动的地方,就会有风险。自新冠疫情席卷全球以后,各国的经济和生产能力均受到极大的打击,而全球汽车芯片的产能主要集中在欧美地区,这些地区大多又是疫情的重灾区,那么响应隔离政策的同时就意味着企业只能停产或减产,汽车芯片的供应便出现了短缺现象。企业如何识别和控制供应风险是一项重要的工作。

(一) 供应风险的具体表现

1. 质量风险

质量风险即能否供应符合企业生产要求的物资。质量风险一旦发生,将给企业生产造成巨大损失。它不仅会带来经济损失,还有可能威胁到人身安全。如企业生产中具有一定危险性的高温高压设备、防爆设备和报警装置等物资出现质量风险时,就很有可能给企业造成较大的经济损失以及人员伤亡。

2. 进度风险

进度风险即供应是否及时,也可认为是供应中断的风险。物资供应中断就会造成企业生产的中断。特别是不间断生产的企业,停产就意味着企业生产的巨大损失。对于工程建设所需设备材料,进度风险就是延迟交货风险。交货不及时,可能会导致工期拖后,项目不能按期投产也会给企业带来巨大损失。

3. 价格风险

价格风险即在保证质量、进度的前提下,能否供应性价比更好的物资。价格风险的存在主要体现在两个层面:一是供应商串通而故意抬高价格,导致企业高价采购;二是价格的不稳定,在企业采购某种物资后,该物资即将出现降低的情况从而导致企业的价格风险。

4. 责任风险

责任风险是由人为因素造成的。例如,企业工作人员不负责,在拟定合同过程中没有考虑周全,从而给企业带来不必要的纠纷;设计人员在设计过程中出现错误;需求计划人员的提报计划错误,导致出现采购物资的积压。

(二)供应风险控制的主要措施

企业可以采用以下具体措施对供应风险进行控制。

1. 提高业务人员的专业素质

加强物资供应各部门业务人员的培训学习,提高业务人员的专业素质,增强企业内部的风险防范能力,更好地保证企业内控制度的严格执行。企业各部门内要严格根据具体工作对应执行内控制度的业务流程。进一步完善内控制度,重点突出对项目设计、需求计划的管理控制。

2. 严格落实对供应商的各项管理制度

管理好供应商是做好物资供应的前提。一是加强供应商准入资质审查,严格控制供应商数量;二是建立电子化的供应商档案系统,供应商的基本信息、交易业绩实现实时共享,实时呈现在采购决策人员面前,用于辅助决策;三是全面展开供应商动态量化考核,采用业绩引导订货机制。

3. 建立有效的需求与供应信息沟通机制

应以供应部门为中心,针对用户和供应商建立有效的需求与供应信息沟通机制,增强对用户与供应商的全面了解,降低进度风险。增强对供应商原材料来源、产能、库存、销售量以及产品的终端用户了解,建立与供应商之间的日常信息沟通平台。

4. 调整物资供应工作的价值取向

强化供应风险控制首先要解决的是思想认识问题和工作导向问题。新的市场环境下物资供应工作的价值取向应调整为安全供应、及时供应、经济供应。

5. 加强对物资采购多层次、周全的监督

多层次的监督包括决策、批准、询价、选择合作伙伴、签约、验收、审计等多方位多层次的监督,特别是对计划制定、签订合同、质量验收和结账付款四个关键控制节点的监督。全方位的监督是指内控审计、财务审计、制度考核三管齐下。

本章小结

本章的主要内容是介绍供应链下采购管理的相关知识。采购过程涉及供应链的各个结点企业,也是企业之间相互合作的纽带,它是决定供应链各环节间物流、信息流、资金流的前提条件。采购管理是供应链管理中要解决的重要问题。本章从供应链采购管理视角出发,指出供应链下采购模式要根据产品的特点和市场的环境选择恰当的采购策略,并论述在何种情况下采用何种策略,各种策略要求得到何种环境的支持,如何选择合适的供应商以及如何对供应商进行正确的评价与考核。

随着企业竞争环境的变化以及企业管理模式的转变,供应链管理思想要求企业能快速响应市场的需求、在短时间获得企业需要的资源,这是一般采购模式所不能解决的。首先,介绍了供应链环境下采购管理的新理念和作业程序;其次,阐述了企业物料的分类及其采购策略组合;再次,阐述集中采购、分散采购、全球采购、准时采购、并单采购、电子采购等具体方法;最后,介绍供应商的评价与选择。供应链环境下的准时化采购对于供应链管理思想的贯彻实施具有重要的意义。准时化采购需要增加供应链的柔性和敏捷性,保证供应链的整体的同步化运营,在供应链下进行供应商管理提倡的是双赢。

1. 供应链下采购管理具有什么意义,包含哪些内容?
2. 供应链下的采购职能包括哪些?
3. 供应链下的采购管理策略有哪些?如何与采购物料和服务进行匹配?
4. 供应链下的供应商应该如何进行选择和评价?
5. 供应商选择和评价的方法有哪些?
6. 供应商关系管理的意义和价值所在?
7. 供应商绩效考核包括哪些内容?
8. 供应商拆伙过程应注意哪些事项?

全球采购分散风险,迈向跨国企业巨头

一、业务扩张期

2 039.92亿元人民币的销售额、185.82亿元的营业利润——这是华为2011年的结算业绩。虽然2010年至2011年的增长放缓,但2007年至2011年实现了年均约22%的猛烈增长势头,在国外的销售额比例也达到了68%。

如今已迈入跨国企业行列的华为,在1987年刚创业时,还只是一家面向国内市场制造PBX(内部交换机)装置的小规模企业。不过,该公司抓住中国经济发展的商机,步入了成长轨道。因为当时中国国内的电话网还很落后,随着经济开放,通信需求迅速扩大。

2000年,华为开始进军中国以外的国家和地区。最初的目标对象是非洲、南美和东南亚等新兴市场国家的手机通信运营商。2004年,华为开始面向发达国家的通信运营商开展通信设备销售活动。以英国通信运营商BT公司的采用为开端,其在欧洲和日本也成功拿到了订单。支持HSPA+和LTE等最新移动通信方式的通信设备的供货业绩已经超

过爱立信,拨得头筹。在面向通信运营商的通信设备领域日渐构筑稳固地位的同时,华为还在扩大业务范围。例如强化了以智能手机为代表的消费者终端业务,以及提供数据中心和办公设备的法人ICT解决方案业务。其中,面向消费者的终端业务之前一直以针对通信运营商的OEM/ODM生产为主。2009年前后,这一方针开始转换,强化了自主品牌的销售。2012年面向日美欧等发达国家投放了高端智能手机"Ascend"系列。

2013年,作为欧盟5G项目主要推动者、英国5G创新中心(5GIC)的发起者,发布5G白皮书,积极构建5G全球生态圈,并与全球20多所大学开展紧密的联合研究;华为对构建无线未来技术发展、行业标准和产业链积极贡献力量。消费电子业务发展迅速,华为手机销量已跃升至全球第三位,仅次于苹果和三星。

2017年年初,华为明确了公有云战略。同年8月,华为内部发文宣布组织架构调整,云业务部门Cloud BU升为一级部门,获得更大的业务自主权。此前Cloud BU为华为二级部门,隶属于该公司的产品与解决方案部。9月,华为宣布三年成为中国公有云市场第一玩家并进入世界前五强。

2021年底,首款搭载华为鸿蒙智能座舱——鸿蒙车机OS的燃油SUV汽车正式亮相,这是华为汽车战略取得又一胜利,汽车战略将成为华为未来重要的发展方向。基于鸿蒙车机OS打造的软件平台,能够带来更加安全的软件环境并实现快速启动。车域生态平台的应用更加丰富完善,目前车机应用已经超过25项,应用数量还在持续扩展中。

二、全球化采购战略

华为基本上是一家把从各公司采购的部件组合制成最终产品(通信设备)的企业,因此经营部件和制造装置的企业全都能成为该公司的供应商。华为虽然拥有半导体业务,但基本上是一家整机厂商。从半导体到室外设备建材,有着广泛的产品需求。

华为尤其在意的是对美国特定企业的过度依赖。用于通信设备的微处理器和可编程LSI等核心部件极度依赖美国的某家企业。华为很想改变这种情况,所幸日本有富士通那样拥有毫不逊色于美国企业的尖端半导体设计和制造技术、只要有市场就能开发出可抗衡产品的企业。华为的全球化采购制度分析如下。

(一)全球采购认证管理部

华为全球采购认证管理部负责供应商选择、认证和管理,在战略采购、价值采购、阳光采购的科学采购体系指引下,通过发展多元化供应资源,构筑安全、坚韧的健康产业链,支撑公司业务长期稳健发展。

华为有业界领先的采购认证理论及实践,实现了与全球顶尖供应商的合作与交流。目前,有1个采购总部,2个海外采购认证中心(欧洲、亚太),9个地区部采购,79个代表处采购组织,采购业务遍及170多个国家/地区。

(二)采购组织结构

华为采购部建立了物料专家团(Commodity Expert Groups,CEG),各CEG负责采购某一类或一族的物料满足业务部门、地区市场的需要。按物料族进行采购运作的目的是在全球范围内利用华为的采购杠杆。每个 CEG 都是一个跨部门的团队,通过统一的物料族策略、集中控制的供应商管理和合同管理提高采购效率。

(三) 早期介入产品开发和市场投标

CEG 和华为的技术和认证中心,在华为研发和供应商之间架起了沟通的桥梁,推动供应商早期参与华为的产品设计来取得双方的技术融合以及在成本、产品供应能力和功能方面的竞争优势。华为的工程采购部(Customer Solution Procurement,CSP)将和华为销售一起积极地参与客户标书的制作。参与市场投标将使采购部了解到客户配套产品的需求,在订单履行过程的早期充分了解华为向客户做出的承诺以确保解决方案满足客户需求并能够及时交付。

(四) 采购需求履行

生产采购和行政采购负责日常采购运作以及与供应商和内部客户的沟通、及时处理采购请求和解决双方的问题,从而提高供应商的表现和内部客户满意度。同时华为也关注于不断提高采购履行流程的自动化程度,让采购执行人员有更多的机会积极参与物料族采购策略的制定。

(五) 采购核心价值观

努力争取全面了解华为公司和供应商的能力、要求和需要;积极阐明华为公司和供应商的观点,促进各层面和各部门之间的沟通、诚信和团队精神。在技术、价格、质量、交货、响应、速度以及创新等方面,努力获得竞争优势;不断提升和保护华为的利益;推动华为采购业务的持续改进和有效实施。

(六) 供应商认证流程

华为致力于向所有潜在供应商提供合理、平等的机会,让大家都能够展示自己的能力。潜在供应商各种方式的垂询都将转给采购部门进行回复。如果华为和供应商都有意开拓业务关系,华为采购部就会要求潜在供应商完成调查问卷。在接到调查问卷并进行评估后,华为将知会供应商评估结果。如果华为有兴趣和供应商进行合作,就会启动后续的认证步骤。后续认证可能需要和供应商面谈,讨论供应商对调查问卷的回复。根据面谈的结果,决定是否需要现场考察。然后可能需要进行样品测试和小批量测试,确保供应商的产品满足规格要求,产能满足需求。认证的结果将知会供应商。在发生采购需求时,通过认证的供应商将作为候选供应商进入供应商选择流程。华为的供应商认证流程如图 5-8 所示。

图 5-8 供应商认证流程

(七) 供应商选择及公平价值评定

华为制定了完善的供应商选择、公平价值判断流程以确保华为选择最符合华为利益的供应商,采购获得最公平的价值,同时保证华为给所有供应商平等赢得华为生意的机会。该流程的基本原则是公平、公开和诚信,并由以下机制保证。

1. 采购集中控制

采购是公司内部唯一授权向供应商做出资金承诺、获得物品或服务的组织。除此以外的任何承诺都视为绕过行为,视为对公司政策的违背。

2. 供应商选择团队

供应商选择将由相关专家团主任组建团队来进行,成员包括采购和内部客户的代表。小组的使命是制定 RFQ/RFP,确定能够按照华为要求提供所需产品或服务的现有合格供应商名单。这个团队管理供应商选择流程,参与评估供应商的回复以及选择供应商。

3. 供应商反馈办公室

如果供应商在与华为的交往中有任何不满意的地方,有专门的帮助中心负责收集供应商的反馈和投诉。

(八) 供应商绩效评估

华为采购部制定了供应商评估流程,定期向供应商提供反馈。该流程包括相关专家团正式的绩效评估。供应商的绩效将从技术、质量、响应、交货、成本和合同条款履行这几个关键方面进行评估。评估流程的目的在于给双方提供开放沟通的渠道,以提升彼此的关系。同时,华为鼓励供应商向华为反馈,站在客户的角度他们如何评价华为,这些评估信息将用于改善彼此的业务关系和改善华为内部的业务运作。

(九) 电子化交易

电子化交易就是在网上进行买卖,其内涵是:企业以电子技术为手段,改善经营模式,提高企业运营效率,进而增加企业收入。电子化交易可以让企业得到更多的供应商资源,充分了解供应市场状况,更好地收集市场信息,使采购策略立足于事实基础上。

华为正在着手实现从"采购请求"到"付款"全流程的自动化。希望供应商支持这一行动,并参与电子采购的使用,将其作为主要的沟通和交易平台。此外,华为还将在预测/订单状态,RFI/RFQ/RFP,供应商评估等方面与供应商进行电子化的合作。这将给华为和供应商双方带来收益,有助提高效率和降低交易运作成本。

(十) 业务行为准则

1. 诚信和道德标准

华为的政策是与供应商和其他任何有业务关系的客户进行公平往来,遵守商业道德。任何时候如果供应商感觉到该政策的执行打了折扣或背道而驰,便可向华为供应商反馈办公室反映。华为会本着尊重事实、谨慎周密的原则进行调查处理,并替反馈人保守秘密。

2. 保密

采购部会保护华为自身的机密信息或与供应商/客户签署的保密协议所涉及的保密

信息。华为与每个供应商和潜在供应商的关系,在华为看来都是仅限于双方之间的事务。华为会负责地对待从供应商处获取的信息,华为的员工必须避免因为疏忽大意获取或透露另一方的保密信息。

(十一)与供应商之间的沟通

华为相信,只有良好的沟通才能培育出良好的合作关系。华为提供多样化的沟通渠道,以便华为和供应商进行开放的对话和讨论。

每个物料专家团内部都有供应商接口人,负责与供应商的接口和沟通,处理供应商与华为来往过程中可能碰到的任何问题和疑问。相应地,也要求供应商通过这一单一的接口与华为接触。通过这一渠道,专家团会将所有可能影响到供应商业务的采购策略和计划,传达给供应商。

华为设立供应商反馈办公室,主要是为了处理所有与采购相关的问题,包括供应商针对华为员工或某部门的不公平行为和不道德行为的投诉等,供应商可以坦诚地让华为知悉自己的顾虑,同时也帮助了华为遵守其诚信的承诺,此举目的在于促进与供应商更为开放、有效的关系。

资料来源:http://finance.people.com.cn/n/2012/1114/c348883-19577104.html,https://maimai.cn/article/detail?fid=1288689680&efid=umHzNCi3BjeaIIHQwBgr4w。

请思考:

1. 全球采购战略为什么可以降低风险?

2. 归纳华为采购管理可借鉴的经验,思考全球采购的特点。

第六章　供应链物流管理

学习目标
- 理解供应链物流管理的概念
- 理解供应链分销管理的概念
- 理解供应链分销仓储布局和网络输配
- 掌握供应链库存管理模式
- 掌握库存控制方法

【导引案例】

朴朴超市的前置仓模式

在互联网的冲击下,传统超市面临寒冬,朴朴电商超市平台却成为市场黑马,脱颖而出。2016年6月,朴朴电子商务有限公司在福州市台江区注册成立,采用"纯线上+前置仓"的商业模式,主打生鲜产品30分钟即时配送。品类包含水果蔬菜、肉禽蛋奶、粮油调味、酒水饮料、休闲食品、个人护理、化妆品、清洁用品、日用百货等,SKU达5 000余个。用户通过App选购商品,足不出户就可在手机上随时随地搞定日常生活所需。

与其他超市选择繁华地段不同,朴朴利用设置在居民小区附近的偏僻店铺和房屋作为小型前置仓,实现了1.5千米范围内的及时配送,同时降低了大量的租金与看店的人力成本。正是基于前置仓模式,朴朴在大本营福州的用户渗透率达到惊人的70%,超过了永辉生活50%的渗透率。

那么,朴朴超市是如何设置前置仓呢?前置仓在朴朴超市快速发展中起到什么作用呢?本章的内容将有利于读者理解供应链分销管理、库存管理等内容。

第一节　供应链物流管理概述

供应链物流管理是供应链管理中的重要环节,其相关活动内容促成物流管理成为提升企业核心竞争力的关键因素,而被整合到企业供应链战略中,这些活动可概括为分销管理和库存管理等。更重要的是,它也包括了与渠道伙伴之间的协调和协作,涉及供应商、中间商、第三方服务供应商和客户。

一、全渠道下物流的挑战和机遇

随着信息技术变革和顾客购买方式变化,零售渠道经历了单渠道、多渠道、跨渠道、全渠道的演变过程。全渠道是零售渠道发展的高级阶段,标志着零售行业向数字化、移动化方向发展。这无疑对传统供应链物流业务产生巨大影响。

(一) 全渠道下物流的挑战

传统渠道模式下,物流运营大多是按照"干线运输、入库区域大仓、区域调拨、末端分仓配送"的路径进行。全渠道零售模式下,物流运营主要是按照产品的畅销程度进行排列,将畅销品存储于离顾客较近的仓库,以信息共享为基准,具有线下配送中心的零售企业(物流企业)与电商企业合作,充分利用自有的配送中心或共建的配送站点,进行末端配送。全渠道零售的物流运作方式与传统渠道不同,在订单、库存、配送等物流环节派生出新的物流需求。全渠道下物流业务主要面临的挑战表现如下。

1. 全渠道订单需求变化带来挑战

传统零售模式下,线上渠道和线下渠道的订单由各自渠道分别处理。例如,顾客在线下实体店购物,从选择、体验、交款、取货都是在门店完成,客户订单由实体店履行;顾客在线上网络购物,每个渠道零售商接收客户订单,将订单分配到区域仓库或门店,进行配货和送货。全渠道零售模式下,消费者在各个渠道接触点(实体店、电商平台、商家自建平台、移动平台等)下单,零售商收到来自不同渠道的订单,需要统一处理和分配,按照订单要素如订单来源、客户类型、商品类型、收货地址等进行细粒度的拆解,再根据不同的订单类型进行归集,重新分配不同区域的流通环节,完成商品交付。全渠道模式使得订单需求发生较大变化,这给供应链物流的订单管理带来了挑战。

2. 全渠道库存需求变化带来挑战

传统零售模式下,库存管理是按照供应链上下游纵向协同的库存管理,在供应链各个结点设置库存点,并有足够的库存量,以满足下游环节的库存需求。全渠道零售模式下,顾客购物时间碎片化、购物地点碎片化、购物需求碎片化与个性化,这就要求有多个库存点和充足库存满足顾客购买需求,避免缺货损失。但是,在供应链各个结点和每个渠道都设置库存显然是不经济、不合理的,这就需要渠道之间库存共享,建立供应链上下游和全渠道协同的立体化库存管理系统。这给供应链物流的库存管理带来了挑战。

3. 全渠道配送需求变化带来挑战

传统渠道模式下，配送是以单一渠道的商品配送为主，不同渠道销售的商品配送是截然分开的。全渠道零售模式下，顾客满意度在很大程度上取决于物流服务。顾客不仅要求全渠道购物便利性，还要求商品送达的时效性，要求商品在合适的时间、合适的地点，快速、安全、准确地送达，因此全渠道配送需要将商品按照顾客要求，适时、高效、准确、保质送达到位，让顾客省时、省力。这给供应链物流的配送管理带来了挑战。

（二）全渠道下物流的机遇

尽管全渠道时代下物流业面临着一些挑战，但随着"工业 4.0"时代的到来，物流行业"数智化"成为广泛共识。"全渠道＋数智化"新发展背景下，物流行业正迎来重大战略机遇期，数智化物流的提速将加快开启行业新蓝海。

1. 全渠道新零售业态催生物流服务需求

全渠道新零售市场创造了碎片化的消费场景，特别是电子商务的时效性带来更加高频的订单和更小规模的订单，倒逼传统分销配送模式不断变革升级。为满足极致的消费者体验，只有突破时间、空间限制，于线上创造场景，于线下提供极致服务，才能完成目标。而线下体验的核心在于物品的运送时效和质量。因此，物流服务成为全渠道新零售业态下商家吸引流量、维持客户的重要手段。

2. 品牌企业重塑供应链物流网络

消费市场发生的商流变化正在倒逼品牌企业重塑供应链，不断提高质量、效率与网络能力以应对行业新需求。消费端带来的配送模式变革将层层传导到整个供应链，物流的角色、网络、协同模式将衍生出各种新变化。此外，产业互联网以数字化技术打通端到端信息通路，连接产业链上下游，促进生产效率、资源配置能力和交易效率的提升。这种协同的场景为品牌企业构建供应链网络、提升供应链水平创造了前所未有的机遇，物流作为供应链的重要组成部分迎来了全渠道物流的风口。

3. 创新科技点燃物流革新引擎

创新科技是全渠道新业态发展的基础，人工智能、区块链、柔性自动化等技术呈现爆发趋势。机器人与自动化、无人驾驶卡车、无人机、智能快递柜等技术的成熟使物流各环节的作业效率得以提升。不断突破的物联网、大数据、云计算、区块链等数据底盘技术也帮助物流行业打通链条、实现协同，加速了行业的智能化演进与模式革新。

二、供应链分销管理概述

随着顾客需求的快速变化，原来将企业业务流程割裂成相互独立的环节的管理模式越来越不适应当今市场，同时，传统的分销渠道管理方法也已经不能适应新的形势，企业如果想在市场中取得竞争优势，不仅要对市场环境的变化做出快速反应，而且要求企业合理整合内外资源、高效率地满足客户需求，供应链分销管理在这其中不失为一种有效的方法。

(一) 供应链分销管理的定义

伴随着经济的高速发展,企业之间的协作和专业化分工水平不断提高,面对众多消费者群体,生产厂商既要生产或提供满足市场需要的产品和服务,又要以适当的成本快速地将产品和服务送到目标消费者,这对于生产厂商来说,即使有可能做到,也没有必要去做,因为这样未必能达到企业收益最大化。因此,我们就可以通过其他中间企业来分销产品。从经济学的观点来看,分销渠道的基本职能在于把自然界提供的不同原料根据人类的需要转换为有意义的货物搭配。分销渠道对产品从生产者传播给消费者所必须完成的工作加以组织,其目的在于消除产品或服务与使用者之间的差距。如图 6-1 所示,广义的分销渠道是由处于渠道起点的制造商、处于渠道终点的消费者,以及处于原材料供应商与消费者之间的中间商(因为他们取得了商品的所有权)和代理商(因为他们帮助所有权转移)等营销中介构成。而狭义的分销渠道则是指处于供应链中某个结点的制造商、中间商或者分销商与消费者之间形成的营销中介。因此,我们认为处于供应链任何结点企业都需要进行分销管理。

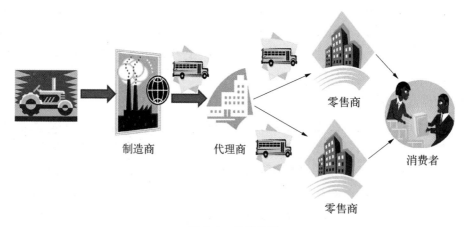

图 6-1 分销关系

(二) 供应链分销管理的作用

分销管理对产品的作用越来越大,分销管理的基本功能是实现产品从生产商向消费者的转移,同时也有其他方面的功能,尤其对于在全国范围内的分销,大多数渠道不仅仅起到销售的作用,还兼具售后服务、品牌推广等职责。分销管理的功能主要有以下八个方面。

1. 调查研究(Research)

供应链的部分成员可收集、整理有关当前消费者与潜在消费者、直接竞争者、替代品竞争者、其他参与者及营销环境等信息,并及时向分销渠道内的其他成员传递相关信息,实现渠道内的信息共享。

2. 促销(Sales Promotion)

渠道成员可以在厂家的支持下,通过各种促销手段,以对消费者有吸引力的形式,把产品或服务的有关信息传递给消费者,激发消费者的消费欲望,促成交易成功。

3. 谈判(Negotiation)

该功能是指分销渠道的成员之间,为了转移货物的所有权,就其价格及其他有关条件,通过谈判达成最后协议。

4. 编配(Allocation)

该功能是指分销渠道的成员按照买方要求分类整理商品,如按产品相关性分类组合、改变包装大小、分级摆设等。

5. 订货(Order)

该功能是指分销渠道成员向生产商进行有购买意向的反向沟通行为。

6. 物流(Logistics)

产品从下线起就进入了分销过程,此时,分销渠道要承担产品实体的运输和储存功能。

7. 融资(Financing)

该功能是指分销渠道成员收集并分配资金,用以支付渠道工作所需费用,包括分销渠道的建设和运转、职工工资支付、渠道成员之间贷款划转、消费信贷实施等。

8. 风险承担(Risk Exposure)

分销渠道各成员在分享利益的同时,还要共同承担由商品销售、市场波动等各种不可控因素所带来的各种风险。

总之,分销管理在当今的市场竞争中发挥越来越多的功能,这些功能具体由哪个渠道成员来执行,需要根据实际情况来定。当生产商执行这些功能时,生产商的成本增加,其产品价格也必然上升;当中间商执行这些功能时,生产商的费用和价格下降了,但中间商必须增加开支,来承担这部分费用。

三、供应链库存管理概述

(一) 供应链库存管理的定义

库存是指一切目前闲置或储藏的、用于未来的、有经济价值的资源。一般情况下,人们设置库存的目的是防止短缺。不同的企业或组织由于其所从事的行业以及其功能不同,其库存又有所不同。制造型企业的库存包括原材料、在制品、产成品、机器、备用品等物品和资源。百货公司的库存包含服装、家具、床上用品、电器、文具等物品。医院则存储药品、医疗器械、病床等资源。超市的库存含有新鲜的食品、冷冻的便装食品、化妆品、日常用品等。

供应链库存管理是指将库存管理置于供应链之中,以降低库存成本和提高企业市场反应能力为目的,从点到链、从链到面的库存管理方法。供应链库存管理的目标服从于整条供应链的目标,通过对整条供应链上的库存进行计划、组织、控制和协调,将各阶段库存控制在最低限度,从而削减库存管理成本,减少资源闲置与浪费,使供应链上的整体库存成本降至最低。与传统库存管理相比,供应链库存管理不再作为维持生产和销售的措施,而是作为一种供应链的平衡机制。通过供应链管理,消除企业管理中的薄弱环节,实现供应链的总体平衡。

(二) 供应链库存管理的作用

库存是物流运作的润滑剂，库存计划、储存是所有物流活动的基础。库存的主要作用是能有效地缓解供给与需求之间的矛盾，对于任何企业都是至关重要的。从供应链整体的角度看，库存管理的作用显得更为重要。

1. 平衡供求矛盾

由于物资数量、价格和市场政策的变化等原因，导致供求在时间和空间上出现不平衡，因此，企业为了稳定生产和销售，必须准备一定数量的库存以避免市场震荡。此外，经历季节性需求模式的企业总是在淡季积累库存，来满足特定的旺季需求。如果为了满足旺季的需求而建立新的生产能力，那花费的成本就是巨大的，同时会产生闲置的生产能力。虽然保持相对恒定的生产能力增加了不同时间的库存成本，但总体而言，这些成本是值得的。

2. 防止生产中断

企业生产需要库存作为缓冲，以保持生产的连续性，否则企业会由于某些原因（如机器故障等）而造成生产的混乱。企业之间也需要库存作为缓冲，运用原材料库存的公司使生产过程不会由于供应商的运送中断而停止生产。

3. 防止缺货

延迟送货和意料之外的需求增长增加了缺货风险。导致延迟送货的原因包括供应商缺货、订单丢失、材料误送、质量问题等，库存管理可以有效地预防这些意外事件的发生。

4. 批量优势

为使采购和库存成本最小，企业往往一次性购买超过现有需求数量的资源。签订一份订单的成本包括人员工资、电话费、打字费、邮费等。当每张订单的订货量越大时，所要签订的订单数就越少。同时大订单对降低运输费用也有好处，运输数量越大，单位运输成本越低。

5. 快速反应

做好库存管理可以缩短交货时间，提高对用户的响应性。采取高反应能力的供应链战略的企业可以通过在靠近消费者的地方设置渠道库存，实现自身的战略优势。采取高盈利水平供应链的企业则倾向于采用集中式仓储的形式，以降低仓库运营和库存持有成本。

第二节 供应链分销仓储布局

由于企业在生产经营活动中存在集中式与分散式两种仓储策略，因此，相应地形成集中式与分散式两种仓储系统。处理市场非均匀需求的策略之一是改变产品库存量的高低，维持企业内部生产的均衡。然而，企业的分销渠道中，产成品的库存量大，资金占用多，所以如何选择分销仓储策略和设置仓储系统是供应链分销仓储布局的重要内容。

一、供应链的全渠道分销

供应链分销管理主要包括客户资源管理、库存管理和配送管理。那么,传统分销与供应链的全渠道分销管理有何不同呢?在以制造商为主导的传统分销渠道中,各成员之间是买卖关系,制造企业以自身利益为中心,即供应和分销一般都处于次要的地位,这种非合作关系在一定程度上制约了厂家与消费者的直接沟通,使渠道效率下降,不利于企业的经营决策。与传统的分销渠道管理方式相比,供应链的全渠道分销管理则更强调供应链结点企业与多渠道成员之间,以及多渠道互相之间的合作。

在全渠道分销模式下,借助智能手机、虚拟现实、社交媒体等渠道,消费者完全可以同时接触到多个来源的信息。如果某条供应链中的商家只通过一个渠道进行销售,就比"全方位轰炸"的对手少了很多销售机会。因此,供应链的全渠道分销管理成为重要的竞争手段。表6-1对全渠道分销管理与传统渠道分销管理进行了对比。

表6-1 供应链全渠道分销管理与传统渠道分销管理的对比

	全渠道分销管理	传统渠道分销管理
渠道的数量	较多	较少
渠道的类型	多样	单一
技术依赖	较强	较弱
企业与渠道关系	长期合作、战略伙伴关系	短期、买卖关系
沟通程度	供应链平台上双方多部门的协调	限于销售和采购部门之间
信息交流	供应链上多项信息共享	限于订货售货信息
企业对渠道的支持	技术、资金和人力等全方位支持	无或较少
竞争程度	较高	较低
顾客满意度	较高	较低

从表6-1可以看出,基于供应链的全渠道分销具有以下四个特征。

其一,渠道结构复杂。与传统渠道关系相比,供应链的全渠道关系更为复杂,不仅具有更多的渠道数量,而且具有更加多样的渠道类型,如线下的门店、商超、销售点等,线上的淘宝、京东、拼多多等,分销渠道网络结构较为复杂。

其二,合作范围扩大。供应链企业间不仅仅在物流、资金流方面相互融合,而且在信息流上高度集成,形成横向、纵向的信息交流。

其三,信任程度高。企业间合作时间越长,彼此越能够深层次地相互了解,从而使该合作关系具有相当程度的、对等的信任。

其四,技术属性强。供应链全渠道分销离不开现代技术的支撑,科技打破了时空的限制,让商家和消费者可以更自由地交互。例如,消费者在社交媒体上看到牛仔裤广告时,便可以马上去电商网站进行选购,即刻下单的功能让这个需求被满足;即便有衣服"断码"的问题,也被跨仓库在线调货功能轻松化解。快递到家的全过程追踪都可以推送到消费者手机上,而这种愉快的体验又触发了新一轮的社交媒体互动。

二、集中式与分散式仓储

(一) 集中式仓储系统

集中式仓储系统的特点是仓库向企业分销链的上游集中放置(靠后接近制造商),如图 6-2 所示。库存的风险分担(Risk Pooling)是一种集中式仓储系统,这是通过区域市场的零售商之间的联盟,把多个分散的仓储点合并为一个区域市场的中心仓库,即用一个由所有零售商共管的区域中心仓库取代原来各自为政的分散仓库体系,负责整个区域的市场供给。例如,对于资金占用量大的大件家用电器或创新性产品的零售品仓储。

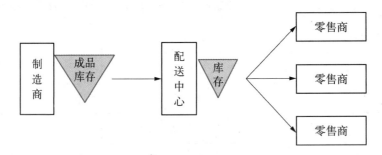

图 6-2　企业分销链的集中式仓储

集中式仓储的理论基础是多个地点需求总和的变动性小于各个地点需求的变动性的加总。由于各区市场需求只是总需求的一部分,且各区市场需求是不确定性的,当把不同区的需求集合起来处理时,一个区高于平均值的需求很可能被另一个区低于平均值的需求所抵消,这样急救可以平衡各地需求。因此可从整体上减少由需求不确定性风险带来的缺货损失和库存积压损失,从而提高收益。

(二) 分散式仓储系统

分散式仓储系统的特点是仓库主要向企业分销链的下游分散放置(靠前接近市场零售商),如图 6-3 所示。市场上有很多的零售商,而各零售商之间完全独立运作,独立持有产品库存,其产品仓储只为自己的市场销售负责,决策目标是使自己的库存策略最优,也就是追求系统内的局部最优。例如,一般日用百货店主要采取分散式仓储系统。

(三) 集中式与分散式仓储系统的差异

两种仓储系统除了库存水平有差异外,其在服务水平、管理费用、顾客提前期、运输成

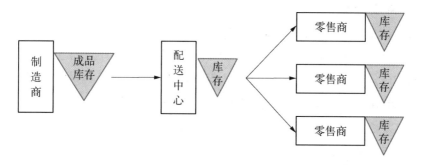

图 6-3 企业分销链的分散式仓储

本等方面也存有差异。

1. 安全库存

集中仓储系统能够对分销商的风险进行集中分担,因此集中仓储可以同时减少系统的安全库存和平均库存。在集中式供应链库存模式中,无论何时,当一个市场区域的需求高于平均需求,而另一个市场区域的需求低于平均需求时,仓库中原来分配给一个市场的库存可以重新分配给另一个市场。在分散化库存模式中,在不同市场的仓库之间重新分配库存的过程几乎是不可能的。两个不同地点差异性的比例越大,集中库存模式所带来的好处就越明显。

2. 服务水平

这里的服务水平主要指的是顾客需求的满足率。当集中库存模式和分散库存模式设定同样的安全库存时,集中库存模式的服务水平更高。

3. 管理费用

一般情况下,在分散化的库存模式中管理费用较高,因为其规模经济程度较小。

4. 顾客提前期

由于分散式仓储系统的仓库支持点离需求点较近,因此响应时间通常更短。

5. 运输成本

运输成本的影响依赖于具体情况。一方面,当增加仓库数量时,仓库离市场更近,出库运输成本会减少;另一方面,从工厂到仓库的入库运输成本会增加。

三、渠道设施的选址规划

实现集中式或者分散式仓储系统,其关键是要进行设施选址的规划。设施选址方法主要分为定性选址、定量选址和综合选址三大类。定性选址是以影响设施选址合理性的因素分析为基础,通过对定性指标进行评判,可以有效地吸纳决策者的经验、偏好、意愿等来进行方案的评价。定量选址主要是依据物流费用或物流成本最低化的原则,建立经济学度量模型或管理科学优化模型,通过模型求解获得最佳选址方案。综合选址即定性与定量相结合,发挥定性研究在考虑影响因素全面性上的优势,同时也利用数学模型的客观性特点,将两者结合,相互补充,得出较为综合、具有可操作性的满意方案。

(一) 因素选址法

因素选址法是使用最广泛的一种常用选址方法。因为它以简单易懂的模式将各种不同的因素综合起来,每一个备选地址都按因素计分,在允许的范围内给出一个分值,然后将每一个地点各因素的得分相加,求出总分后加以比较,得分最多的地点中选。因素选址法的步骤如下:

第一,给出若干个备选地点方案,进行优劣势分析;

第二,列出影响选址的各个因素,如地理位置、能源供应、交通网络、供应能力、需求市场、税收政策和相关法律等;

第三,给出每个因素的评分取值范围;

第四,列出各个因素对选址决策影响的权重;

第五,由专家对各个备选地点就各个因素评分;

第六,将各因素的得分与权重线性加权求和,计算得出每一个地点的总得分,根据最高分进行选址。

(二) 网络中心选址法

管理科学中的网络中心选址法是离散型定量选址模型之一。它假设事先已知待选区域内存在有限个可行的位置,将这几个已知的位置组成一个网络,确定设施设置在该网络中哪一个可行位置,使得运送路径最短或物流费用最低。这样的假设在现实生活中比较实际,这是供应链物流设施选址中确定最短路径的一个简便的方法。

1. 网络中心的定义

设在某一区域内有 N 个待选位置 $v_i(i=1,2,\cdots,N)$ 组成一个网络,在这 N 个位置中存在某一待定位置 v^*,使得 v^* 到其他 $N-1$ 个位置 v_i 的最短距离之和为最短,那么 v^* 就是该区域内的中心。

2. 两点间最短距离

确定网络中心首先要了解什么是两点间最短距离。为了更好地说明,我们举一个例子:设某一城市中有 7 个分销商网点,它们之间的交通路线情况如图 6-4 表示,试确定分销商 A 到分销商 G 之间的最短距离。

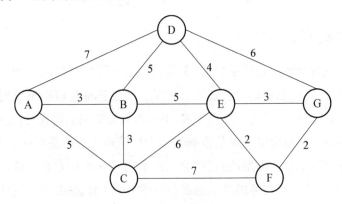

图 6-4 城市 7 个分销商间的交通路线

由图 6-4 可以看出,从分销商 A 到分销商 G 有多条可行路线可以选择,将各条可行的路线的总距离计算出来,找出的最小值就是所求的最短距离,最小值所在的路线即最佳路线。在本例中,线路 A→B→E→G 所经过的路程是 11 个单位路程。类似地,从分销商 A 到分销商 F 的最短距离是 10 个单位路程(A→B→E→F),从分销商 A 到分销商 E 的最短距离是 8 个单位路程(A→B→E)等。当然,通过管理运筹学中图论的 Dijkstra 标号法或最小树法,可以求得图 6-4 中每两点之间的最短路径和距离,请大家参阅管理运筹学中的最小树和最短路问题。

3. 网络中心模型

设 $M=(d_{ij})_{n\times n}$ 为网络中各点间(v_i 到 v_j)的最短距离矩阵。

找出第 i 行 v_i 中各列值中最大的值:$d(v_i)=\max\limits_{1\leqslant j\leqslant n}(d_{ij})$,其中 $i=1,2,\cdots,n$。

取 $d(v_i)$ 中最小的值:$\min\limits_{1\leqslant i\leqslant n}[d(v_i)]=d(v_k)$

则 $d(v_k)$ 即为该网络的中心。

【例题】考虑图 6-4 中分销商的交通路线图,公司现在需要在 A、B、C、D、E、F、G 这 7 家分销商中选择一家分销商将其培养成区域总经销商以向其他 6 家分销商供货,请用中心法模型选出目标分销商,使得各家分销商都离它较近。

解:首先,求出各分销商之间的最短距离:

A→B:3,A→C:5,A→D:5,A→E:7,A→F:8,A→G:10,B→C:3,B→D:2,B→E:4,B→F:5,B→G:7,C→D:5,C→E:6,C→F:7,C→G:9,D→E:2,D→F:3,D→G:5,E→F:1,E→G:3,F→G:2。

然后,列出表格,求出网络的中心,如表 6-2 所示。

表 6-2 各经销商间最短距离及其网络中心

v_i	v_j							选各行最大值
	最短距离矩阵 $M=(d_{ij})_{n\times n}$							
	A	B	C	D	E	F	G	
A	0	3	5	5	7	8	10	10
B	3	0	3	2	4	5	7	7
C	5	3	0	5	6	7	9	9
D	5	2	5	0	2	3	5	5
E	7	4	6	2	0	1	3	7
F	8	5	7	3	1	0	2	8
G	10	7	9	5	3	2	0	10

由表 6-2 可以看出,表中最右一列的最小值是 5,D 距离各个分销商的距离都不大于 5,各家分销商离 D 都比较近,即为所求的该网络的中心。

(三) 离散变量的重心法选址

网络中心法的一个主要缺点就是没有考虑权数的问题。它主要适用于需求量基本一致的离散型选址。如果需求量有着明显的区别,用中心法选址就很可能导致决策的失误。网络重心法选址引入了权数的因素,它成功解决了中心法不考虑相关权数的问题。

参照前文所述网络中心模型的概念,我们可直接用公式对网络重心进行定义。

设 w_i 为点 v_i 的权数 $(i=1,2,\cdots,N)$,令 $h(v_j)=\sum_{i=1}^{n}w_i d_{ij}, j=1,2,\cdots,n$。

若 $\min_{1\leqslant j\leqslant n}[h(v_j)]=h(v_r)$,则称点 v_r 为该网络的重心。

【例题】考虑图 6-4 某城市 7 个分销商间的交通路线图,已知各分销商的每周销售能力如表 6-3 列示。

表 6-3 各分销商的周销售能力

分销商	A	B	C	D	E	F	G
周销售能力	300	350	450	200	250	350	500

现在公司希望设立一个仓储中心,向各经销商发送产品,假设运输费用与所运输的货物数量成正比例,问仓库应该设立在哪一家经销商,能使每周发送货物时的总运输成本最低?

解:这是一个网络重心问题。因为假设货物运输成本与货物数量成正比例,所以各区的销售能力(即所要运输的货物数量)就是权数 w_i,如表 6-4 所示。

表 6-4 离散变量重心法的权系数

v_i	各区权系数	v_j 最短距离矩阵 $M=(d_{ij})_{n\times n}$						
		A	B	C	D	E	F	G
A	300	0	3	5	5	7	8	10
B	350	3	0	3	2	4	5	7
C	450	5	3	0	5	6	7	9
D	200	5	2	5	0	2	3	5
E	250	7	4	6	2	0	1	3
F	350	8	5	7	3	1	0	2
G	500	10	7	9	5	3	2	0

权系数与两点之间的最短距离加权求和,即用所要运输的货物数量乘以两者之间距离得到的就是相应的运输的成本。用表 6-4 的第 2 列乘以表 6-4 中第 3 到第 9 列的对应数值,得到表 6-5。

表 6-5 离散变量的重心法选址加权得分

v_i	v_j						
	$w_i d_{ij}$						
	A	B	C	D	E	F	G
A	0	900	1 500	1 500	2 100	2 400	3 000
B	1 050	0	1 050	700	1 400	1 750	2 450
C	2 250	1 350	0	2 250	2 700	3 150	4 050
D	1 000	400	1 000	0	400	600	1 000
E	1 750	1 000	1 500	500	0	250	750
F	2 800	1 750	2 450	1 050	350	0	700
G	5 000	3 500	4 500	2 500	1 500	1 000	0
加权之和	13 850	8 900	12 000	8 500	8 450	9 150	11 950

表 6-5 中的第二列表示各经销商销售的货物都由 A 点配送所产生的成本。表 6-4 中从 B 到 A 的最短距离是 3,表 6-3 中 B 的周销售量为每周 350,所以由 A 运送货物给 B 每周会产生 1 050 个单位的运输成本。同样,由 A 运送货物给 C 每周会产生 $450 \times 5 = 2250$ 个单位的运输成本。以此类推。

将从 A~A 到 A~G 的数据加总就得到总数 13 850,该值即为仓库设在 A 处将要产生的运输成本。综上所述,由于表 6-5 的最后一行中 8 450 最小,所以 E 为该网络的重心,应该将仓库建在 E 处。

第三节 供应链分销网络输配

运输和配送是物流管理中的两个重要职能,它们在供应链分销网络中发挥了较大作用,保证了货物安全、准时、高效地送至客户手中。企业分销网络的合理运输与配送方式,不仅能够节省成本,而且能提高服务质量。

一、输配在供应链分销网络中的作用

(一) 输配的概念

在供应链分销管理中,客户服务水平主要体现在客户订单履行的提前期。输配管理是指产品从生产者手中到中间商手中再至消费者手中的运输与配送过程的管理。它包括输配方式选择、时间与路线的确定及费用的节约等。

运输的距离一般较长,配送的距离较短。运输可以不是为满足最终用户的需求,配送是满足最终用户的需求。运输的货物多种多样,可能是原材料和中间产品,配送的货物是最终的客户用的产品。例如,在企业分销链的运作中,一些企业对客户订单履行时间的宣传为"我们承诺24小时送货上门",这往往属于配送活动。通常供应链的输配决策与客户服务水平的承诺相关。

(二) 输配的作用

运输与配送环节在物流成本中所占比例较高,达到40%以上。其成本花费主要是由于各类资源的耗费,包括时间资源、财力资源和环境资源等。由此可见,输配管理在供应链分销网络中有着重要的作用,高效的输配管理有利于降低物流总成本,从而提高供应链效率。输配在供应链中的作用主要表现为以下三方面。

1. 输配是供应链联系的关键

输配在供应链的不同阶段充当重要的纽带,联系和维持供应链合作伙伴关系的黏合剂,可提高供应链企业的相应速度。全球化供应链的实现也得益于国际化运输事业的发展。例如,戴尔的供应商遍布全球,并从得克萨斯、爱尔兰、巴西、中国和马来西亚向全世界各地的消费者提供产品。

2. 输配合理化可降低供应链成本

对于有效型供应链而言,其目标为追求最低的供应链总成本。合理的输配管理可实现这一目标。例如,通过较少的固定设施的集中布局和运营,达到规模经济效应,降低成本。

3. 输配合理化可提高供应链响应性

对于反应型供应链而言,其目标为追求快速响应市场变化。合理的输配管理也可以实现该目标。例如,通过敏捷的运输系统和多次运输等方式实现快速响应。

二、供应链分销网络运输方式

(一) 运输方式分类

运输方式可以按照运输工具、运输范围、运输协作程度、运输中是否换载及运载工具上货物的满载程度分类。如表6-6所示。

表 6-6 运输方式分类及依据

分类依据	分类
运输工具	公路运输、铁路运输、水路运输、航空运输、管道运输
运输范围	干线运输、支线运输、城市内运输、场内运输
运输协作程度	单一运输方式、联合运输/多式联运
运输中是否换载	直达运输、中转运输
运输工具上货物的满载程度	整车运输、零担运输

在表 6-6 的各种运输方式中，最为常用的是按照运输工具进行分类，在供应链分销网络中，企业应该根据实际情况选择合适的运输方式，这五种运输方式各具特点，其优缺点可见表 6-7。

表 6-7 运输方式的优缺点

运输方式	优点	缺点
公路运输	1. 技术经营性能指标好 2. 货损货差小，安全性、舒适性不断提高 3. 送达快 4. 原始投资少，资金周转快，回收期短	1. 单位运输成本较高 2. 装载量小 3. 污染环境
铁路运输	1. 适应性强 2. 运输能力大 3. 安全性好 4. 能耗小，环境污染小 5. 运输成本较低	1. 设备庞大，不易维修 2. 中转时间长 3. 不够灵活且受铁轨限制
水路运输	1. 运输能力大 2. 能源消耗低 3. 单位运输成本低 4. 航速低	1. 受气候和商港限制 2. 可及性低 3. 港口装卸成本高 4. 运输的准确性、安全性差
航空运输	1. 运输速度快 2. 包装简单 3. 安全可靠	1. 运输成本高 2. 运输重量受限 3. 易受天气影响
管道运输	1. 运量大 2. 可连续运输，不受天气影响 3. 运输费用低 4. 安全可靠	1. 专用性强，限于气体、液体、流体 2. 单向运输，机动灵活性差 3. 固定投资高

（二）运输策略

在供应链分销网络中如何进行运输策略决策，即选择何种运输方式，往往需要考虑运输方式决策的影响因素。

1. 运输方式决策的影响因素

（1）运输货物的性质。要选择与货物性质、形状、单件质量和容积等特性相符合的运输方式。

（2）运输期限。运输速度的快慢、运输路程的远近决定了货物运输时间的长短。

（3）运输方式的经济性。在选择运输方式时，经济性是比较重要的因素之一，即企业需要考虑到该运输方式的成本问题。

（4）运输的安全准确性。评价运输服务水平的最基本的标准即为安全准确，其直接影响到客户的满意度，是决定性因素。

（5）运输的灵活性。在不同产业中，供应链分销运输有着不同的侧重点，对灵活性的要求也不尽相同。

2. 运输方式的选择方法

通常，在进行运输方式决策时涉及单一运输方式的选择问题和多式联运的选择问题，单一运输方式选择是指选择一种运输方式提供运输服务，多式联运选择是指选择两种以上的运输方式联合起来提供运输服务。而运输方式的选择方法是采取运输成本比较决策法，该方法是运输方式的量化分析法，不同的运输方式产生不同的运输成本，最佳的运输服务方案是既能满足客户的需要又能使总成本最低。不同运输方式的比较分析如表6-8所示。

表6-8 运输方式的绩效对比

指　标	公　路	铁　路	水　路	航　空	管　道
费用	4	3	1	5	2
速度	2	3	4	1	5
弹性	1	2	4	3	5
体积/重量	4	3	1	5	2
可存取性	1	2	4	3	5

备注：1表示绩效最优，5表示绩效最差。

三、供应链分销网络配送方式

（一）配送方式分类

配送是指在经济合理区域范围内，根据客户要求，对物品进行拣选、加工、包装、分割、组配等作业,并按时送达指定地点的物流活动。配送是物流中一种特殊的、综合的活动形式,是商流与物流紧密结合,包含了商流活动和物流活动,也包含了物流中若干功能要素的一种形式。通常,配送是供应链分销网络中将产品送达终端消费者的最后一步。

1. 直接运输配送

直接运输配送是将货物从供应商直接运往最终顾客,途中不经过配送中心转运的送货方式。直接运输配送和转运配送的区别如图6-5所示。转运配送中,与配送直接相关的是配送中心,它是从事货物配备(集货、加工、分货、拣选、配货)和组织送货,以高水平实现销售和供应服务的现代流通设施,以组织配送式销售和供应,执行货物配送为主要功能的流通性物流结点。

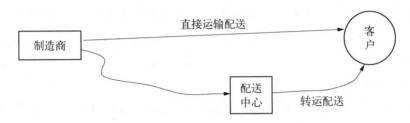

图6-5 直接运输配送与转运配送方式

供方和需方之间采取直接运输方式可以简化供应链的层次,但商务谈判、下单、跟单、催单等交易作业量很大,如果零碎订单过多,就不具有规模经济性。若这部分成本只有制造商承担,则其为了节约成本,很有可能会引入配送中心,进行转运配送,将几个市场的需求集聚,由一个配送中心负责。设立多个物流配送中心,让不同的配送中心覆盖并专门负责各自的区域市场,虽然增加了供应链的层次,但可以大大增加分销链业务的规模经济性。

2. 通过仓储配送

通过仓储配送是在分销渠道中,设置了一系列的转运仓库,先将货物整车运往转运仓库,进入仓库保存,在转运仓库实现货件并合或货件拆解,再根据顾客需求进行配送(如图6-6和图6-7所示)。

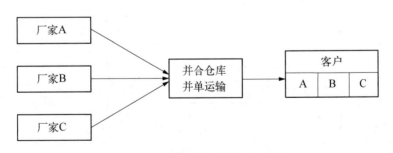

图6-6 通过仓储实现货件并合配送

通过仓储配送分为两种情况,一种情况如图6-6所示是在供应链中设立货物并合仓库,实现厂家A、厂家B和厂家C的货物集聚,并根据客户需求实现规模化的运输送货。

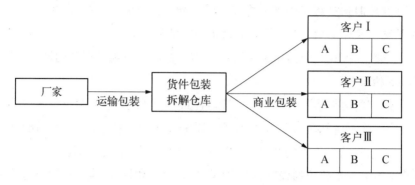

图 6-7 通过仓储实现货件拆解配送

另一种情况如图 6-7 所示,厂家先将货物进行打包运输,在靠近目标市场设立拆解仓库,将其生产的不同货物(如产品 A、产品 B 和产品 C)进行货件包装的拆分和商业化包装,然后按客户需求进行组合送货。通过仓储转运,以享受流入物流和流出物流的运输规模效应。

3. 直接转运配送

直接转运配送是在分销渠道中,设置物流转运中心,先将货物整车运往物流中心,但不进入仓库保存,然后直接进行货物并合向顾客整车配送。物流中心为配送协调点,不是仓库储存点,货物到达物流中心,在收货作业之后 12 小时内转运往顾客。物流中心可以实现流通集散或在途并装,如图 6-8 和图 6-9 所示。

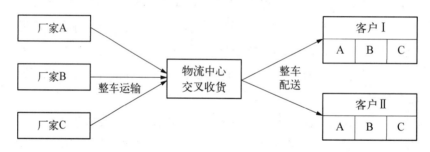

图 6-8 通过物流中心实现流通集散

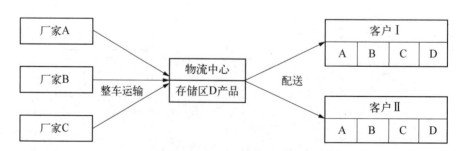

图 6-9 通过物流中心实现在途并装

图 6-8 中的物流中心可以实现流通集散的功能,在物流中心的收货区进行收货作业后,采取交叉接货方式,直接送到物流中心的发货区,进行发货作业,因此这种物流中心可

以实现不同厂家不同货物的交叉接货和快速发运,以使货物快速转运。另一种情况如图6-9所示,这种物流中心可以实现在途并装,货物从不同的厂家整车运到物流中心,其中部分货物直接送主要客户商家(如客户Ⅰ和客户Ⅱ),为了获得配送的运输整车效应,将客户所需的另外一些商品(如仓储中的产品D)出库补货,再一起进行集货、理货和打包等作业,整车地配送至所需客户。

综上所述,直接转运和仓储配送的区别如图6-10所示,配送方式的优缺点如表6-9所示。

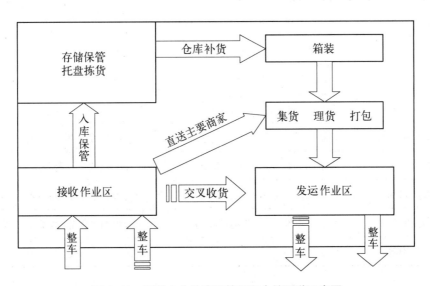

图6-10 配送中心的直接转运和仓储配送示意图

表6-9 配送方式优缺点对比

配送方式	优 点	缺 点
直接运输配送	● 节省了物流中心的运营成本 ● 交货提前期缩短 ● 分销渠道中的产品库存小	● 没有货物集聚,无法利用风险分担 ● 零担运输可能增多,运输成本高
通过仓储配送	● 货物集聚,利用风险分担 ● 多产品组合一起并单配送 ● 运输整车性程度提高	● 库存持有成本提高 ● 交货提前期将延长
直接转运配送	● 无仓库保管成本 ● 多产品组合一起并单配送 ● 运输整车性好且交货提前期短	● 配送中心运作管理难度高 ● 配送中心运作计划很关键 ● 物流运作的信息化投资大

(二)配送策略

供应链分销网络的配送策略可以分为集中式配送和分散式配送两种。权衡交货速度和配送成本,应采取集中式配送还是分散式配送,这主要是取决于企业的竞争策略。基于产品顾客化和个性化的市场竞争战略,常常采用需求拉动方式,集中式配送的运作效果会好一些。

集中式配送是一个中心机构为企业整个分销链做出货物的配送决策,而分散式配送则是分销网络中的多个结点部门单位分别做出配送决策,每个结点部门寻找其最有效的局部配送策略。集中式配送和分散式配送的比较如表 6-10 所示。

表 6-10 集中式配送和分散式配送的比较

	集中式配送	分散式配送
决策中心的数量	集中指挥,可能只有一个决策点	授权管理,决策点至少两个以上
决策效果有效度	分销链网络系统的整体最优化	分销链网络系统的局部最优化
多组织实施难度	多组织下共同决策,较难实现	多组织下自行决策,容易实现
信息共享的难度	容易实现信息的集成与共享	信息的集成与共享比较困难
客户的服务水平	高于同等数量库存的分散型	同等库存数量下服务水平较低
库存数量的水平	低于相同服务水平的分散型	相同服务水平下库存数量较高
需求预测的精度	平滑需求波动,预测精度较高	分散预测再汇总,预测总体误差大
订单的牛鞭效应	较小	较大

从表 6-10 可以看出,分散式配送网络有更大的延迟交货(Backlog,即本次未满足的需求可以累积到下次去满足)、滞后风险以及级联效应风险,这是因为供应链有多个产权主体,使得信息交换与实体配送将更加复杂;而集中式配送网络的产权主体数量较少,信息交换更容易,此外,信息技术的进步也促进了集中式配送网络的发展。已有研究显示,所调查的许多企业中,有 90% 认为其配送网络结构正在向集中式配送网络转变,虽然运输成本会上升,但是这种配送网络更加有效。集中式配送网络不仅延长了对顾客订单的响应时间,还增加了到顾客的出货物流成本。例如,豆荚(Peapod)公司的失败就是由过高的配送成本造成的。这两个不利影响产生的原因在于集中式库存加大了存储设施与顾客之间的平均距离。在这样的情况下,要么顾客需要到更远的地方去购买产品,要么制造商不得不经过更远的距离把产品送到顾客手中。亚马逊公司为了缩短响应时间,降低产品到顾客的出货成本,选择了在美国的其他地区增设配送中心。

因此,在考虑是采用集中式配送网络还是分散式配送网络时,需权衡以下几个方面:

(1) 安全库存。当企业从分散式配送网络向集中式配送网络转变时,所需的安全库存会减少。减少的具体数量往往依赖于各顾客区的变差系数以及不同顾客区之间的需求相关性。如时装、太阳镜等创新性产品(Innovative Products),由于市场需求不确定性很高,因此需要持有更多的安全库存来应对客户实际需求超过平均需求的情况;相反,日常生活用品等功能性产品,由于市场需求不确定性很低,较少的安全库存就可以应对客户超过平均需求的数量。

(2) 服务水平。当集中式和分散式配送网络拥有同样数量的安全库存时,集中型网络的服务水平较高,但服务水平提高的程度往往依赖变差系数以及需求相关性,这可能会延长从存储设施到顾客之间的运输时间。

(3) 管理费用。分散式配送网络由于其规模经济性较低,因此管理费用较高。

(4) 顾客提前期。在分散式配送网络中,由于设施距离顾客更近,因此其响应时间通常更短。

(5) 配送成本。配送成本与所使用存储设施的数目直接相关。随着存储设施数量的增加,一方面,进货物流成本(从供应商到存储设施的配送成本)增加,因为配送的总距离增加了。更重要的是,利用数量折扣来实现规模经济的机会减少了。另一方面,出货配送成本(从设施向顾客发货的配送成本)却会减少,因为仓库离市场更近。但是,配送总成本的变化方向通常无法直接判断。

在一个有效的配送网络中,流动的产品种类与数量均相当大,有可能一些产品存储在中央配送中心,而其他产品存储在各个本地设施中。例如对高价值且顾客需求不高的产品可以存储在中央配送中心;而价值低、需求量大的产品应存储在许多分散的靠近下游客户的本地设施。采用集中式还是分散式配送网络并不是一个非此即彼的决策。例如,格雷杰(Grainger)是一家销售维护、修理和运营产品(Maintain, Repair and Operation, MRO)配送商,同时使用了集中式和分散式配送网络。将畅销和紧急产品分散储存到各个本地仓库中,客户可以直接到这些本地仓库挑选,也可以选择送货上门,取决于需求时限;滞销产品集中存储在中央配送中心,收到订单的1~2天内,直接从中央配送中心发货到顾客处;非常滞销的产品,从制造商直接发货到顾客处,从而具有较长的提前期。先进的信息系统能帮助各种类型的配送网络增强更多的优势,因为该信息系统能够同时缩短中央配送中心到顾客的提前期,并降低分散的本地仓库的安全库存。

第四节　供应链库存管理模式

库存管理在供应链管理中的重要性日益得到理论界和企业界的重视。学习和掌握供应链库存管理的理论和方法,对于组织高效率、低成本的供应链物流活动具有十分重要的意义。本节重点阐述供应链环境下库存管理的新模式。

一、库存管理基本方法

在传统库存管理中,往往把"商品数量多"作为衡量企业发展好的标志,毕竟不容易断货;但在供应链库存管理中,则认为库存少才是更好的库存管理理念。为了更好地管理库存,实现安全库存量与成本之间的平衡,掌握有效的库存管理方法非常重要。

(一)库存控制系统

库存控制系统(Inventory Control System)是物流大系统中重要的子系统,是物流管理中的一个重要领域。主要是以控制库存为目的的相关方法、手段、技术、管理及操作过程的集合,这个系统贯穿于从物资的选择、规划、订货、进货、入库、储存及至最后出库的一个长过程。

任何库存控制系统都必须回答如下三个问题:隔多长时间(周期 t)检查一次库存量?何时提出补充订货(订货点 s)?每次补充库存时订货多少(订货批量 Q)?

库存控制系统可以分为三种基本的库存控制系统:定期库存控制、定量库存控制、混合库存控制。

1. 定期库存控制

定期库存控制即固定间隔期系统采用定期盘点库存的方法,每经过一个相同的时间间隔,发出一次订货,订货量为将现有库存补充到一个最高水平(目标库存量 S)。在固定间隔期系统中,订货批量通常是变化的,订货间隔期是固定的,因此这种系统的关键是确定订货间隔期。固定间隔期系统的库存量变化如图 6-11 所示。

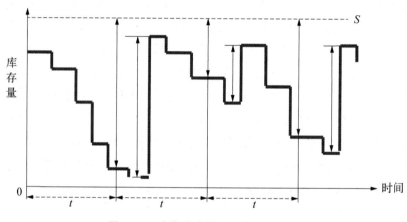

图 6-11 定期库存控制系统库存状态

采用固定间隔期系统的企业可以制定统一的采购计划,一次处理多种物品的订货,从而降低订货费用,易于得到供应商根据一次订货总金额提供的价格折扣,同时可以降低运输成本。但是,当物料的需求量变化大时,其适应性较差,发生缺货的概率较大,因而需要较大的安全库存,增加企业的库存成本。

2. 定量库存控制

定量库存控制即固定量系统采用库存连续检查法,在每次物资出库时,均盘点剩余物资,检查库存量是否低于预先设定的订货点 s。如果库存量低于订货点,则应该发出订货指令,每次订货量 Q 都是固定的。在这种系统下,订货点和订货量都是固定的,检查期和需求率是可变的,提前期可以是固定的或者变化的,如图 6-12 所示。

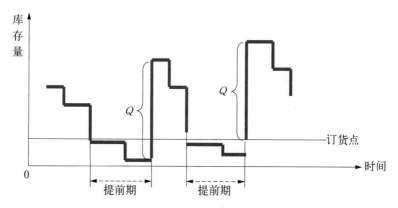

图 6-12 定量库存控制系统库存状态

定量系统的优点：仅在提前期内需要安全库存，从而安全库存投资小；对预测值和参数变化相对不敏感；对滞销品较少花费精力。

定量系统的缺点：需求连续的库存记录，资料处理工作量大；确定订货批量时往往不进行经济分析；不能够实现联合订货，从而导致运输成本较高，易失去供应商的价格折扣。

为了减少管理工作量，可采用双仓系统（Two Bin System，TBS）。所谓双仓系统，是将同一种物资分放两仓，其中一仓使用完之后，库存控制系统就发出订货通知，继而开始使用另一仓的物资，直至到货，再将物资分放两仓。

3. 混合库存控制

混合库存控制即最大最小系统，又称非强制补充供货系统，是固定量系统和固定间隔期系统的混合。该系统每隔固定的时间就检查库存并确定当前库存量，当库存量小于等于订货点 s 就发出订货，订货量等于最高库存水平 S 和当前库存量的差额，如图 6-13 所示。该系统由固定检查周期、最高库存水平和订货点三个变量共同决定。

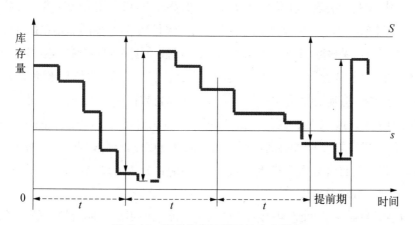

图 6-13 混合库存控制系统库存状态

与定期系统相比，混合库存控制系统由于不一定在每次检查时都订货，因此订货次数较少，从而节省了订货费用。但是若几乎每次检查后都需要订货，就与定期系统没有什么区别了,所以混合库存控制系统的安全库存可能比较大。如若检查时的库存水平稍高于订货点,则安全库存期需要订货间隔期加上提前期。订货点由安全库存量加上整个提前期与检查周期内的期望需求量组成,安全库存则通过分析在包括提前期和检查周期的时期内发生的需求量的偏差来确定。

(二) ABC 分类法

ABC 分类法(ABC classification method)又称帕累托分析法,它是根据技术或经济方面的主要特征进行分类排队,分清重点和一般,从而有区别地确定管理方式的一种分析方法。由于它把被分析的对象分成 A、B、C 三类,因此它被称为 ABC 分析法。

1879 年,意大利人帕累托提出:社会财富的 80% 掌握在 20% 的人手中,而余下的 80% 的人只占有 20% 的财富。这就是二八原则的来源,也是 ABC 分类法的基础。1951 年,管理学家戴克将其应用于库存管理,根据销量、现金流量、提前期或缺货成本分成 ABC 三类:A 类库存为重要的产品,B、C 类依次为次重要和不重要的产品。当针对销售额进行 ABC 分类,并对各类产品的库存金额进行分析时,很多公司会发现这种情况:C 类产品的销售额仅占 5%~15%,可库存资源却占用了 40%~55%,从而花去了比其对公司业绩贡献比例更多的成本;A 类产品的价值高达 65%~80%,然而占用的资源仅有 15%~20%;B 类产品的价值为 15%~20%,占用的资源为 30%~40%。为了使管理更加有效,A 类产品应该得到更多的管理控制,B 类产品的控制可以适当放松,C 类产品进行日常的管理控制即可。

ABC 分类法一般实施步骤有以下五步。

第一,收集各个品目商品的年销售量,商品单价等数据。

第二,对原始数据进行整理并按要求进行计算,如计算销售额、品目数、累计品目数、累计品目百分数、累计销售额、累计销售百分数等。

第三,制作 ABC 分类表。在总品目数不太多的情况下,可以用大排队的方法将全部品目逐个列表。按销售额的大小,由高到低对所有品目顺序排列;将必要的原始数据和经过统计汇总的数据,如销售量、销售额、销售额百分数、累计品目数、累计品目百分数、累计销售额、累计销售额百分数;将累计销售额为 60%~80% 的前若干品目定为 A 类,将销售额为 20%~30% 的若干品目定为 B 类,将其余的品目定为 C 类。如果品目数很多,无法全部排列在表中或没有必要全部排列出来,可以采用分层的方法,即先按销售额进行分层,以减少品目栏内的项数,再根据分层的结果将关键的 A 类品目逐个列出来进行重点管理,如表 6-11 所示。

第四,以累计品目百分数为横坐标,累计销售额百分数为纵坐标,根据 ABC 分析表中的相关数据绘制 ABC 分析图。

第五,根据 ABC 分析的结果,对 ABC 三类商品采取不同的库存控制管理策略。对于 A 类品目,因为要维持一个高的订货满足率所需要的库存成本非常高,订货的满足率应当设置得比较低;对于 B 类品目,应该设置比较高的订货满足率;对于 C 类品目,应该维持更高的订货满足率,因为在库存方面的费用比较低。具体如表 6-12 所示。

表 6-11 分层的 ABC 分析表

按销售额分层范围（千元）	品目数	累计品目数	累计品目百分数（%）	销售额（千元）	累计销售额（千元）	累计销售百分数（%）	分类结果
≥6	260	260	7.5	5 800	5 800	69	A
5～6	86	346	10.1	500	6 300	75	A
4～5	55	401	11.7	250	6 550	78	B
3～4	95	496	14.4	340	6 890	82	B
2～3	170	666	19.4	420	7 310	87	B
1～2	352	1 018	29.6	410	7 720	92	B
≤1	2 421	3 439	100	670	8 390	100	C

表 6-12 ABC 分类管理策略

	A	B	C
管理要点	投入较大力量精心管理,将库存压缩到最低水平	按经营方针调节库存水平	集中大量订货,以较高的库存来减少订货费用
定货方式	计算每种商品的订货量,按最优批量订货,采用定期订货的方式	采用定量订货方式,当库存降到最低点时发出订货,订货为经济批量	采用双堆法,用两个库位储存,一个库位货发完了,用另一个库位发,并补充第一个库位的存货
定额水平	按品种甚至规格控制	按品种大类品种控制	按总金额控制
检查方式	经常检查	一般检查	按年度或季度检查
统计方法	详细统计,按品种、规格规定统计项目	一般统计,按大类规定统计项目	按金额统计

二、供应链下的库存问题

传统的库存管理是单个企业的库存管理,以单纯降低库存成本为主要目标,由使用者管理库存。从存储成本和订货成本出发确定经济订货量和订货点,而供应链环境下的库存问题和传统的企业库存问题有许多不同之处,这些不同点体现出供应链管理思想对库存控制模式的影响。供应链的库存管理并不是简单的需求预测与补给,而是要通过重新根本性反思原有订货流程,获得服务水平与库存成本的同时优化。目前供应链管理环境下的库存控制存在的主要问题如下。

（一）信息传递系统缺乏效率

供应链各成员企业之间的需求预测、库存状态、生产计划等数据分布在供应链的不同成员之间。要做到有效地快速响应用户需求，就必须准确而实时地传递数据信息。一旦供应链中信息传递无法有效率实现，则会出现一系列问题。

1. 供应链库存信息阻塞

供应链库存管理强调协作与信息共享。供应链各成员企业之间的需求预测、库存状态、生产计划等都是供应链库存管理的重要数据，这些数据分布在不同的供应链成员之间，要做到有效地快速响应用户需求，必须准确而实时地传递。此外，如果供应商和零售商都相互共享库存信息和补货计划，有助于双方企业做出正确的预测，及时调整运营计划，双方都能够实时地对库存水平进行及时准确的控制，对库存的变化做出准确快速的反应，使安全库存降至最低。目前许多企业的信息系统相容性很差，无法很好地集成起来，当供应商需要了解用户的需求信息时，常常得到的是延迟的信息和不准确的信息，使得短期生产计划的实施也会遇到困难。因此，如何有效传递供应链库存管理信息是提高供应链库存管理绩效亟待解决的问题。

2. 供应链中的不确定性

供应链库存的形成原因可分为两类：一类是处于企业正常经营需要的周转库存，而另一类则是由供应链上的不确定因素造成的。不确定因素的作用使物流的运动偏离了信息流的引导，这就产生了安全库存。企业的计划无法顾及那些无法预知的因素，如市场需求变化而引起的需求波动，供应商供货不确定导致交货提前期波动，以及企业内突发事件引起的生产中断导致生产不确定，这些不确定因素才是库存积压和缺货并存的主要原因。因此如何通过供货流程的再造，降低这些不确定性的变化是对供应链库存管理的又一挑战。

3. 供应链库存联动效应

在供应链管理中，当供应链的各结点企业只根据来自其相邻下级企业的需求信息进行生产或供应决策时，如果最末端需求信息稍有变动，它们会沿着供应链逆流而上，产生逐级放大现象。当这些信息传递给最源头的供应商时，其获得的需求信息和实际消费市场中的顾客需求信息发生了很大的偏差，需求变异系数比批发商和零售商的需求变异系数大得多。逐级采购将会导致库存联动效应，如表6-13所示。

表6-13中，零售商向分销商订货，而分销商向制造商订货，各自的目标期望库存满足两个时期的销售需求。初始时期0，长期订货经验达到平稳状态，零售商和分销商各自都向下层订货20，制造商安排生产20。但是在时期1，市场需求发生微小变化，减少1个需求，按照同样的库存策略，零售商只需采购17、分销商也只需订货11，制造商库存积压，只好不生产；到了时期2，市场需求并没变化，零售商需要采购19、分销商则需订货23，制造商需要加班生产40；以此类推，直到时期4，才能达到新的均衡。

表 6-13 逐级采购的库存联动效应

层 级	项 目	时期 0	时期 1	时期 2	时期 3	时期 4
零售商	期初库存	40	40	38	38	38
	单周销售	20	19	19	19	19
	期末库存	20	21	19	19	19
	期望库存	40	38	38	38	38
	订购数量	20	17	19	19	19
分销商	期初库存	40	40	34	38	38
	单周销售	20	17	19	19	19
	期末库存	20	23	15	19	19
	期望库存	40	34	38	38	38
	订购数量	20	11	23	19	19
生产商	期初库存	40	40	29	46	38
	单周销售	20	11	23	19	19
	期末库存	20	29	6	27	19
	期望库存	40	22	46	38	38
	生产产量	20	0	40	11	19

由此可见，如果在供应链中没有共享市场销售情况的信息，则在供应链下游和市场的微小波动将会以逐级扩大的方式传递到供应链上游的制造企业，上游企业接收了扭曲的信息，在制订生产计划时就会产生失误。正是由于这种需求放大效应和库存联动效应的影响，上游供应商往往比下游供应商维持较高的库存水平。如何避免此类信息扭曲产生是供应链库存管理模式需要解决的又一个问题。

（二）库存管理模式缺乏合作

供应链库存管理模式落后、缺乏相互合作，严重影响了供应商和制造商之间的合作关系和合作效率。供应链上的库存管理合作往来服从强势企业的短期利益，大多数供应链仍然采用自营库存的形式，供应商只有通过外派人员获得粗略的月需求预测、临时加急订货和月消耗与库存盘点的信息，双方没有就联合补货策略进行研究，也没有进行必要的信息共享。

1. 供应链结点运作不同步性

供应链上各成员企业以及企业内部各个部门都是各自独立的单元，都有自己的库存管理目标和相应的库存管理策略。有些目标与供应链的整体目标是冲突的，以致单独一个企业或部门的杰出库存绩效可能对整个供应链库存绩效产生负面影响。然而,供应链管理的目标是通过交易伙伴间的密切合作,以最小的成本提供最大的客户价值,这就要求供应链上各环节企业的物流活动应该是同步进行的。因此,供应链库存管理需要对供应链上各成员企业库存管理目标进行必要的整合,以满足供应链运作的同步性要求。

2. 供应链成员之间相互挤压

供应链成员之间相互挤压包括下游结点挤压上游结点、强势结点挤压弱势结点和同类结点的相互挤压等。这种挤压表现为价格、成本和风险挤压,最终形成利润和生存空间的挤压。这种挤压不仅对弱势企业是打击,也对供应链造成负面的影响,通常造成供应链整体成本的增加,影响供应链的竞争力。

3. 供应链成员之间信任危机

供应链成员之间的信任危机包括下游结点不信任上游结点、上下游结点信任愿望不对称、信任的易毁性和恶性循环以及供应链没有规范的信任机制等。在供应链库存控制运作中,没有规范的机制来约束供应链上的企业应该按照怎样的标准为供应链提供自己应该提供的信息,并协助相邻企业完成高效畅通的物流衔接。同时,不信任导致企业对外部物流资源利用不够,但是企业自身落后的物流能力严重影响企业的库存控制能力,现在很多企业存在国外采购,但采购提前期周期长是大多数企业的突出难题,如何保证企业充分利用外部物流资源来缩短采购提前期也是需要解决的问题。

4. 供应链订货业务不增值性

交易合同谈判事务导致交易成本的增加,大批量交货导致较高的周转库存而使库存成本上升,因此需要平衡供需,重新分析原有采购业务活动和采购组织方式,尤其要彻底审视订单作业,确认订单作业,按单一订单的批量运输作业等,测算其作业成本占采购总成本的比例,进行采购模式变革,删除那些只增加交易成本而不产生价值增值的订单业务活动,实现以最低的库存水平和最小的采购工作量满足高顾客服务水平的目标。

(三)仓库网络布局规划复杂

由于供应链系统的结构复杂性,自营库存的单极管控模式缺乏供应链的整体观念、库存管理思想落后,造成供应链仓库布局不合理,或在供应链网络中存放点错位。

1. 网络结点关系复杂

供应链涉及各个成员企业的供、产、销全过程,包括供应商、制造商、配送商、零售商、顾客等一系列对象,覆盖面广、关系复杂。与之相对应,供应链库存涉及供应商库存、制造商库存、分销商库存和零售商库存,表现为多级库存系统,有多种网络结构形式。而对这样一个多级库存系统的协调管理要比传统企业库存管理复杂得多,也困难得多。如果不能优化供应链整体网络,解决运输时间长、库存成本高的问题,就无法真正实现成本节约。

2. 库存管理绩效评价难权衡

供应链库存布局的不合理性主要在于对供应链库存管理绩效评价不足。有些企业采用库存周转率作为供应链库存管理的绩效评价指标,但没有考虑用户的反应时间与服务水平指标;有些企业采用交货准确率作为绩效评价指标,但其不能反映订货的延迟水平。这种结构的复杂性给供应链库存系统的协调管理带来了很大的挑战。

越来越多的客户要求一个浑然一体的可视化库存,它包括商场 POS、企业 DC、经销商、第三方物流甚至供应商等多结点的实时数据。除了掌握整个供应链网络的库存,许多企业开始使用网络优化与线路优化工具对库存进行优化,降低库存成本,强大的云技术及集成数据可视化能够解决复杂的供应链优化问题。网络优化是通过作业成本法指定设计决策,包括最优仓库、工厂数量与位置及运输模式等,配送线路优化则帮助企业以最低成本及最短路径来执行运输任务。供应链网络越复杂,这些优化工具能带来的价值就越显著。

三、不确定性库存控制

库存控制不仅要控制库存成本,还要保证服务水平。为了提高服务水平、维持现有客户,必须设置合理的安全库存,缓冲供应链中需求和供应的不确定性。安全库存可以保证实现一定的客户服务水平,但是过多的安全库存同样会增加供应链的成本负担。在现实中,货物需求率和提前期往往是不确定的,因此供应链中的库存控制将出现不确定性,下面根据需求和提前期随机性的不同,分别讨论需求不确定、提前期不确定以及需求和提前期都不确定三种情况下安全库存设置问题。

(一)需求不确定的安全库存

在提前期确定而需求不确定的情况下,其他假设都与经典的经济订货批量模型相同,唯一的不同在于,假设单位时间的货物需求率 D 是数学期望为 $\bar{D}$、方差为 σ_D^2 的随机变量。

在这种情况下的库存策略中,订货量可以仍然按照经济订货批量模型的公式进行计算,只需将需求率 D 用数学期望 $\bar{D}$ 代入即可。然而,由于货物需求率的随机性,为了防止缺货,还需要设置一定的安全库存。也就是说,用安全库存来保证需求不确定性下的库存服务水平,安全库存与需求变化的方差有关,安全库存也与服务水平有关,如图 6-14 所示。

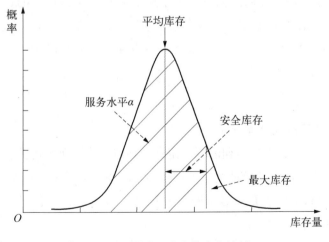

图 6-14 需求不确定的库存控制

因此,确定补货点 s 必须考虑在一定时期内需要达到的服务水平。这里分两种情况讨论:一是在定量订货系统下,使用补货提前期内满足客户需求的概率来表示服务水平;二是在定期补货系统中,为防止缺货发生,满足补货间隔期与补货提前期内客户需求的概率表示服务水平。假设预期达到的服务水平为 α,则可以计算出要达到这一服务水平所需确定的补货点 s。

1. 定量补货系统的安全库存

由于定量补货系统是一种连续检查库存策略,当库存降至补货点 s 以下时,发出补货订单。假设订货提前期由 L 来表示,将订货提前期分成 L 等份,则单位时间的需求率 x_i 可以近似看作数学期望为 $\bar{D}$、方差为 σ_D^2 的正态分布,即 $x_i \sim N(\bar{D}, \sigma_D^2)$。

由于单位时间的需求之间是相互独立的,根据中心极限定律,总体 X 的均值等于样本 x_i 的均值之和,总体 X 的方差等于样本 x_i 方差之和。因此,提前期 L 内需求的数学期望为 $L\bar{D}$,方差为 $L\sigma_D^2$。

对于足够长的订货提前期,根据大数定律,任何概率分布都近似正态分布,则订货提前期 L 内的总需求 $X \sim N(L\bar{D}, L\sigma_D^2)$。

由预期的服务水平 α,查表可得标准正态分布的上侧百分位点 Z_α,则:

$$P\left\{\frac{X - L\bar{D}}{\sigma_D \sqrt{L}} \leqslant Z_\alpha\right\} = \alpha$$

从而有 $X \leqslant L\bar{D} + Z_\alpha \sqrt{L} \sigma_D$,即补货点 $s = L\bar{D} + Z_\alpha \sqrt{L} \sigma_D$。其中,$L\bar{D}$ 为提前期 L 内的需求期望值,因此安全库存 $SS_D = Z_\alpha \sqrt{L} \sigma_D$。

2. 定期补货系统的安全库存

在定期补货系统下,每隔一个固定的时间间隔 T 检查库存,并进行补货,因此在设置安全库存时,需要考虑连续两次补货期间以及提前期内的需求。

单位时间的需求率 x_i 可以近似看作数学期望为 $\bar{D}$、方差为 σ_D^2 的正态分布,即 $x_i \sim N(\bar{D}, \sigma_D^2)$。根据中心极限定理,检查间隔期与提前期即 $T+L$ 内,需求的数学期望为 $(T+L)\bar{D}$,方差为 $(T+L)\sigma_D^2$。由大数定律可知,$T+L$ 期间总需求为 $X \sim N[(T+L)\bar{D}, (T+L)\sigma_D^2]$,则有 $X \leqslant (T+L)\bar{D} + Z_\alpha \sqrt{T+L} \sigma_D$,其中,$(T+L)\bar{D}$ 为 $T+L$ 期间内的需求期望值,因此,安全库存 $SS_D = Z_\alpha \sqrt{T+L} \sigma_D$。

(二) 供应不确定的安全库存

供应不确定主要是订货提前期的不确定性。在需求确定而订货提前期不确定的情况下,这一模型与经典的经济订货批量模型的假设唯一的不同之处在于订货提前期不是固定不变的。假设订货提前期 L 是数学期望为 $\bar{L}$、方差为 σ_L^2 的随机变量。模型中,货物需求仍然沿用均匀的确定需求率 D。

根据大数定律,对于足够多次的订货,订货提前期可以近似看作数学期望为 $\bar{L}$、方差

为 σ_L^2 的正态分布,即 $L \sim N(\bar{L}, \sigma_L^2)$。

由于单位需求 D 的订货提前期的数学期望都近似为 $\bar{L}$、方差为 σ_L^2,则提前期 L 内总需求 X 的数学期望为 $\bar{L}D$、方差为 $D^2\sigma_L^2$。

对于足够多次的订货,根据大数定律近似为正态分布,则订货提前期 L 内的总需求 $X \sim N(\bar{L}D, D^2\sigma_L^2)$,从而有 $s = \bar{L}D + Z_\alpha D\sigma_L$。其中,$\bar{L}D$ 为提前期内的需求期望值,因此安全库存 $SS_L = Z_\alpha D\sigma_L$。

(三) 供需不确定的安全库存

供需不确定主要反映为需求和补货提前期都是不确定的。在供需不确定的模型中,不但假设单位时间的货物需求率 D 是数学期望为 $\bar{D}$、方差为 σ_D^2 的随机变量,而且假设补货提前期 L 是数学期望为 $\bar{L}$、方差为 σ_L^2 的随机变量,如图 6-15 所示。

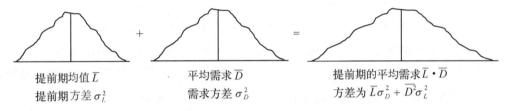

图 6-15 需求和提前期都不确定的库存控制

在这种情况下的库存策略中,补货批量仍然可以按照经济订货模型进行计算,只需以需求率的期望值分别代替其固定值;而对于补货点 s 的计算,我们再次利用中心极限定律,将需求率看作数学期望为 $\bar{D}$、方差为 σ_D^2 的正态分布随机变量;而将补货提前期近似看作数学期望为 $\bar{L}$、方差为 σ_L^2 的正态分布。则提前期 L 内的需求可以看作数学期望为 $\bar{L} \cdot \bar{D}$、方差为 $\bar{L}\sigma_D^2 + \bar{D}^2\sigma_L^2$ 的正态分布。

同理,可得补货点 $s = \bar{L} \cdot \bar{D} + Z_\alpha \sqrt{\bar{L}\sigma_D^2 + \bar{D}^2\sigma_L^2}$。其中,$\bar{L} \cdot \bar{D}$ 为提前期内的需求期望值,因此安全库存 $SS = Z_\alpha \sqrt{\bar{L}\sigma_D^2 + \bar{D}^2\sigma_L^2}$。

四、供应链下的库存模式

(一) 降低不确定的补货模式

供应链下准时采购(或准时供应)方式在于与少数供应商和运输商保持密切合作关系,通过利用物联网、云计算、大数据技术等技术实时获取数据并使供需信息在供方与需方之间实现高效共享,消除整个供应链中所有可能出现的不确定性因素,以频繁地进行小批量生产、采购、运输,从而最大限度地降低库存。

1. 信息共享补货模式

信息共享补货模式的重点在于供方从需方处获取真实的即期需求数据,以便更有效地做生产计划,提高生产计划的准确性,缩短补货提前期,从而实现供需基本协调。

这种库存控制模式仍然是需方自营库存。需求根据自己的需求，与供方进行商务沟通和采购谈判，达成采购协议；权衡补货成本和库存成本，分别进行订单下达和定单确认的采购作业。通过电子商务模式，提高采购作业效率，从而降低补货成本、减少补货批量。信息共享降低了供应链的不确定性，从而降低了安全库存量。

2. 快速反应补货模式

快速反应补货模式是指将需方向供方发出订单的传统订货方法，变为供方根据用户库存和需求信息决定补给数量，以提高交货频率、降低库存水平。

这种库存控制模式下，供方尽可能地从需方处获取实时需求数据（如零售商的销售数据）；利用这些需求数据信息进行准确预测，制定需方库存补充计划，从而有效地制定生产计划，安排配送日程。需方按照供方安排的配送日程，根据自己的实际需求决定是否要进行采购收货。如果确认需要，则制定收货订单，进行订货定单确认。

这种库存控制模式仍然是需方自营库存，补货决策权仍在需方，但取消了采购订单下达作业，只是进行收货与否的订单确认，从而进一步降低了采购与库存管理成本。

快速反应补货模式可以实现供需双方共赢。需方利益在于需方实际库存水平降低，从而降低了库存成本。供应商安排配送日程，可以缩短需方确认定单的补货提前期：一方面，实行多频次、小批量供货以快速响应市场需求；另一方面，由于需方传给供方即时的需求信息，供方预测误差减少，需求和交货的不确定性降低，从而减少了应对不确定性的安全库存。其库存控制机理如图6-16所示。

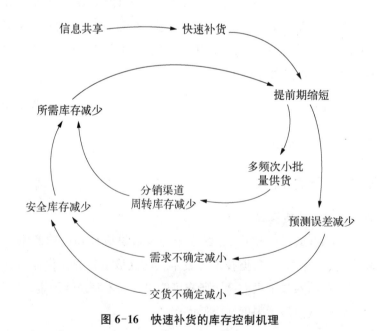

图 6-16 快速补货的库存控制机理

3. 连续补货控制模式

在连续补货库存控制模式下，需方拥有库存所有权，但是交由供应商自动补充货物，需方不再拥有补货决策权。

需方参与制定自己需要的库存服务水平以及最低和最高库存水平,但不做补货与否的决策;而是将需求(实际销售)和库存的信息即时共享给供方,由供方进行补货与否的决策。供方不再是被动的订单执行者,而是根据需方现有的库存数量以及销售状况主动地决定是否需要向需方补货,并以此制订供方的生产计划,根据预先设置的需方库存水平自动配货和自动送货,而不用需方下达订单,也不需要需方进行送货的订单确认。也就是说,交货之后的存货所有权属需方所有,但补货决策权在供方,取消了传统的订单和定单下达作业。

对需方而言,并不需要下订单就能使自己的库存得到补充。这不但实现了低库存,而且大大降低了库存管理成本,也避免了供方缺货的发生。

对供方而言,可以更好地掌握市场的需求信息,有效地进行计划和生产,减少"牛鞭效应"的产生。同时,供应商可以提高供货的速度和准确性,在连续补货模式下确保供需双方进行长期合作,使供应商的竞争者很难进入,与之竞争。

由于供方能够及时地补充库存,及时调整产量满足市场需求的变化,与季节供需保持一致,因此相应减少了传统订购模式下的周转性库存、安全库存、季节性库存,从而降低了管道中的库存数量和缓冲库存量,缩短了订购的提前期,提高了预测的精度,快速响应了市场变化,达到供需的同步化。

对比三种降低不确定的补货模式,如表 6-14 所示。

表 6-14 降低不确定的补货模式比较

类 型	内 容 要 点	补货决策	存货所有权	供方新技能
信息共享补货	需方向供方发出订单 供方从客户处获取需求数据,以便有效制定生产计划	需方(下达订单和定单确认)	需方	需求预测技能 客户订单处理 缩短提前期
快速补货	供方从客户处获取需实时销售数据,制定补货计划,安排生产,安排配送日程 需方确认配送日程(定单)	需方(无订单但需定单确认)	需方	需求预测技能 客户订单计划 货物配送计划
连续补货	需方提供销售信息,参与制定服务水平和库存水平 供方依实际销售数据制定生产计划,按客户所需库存水平自动配送(客户不下单)	供方(无需方订单和定单)	每一方	需求预测技能 客户库存控制 自动并单送货

(二) 供应商管理库存

以往供应链上各结点企业分别设立自己的库存来应对不稳定的内外部需求,其缺点是重复建立库存,扭曲了真实需求,进而影响供应链的优化运行。20 世纪 90 年代初,美国的沃尔玛、K-Mart 和 Home Depot 等一些大公司开始实施供应商管理库存。在百货零售业,供应商管理库存被证明可以成功地降低采购和库存成本。制造商也开始视其为一种重新控制供应链和限制大零售商权力的有效方法。

1. 供应商管理库存的含义

供方管理需方的库存简称供应商管理库存(Vendor Managed Inventory,VMI),不同于传统的零售商管理库存(Retailer Managed Inventory,RMI)。供应商管理库存是采购方和供应方之间的一种合作性策略,对供需双方来说都是以最低的成本提高产品的可获得性,在一个相互认同的目标框架下由供方管理需方的库存。

VMI 的主要思想是供应商在需方的允许下设立库存,确定库存水平和补给策略,拥有库存控制权,如表 6-15 所示。

表 6-15 VMI 库存管控模式

类型	内容要点	补货决策	存货所有权	供方新技能
VMI	供应商在需方的允许下设立库存,确定库存水平和补给策略,拥有库存控制权	供方(无需方订单和定单)	供方	需求预测技能 客户品类管理

2. 供应商管理库存的原则

(1) 信任性与协议性。

需方不再拥有库存货物所有权,只参与制定库存服务水平。客观上需要供应链上各企业相互信任,这是有效推行 VMI 的基础前提。

VMI 是一种供应链集成化运作的决策代理模式,需方的库存决策由供方代理,行使库存决策权。具体的合作事项通过框架协议明确规定,以提高操作的可行性。

(2) 互惠性与合作性。

供方确定实际库存数量和补给策略,拥有库存决策控制权,努力降低因信息不畅而引起的过高的库存费用,从而实现双赢。VMI 主要考虑如何降低双方的库存成本,而不是双方成本负担的分配。通过 VMI 也就解决了零售商库存水平和服务水平这两个相悖绩效指标的权衡问题。

在 VMI 中,供应商根据需方的实际库存水平、销售数据等负责管理需方的库存系统。双方应该在相互信任的基础上密切合作,这也是推行 VMI 的根本保证。

(3) 共享性与精准性。

VMI 的交换信息类型很多,需方主动、真实地给供应商提供必要、准确、即时的信息,包括需方销售信息、需求预测、需方库存水平和需方收到的订货单。供应商参与到需方补货过程中,提高装载量和优化运输路径,从而降低运输成本。

VMI 的一个重要优势是以准确的数据取代预测,供方有效地进行计划和预测,并进行需方销售的品类管理,识别畅销和滞销产品,把握盈利能力强和弱的产品,以便推出新产品。

(4) 互动性与同步性。

供方并单安排配送计划,将同一目标区域的配送计划合并,实现配送的规模经济性,并保证对客户进行多频次、小批量送货,快速响应需求。

VMI 模式能够突破传统条块分割的库存管理模式,通过由供应商管理和控制需方库存,可以更好地实现供应链同步化运作,更好地管理新产品的开发和上市,更快地响应市场需求,并能监测市场对促销策略的反应。

3. 供应商管理库存的目标

开发 VMI 补货系统的主要动机是发展供方和需方之间更深层次的伙伴关系。特别是当提前期和需求具有明显不确定性的时候,VMI 就更加凸显其优越性和必要性。

(1) 需求方的目标。

VMI 可以更加有效地帮助需求方(零售商)高效地管理库存和做好补货决策,具体包括:

① 降低库存水平。减少库存是实施 VMI 最显著的好处。通过使用 VMI,供应商要能够更加有效地控制补货提前期,实现小批量送货;为确保及时供货,供应商负有更大的责任,频繁复查供需信息,减少供需的不确定性,降低安全库存。

② 杜绝缺货发生。供应商要有能力跟踪需方库存的变化情况,负责及时供货,降低缺货情况的发生,从而提高最终顾客的满意度。

③ 取消订货作业。供应商要能依据来自需求方(零售商)的信息进行预测和自动补货,从而取消订单下达和订单确认等采购作业,以减少预测和订货作业的成本。

④ 增加销售机会。供方进行产品品类管理,及时把握市场需求动态,减少市场时机丧失的机会损失,确保顾客能够在要求的时间买到所需商品。顾客将成为重复光顾,从而反映出销售的增长。

(2) 供应方的目标。

在 VMI 模式下,供应商共享需方销售信息,通过准确知道客户持有的库存,降低"牛鞭效应"带来的损失,得到更平滑的需求曲线,从而更准确地预测市场需求和安排生产计划,防止预测不准确而设置过多的缓冲库存。

① 增加销售机会。与大型零售商合作实施 VMI,为供应商在店面中增加其品牌的知名度和销售额提供实现路径。

② 需求信息准确。需方要能即时、准确提供其销售数据给供方。零售商的传统订单经常有一些让人误解从而不利于生产与配送计划制定的数据。例如,订单没有提供准确的有关哪种商品畅销、哪种类型在旺季会缺货、哪种类型会滞销降价等信息。依赖准确的需方销售数据可以降低"牛鞭效应"。

③ 改善预测精度。更加透明的信息改善了预测精度。没有 VMI,供应商就不能准确知道顾客将如何订购,为了满足需求而常常维持较高库存。在 VMI 过程中,需求方将销

售时点(POS)数据直接发送给供应商,从而提高了透明度,预测精度也得到改善。

④ 防止订单博弈。VMI减少了博弈的机会和产生博弈的动机。例如,当供应商限制并按比例配置产品供应时,零售商有时故意夸大订单。VMI取消需方下达订单和订单确认,根据实际销售情况进行补货。

⑤ 降低订单的退单率。供应商进行需求预测,并生成补货计划而向需方自动补货,能降低配送错误,以减少潜在的退单。

⑥ 改善服务协议级别。供应商通过洞察、预测和引导潜在消费需求,能够准时提供正确的产品,从而改善供应商和零售商的合作协议级别。

4. 供应商管理库存的实践

(1) VMI实施步骤。

因为企业的商业模式会不断变化,高级管理层应对实施VMI作出坚实有力的承诺。VMI必须获得高层的支持,并让员工接受这个理念,特别是目前负责采购和库存管理的人员。有效推进与实施VMI的步骤如下:

① 制定合作框架协议。这一步强调零售商/销售商和制造商为协作关系建立指导方针和规则。该协议包括整个过程中涉及的对合作的全面理解、合作目标、机密条约、资源使用权、仓库的选址、订货点确定、退货条款以及违约责任等。

② 建立联合商业计划。为了共同构建商业计划,制造商和零售商彼此交换他们各自的战略和商业计划,建立战略合作伙伴,然后定义角色、目标和战术,并确定合作所依赖的具体项目,如订单最小值、提前期和订单间隔时间。由于信息的共享,联合商业计划将提高整个预测的质量。

③ 建立销售预测模式。零售商的POS数据、因果信息和有关计划事件的信息都将用于建立支持联合商业计划的销售预测。销售商和制造商的产品资料必须同步一致、相互匹配。此外,识别超出制造商和销售商销售预测范围的项目,通过查询共享数据、电子邮件、电话通信内容、会议记录等合作解决销售预测例外。

④ 进行EDI信息传递测试。制造商和销售商必须紧密合作,确保数据正确地发送和接收,对EDI设备进行全面的测试。例如,制造商接收到的现有数量和销售商库存中的现有数量是否一致?销售的数量是否被正确发送?在最终正确运行之前,EDI需要进行多次的调整和测试。

⑤ 建立订单预测模型。通过综合POS数据、因果信息和库存战略生成特定的支持共享销售预测和联合商业计划的订单预测,根据短期预测生产订单,而根据长期预测进行资源安排。此外,识别订单预测例外,并合作解决例外项目,将产生的变化修正订单预测。

(2) VMI作业流程。

需方不仅与供方交换库存信息和销售信息,还有生产计划和采购计划,同时共享供方的补库计划和配送计划等(如图6-17所示)。

① 收集数据。VMI主要用到的数据来自零售商POS机和库存信息数据,使商店级

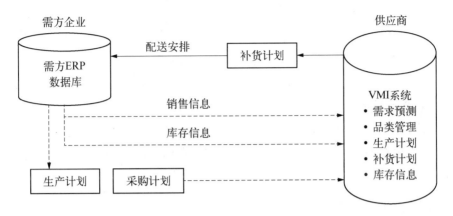

图 6-17 供应商管理库存的作业方式

的销售和库存更加可视化。零售商每日或每星期送出正确的商品活动信息给供应商。

② 销售预测。制造商接收销售商传来的商品活动信息并对此信息与商品的历史信息做预测处理;使用统计方法,针对每种商品做出预测;制造商按照市场信息、销售情形适当地对上述产生的预测做调整。

③ 预测订单。制造商通常按照协定的零售库存预算和运输成本目标对订单进行预测。制造商根据调整后的预测量再加上补货系统预先设定的条件、配送条件、客户要求的服务等级、安全库存量等,产生出最具有效益的订单量,这就使制造商可以为不同的顾客安排库存。

④ 产生订单。制造商控制销售商采购订单的产生。制造商根据零售商现有的库存量、已订购量产生出最佳补货计划;并由自动货物装载系统计算得到最佳运输配送和最佳订购量,在制造商端产生销售商所需的送货计划。

⑤ 履行订单。制造商接下来将送货计划信息传送给销售商,通知零售商补货。制造商给销售商发送一份"订单确认书",以让销售商根据最新生成的订单更新他们的系统。制造商装运好订单货物,并发送一份"拟发货通知",以准确告知销售商所运载的货物和发货时间。制造商随后可以和定购单比较,并检查任何可能出现的问题,如发货错误。

(3) VMI的实施局限。

实践证明,VMI是一种先进的库存管理模式,具有大幅度减小库存等优势。对于供应链下游而言,VMI有利于减少库存管理费用、产品滞销成本以及库存资金占用等;而对于上游供应商而言,既有利也有弊,供应商通过对下游真实库存信息的把握,可以减少安全库存、平滑生产节奏等,但同时供应商承担了下游的库存管理责任,增加了自身的库存管理费用和风险。在 VMI 实施中,对企业间的信任要求较高,而供应商和零售商协作水平有限;VMI中的框架协议虽然是双方协定,但供应商处于主导地位;如果决策过程中缺乏足够的协商,难免造成失误,供应商承担几乎全部的库存费用、运输费用和意外损失。供应商为了满足下游要求的客户服务水平,需要在信息系统、物流设施、人员以及组织方面投入大量精力,而这些并非供应商的核心竞争力。可见,VMI实际上是对传统库存控制策略进行"责任倒置"的一种库存管理方法,这无疑加大了供应商的风险。所以,实施VMI既要看到VMI带来的利益,也要考虑其存在的问题。如果上游供应商迫于下游所施加的压力而提供VMI服务,VMI就可能产生损坏供应链绩效的结果。

(三)联合管理库存模式

为了克服VMI系统的局限性,同时避免或者减少传统库存控制中的"牛鞭效应",供应链下的联合库存管理思想应运而生。不同于VMI集成化运作的决策代理模式,联合库存管理是一种风险分担的库存控制模式。

1. 联合库存管理的思想

联合库存管理(Jointly Managed Inventory,JMI)是一种在VMI的基础上发展起来的上游企业和下游企业权利责任平衡和风险共担的库存管理模式。

(1)联合库存管理运作案例。

为了便于理解,先分析汽车销售的库存模式变化。在传统的汽车销售库存模式中,生产厂家采用推动式物流运作方式,将产品按销售预测(或订单)运送到各销售商店面仓库。当初由于汽车车型类别少,销售利润率也比较高,因此采用以销售商店面设立库存模式,顾客从各个销售商处看车订货和取货。但随着时间的推移,如今汽车车型种类越来越多,品牌各异,销售利润率逐渐降低,销售商各自设立库存将导致库存资金占用量大,流动资金周转困难。因此,需要实施联合库存销售模式。生产厂家采用拉动式物流运作方式,将产品按地区分销中心的当期订货,运送到地区分销中心仓库;销售商店面只存放有限样车,顾客只是从各个销售商处看车订货,实现商流过程;销售商将顾客订单传给地区分销中心,地区分销中心将各销售商出售的产品按顾客区域并单送货,实现实体物流配送。

(2)联合库存管理运作图示。

传统自营库存管理方法是通过订货点法解决库存的补货问题,供应链上结点企业的库存相互独立、各自为政,仓库设置多而库存数量很大,如图6-18所示。结点企业根据自己的需求决定订货点、订货批量、最低库存、最高库存等库存控制参数,并根据库存变化作出补货决策。

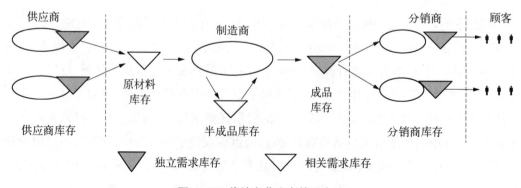

图6-18 传统自营库存管理方法

联合库存管理可以降低供应链系统中由于各结点企业的相互独立库存运作模式导致的需求放大现象,提高供应链同步化程度(如图6-19所示)。

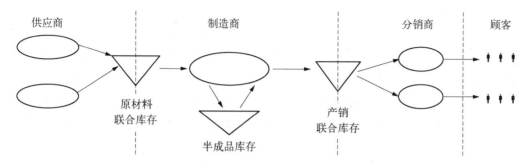

图 6-19　联合库存管理方法

(3) 联合库存管理运作理念。

① 双方共同管控库存。

第一,联合库存管理强调供应链中各个结点"双方同时参与",库存连接供需双方,从供应链整体的观念出发,同时参与库存控制。

第二,"共同制订库存计划",使供应链过程中的每个库存管理者(供应商、制造商、销售商)都从相互之间的协调性考虑,强调了供应链企业之间双方的互利合作关系。

第三,"库存与需求预期相一致",保持供应链各个结点之间的库存管理者对需求的预期保持一致,从而消除了需求变异放大现象。

② 双方合作与协调。

第一,供需双方协调合作,确定相邻结点的需求,库存管理不再是各自为政的独立运作过程,而是供需连接的纽带和协调中心。

第二,集成上游和下游两个"协调管理中心",实现供需双方共享需求信息,从而消除供应链环节之间的不确定性导致的供应链库存联动效应。

③ 双方共担风险与共享收益。

在供应链中建立合理的风险、成本与效益平衡机制,建立合理的库存管理风险的预防和分担机制、合理的库存成本与运输成本分担机制和与风险成本相对应的利益分配机制,在进行有效激励的同时,避免供需双方的短视行为及供应链局部最优现象的出现。

2. 联合库存管理的策略

实行联合库存管理,建立适应新形势的货物供应运行机制,应是供应链库存管理今后几年的发展方向。当然,联合库存管理中企业之间的系统集成比较困难,需要注意以下策略。

(1) 建立供需协调管理机制。

没有一个协调的管理机制,就不可能进行有效的联合库存管理。建立供应链协调管理机制,要从以下几个方面着手。

第一,建立供应链共同愿景。供应链各方必须本着互惠互利的原则,建立共同的合作目标。为此,要理解供需双方在市场目标中的共同之处和冲突点,通过协商形成共赢的愿景,明确各自的目标和责任。

第二,建立协调控制方法。联合库存管理中心担负着协调供应链各方利益的角色,起协调整个供应链的作用。需要对库存优化的方法进行明确确定,包括库存如何在多个需求商之间调节与分配,库存的最大量和最低库存水平、安全库存确定、需求预测等。

第三,建立利益分配和激励机制。建立公平的利益分配制度,并对参与协调库存管理中心的各个企业、各级供应部门进行有效的激励,防止机会主义行为,增加协作性和协调性。

(2) 建立合作信息沟通渠道。

为了提高整个供应链的需求信息的一致性和稳定性,减少由于多重预测导致的需求信息扭曲,应增加供应链各方对需求信息获得的及时性和透明性。整个供应链通过构建库存管理网络系统,原材料库存协调管理中心采用制造资源计划系统(MRPⅡ),产品联合库存协调管理中心采用分销资源计划系统(DRP),实现供应信息同步,提高供应链各方的协作效率。为此应建立相应的信息沟通渠道或系统,以保证需求信息在供应链中的畅通和准确性。要将条码技术、扫描技术、POS系统和EDI集成起来,充分利用互联网的优势,在供应链中建立畅通的信息沟通桥梁和联系纽带。

(3) 借助第三方物流的作用。

联合库存可借助第三方物流来实施。第三方物流也称物流服务提供商(Logistics Service Provider,LSP),可提供如产品运输、订单选择、库存管理等服务。把库存管理部分功能代理给第三方物流系统管理,可使企业更加集中精力于自己的核心业务,取消各自独立的库存,增加供应链的敏捷性和协调性,提高服务水平和运作效率。

(4) 选择合适的联合库存模式。

模式一(集中式库存):各个供应商的零部件都直接存入核心企业的原材料库,就是将各个供应商的分散库存改为核心企业的集中库存。集中库存要求供应商的运作方式是:按核心企业的订单或订货看板组织生产,产品完成时立即实行小批量、多频次的配送方式,直接送到核心企业的仓库中补充库存。在这种模式下,库存管理的重点在于核心企业根据生产的需要,保持合理的库存量,既能满足需要,又能使库存总成本最小。

模式二(无库存):供应商和核心企业都不设立库存,核心企业实行无库存的生产方式。此时供应商直接向核心企业的生产线连续小批量、多频次地补充货物,并与之实行同步生产、同步供货,从而实现"在需要的时候把所需要品种和数量的原材料送到需要的地点"的操作模式。由于这种准时化供货模式完全取消了库存,因此其效率最高、成本最低;但是对供应商和核心企业运作的标准化、配合程度和协作精神的要求很高,操作过程要求也很严格,而且二者的空间距离不能太远。

3. 联合库存管理的优势

与传统库存管理模式相比,联合库存管理具有以下五方面的优势。

第一,为实现供应链的同步化运作提供了条件和保证。

第二,减少了供应链中需求扭曲现象,降低了库存的不确定性,提高了供应链的稳定性。

第三,库存作为供需双方的信息交流和协调的纽带,为改进供应链管理水平提供了依据。

第四,为实现零存管理、准时采购以及精细化供应链管理创造了条件。

第五,进一步体现了供应链管理的资源共享和风险分担的原则。

联合库存管理系统把供应链系统管理集成为上游和下游两个协调管理中心,从而部分消除了由于供应链环节之间的不确定性和需求信息扭曲现象导致的供应链的库存波动。通过信息协调中心,供求双方共享需求信息,起到了提高供应链运作稳定性的作用。

本章小结

供应链物流管理是供应链管理的重要内容之一,供应链成员企业之间的零部件原材料或产成品均需要通过物流职能才能实现高效交互。具体而言,供应链中物流管理涉及仓储布局、网络输配和库存管理等内容,如何通过物流管理提高供应链的系统性和合作性,提出可操作的解决方案是本章主要解决的问题。

供应链分销仓储布局包括集中式仓储系统和分散式仓储系统,本章介绍了关于仓储设施的选址方法,有多因素综合评价法、离散变量的中心选址法和离散变量的重心法。供应链分销网络输配包含运输和配送两大职能,是供应链物流管理中至关重要的环节。本章介绍了网络运输方式与策略,及配送方式与策略。

了解库存管理的基本原理和思想是理解供应链环境下库存管理的重要条件。首先从库存管理的基本原理出发,引导大家思考库存是不可避免的,介绍库存的作用,以及影响库存的一些主要因素,以便改进和控制。订购批量的确定是库存控制中的一个重要问题,在供应链环境中,企业处于供应链环境的何种位置实际上是采购批量决策的关键要素,然后对经济订货批量模型进行了描述。

供应链环境下的库存管理和传统的库存管理有很多不同之处,这些不同之处体现了供应链管理思想对库存管理的影响。基于供应链整体视角,主要从信息传递、供应链运作、供应链战略与规划等方面介绍目前库存管理存在的问题,通过对企业外部供应链成员之间和企业内部的冲突分析了对库存管理带来的挑战。为了适应供应链管理环境下面临的新问题,供应链下的库存管理方法就必须做出相应的改变,本章最后介绍了几种先进的供应链库存管理技术与方法,供应商管理库存模式、联合库存管理模式、多级库存控制策略的基本思想和实施步骤。

思考题

1. 供应链分销仓储布局方法有哪些？
2. 简述供应链分销网络输配的方法与策略。
3. 试结合企业实际，分析库存的利弊。
4. 试比较定期订货和定量订货控制的差别及其适用性。
5. 分析经济批量模型的前提及其模型的含义。
6. 试简述供应链环境下的库存管理问题有哪些？
7. 简述联合管理库存和供应商库存管理的基本思想。

案例分析题

前置仓模式：朴朴超市案例分析

1. 市场与模式分析

（1）市场分析。

随着生活节奏的加快，人们希望通过更加高效的方式解决买菜和购买生活必需品等家庭琐事，超市电商平台的万亿市场机会也随之应运而生。随着新需求的产生，大批传统超市与跨界竞争者纷纷加入市场争夺。沃尔玛、永辉、大润发、新华都等传统超市均已开展到家快送服务，阿里、腾讯、京东等互联网巨头也强势介入。除此以外，叮咚买菜等强劲的前置仓代表企业也横空出世。在发源地福州，朴朴更是遭遇了大型连锁超市永辉的强烈反击。永辉联合腾讯智慧零售，利用腾讯大数据规划距离客户最近的卫星仓选址，同时依靠原有的供应链体系提供更具竞争优势的产品。

（2）模式分析。

前置仓快送模式最大的赢面在于品类选择与配送速度。可供选择的品类越多，配送的时间越短，赢得客户的机会越大。鉴于先发优势，朴朴相比其他竞争对手拥有更加密集的前置仓，可将配送范围控制在方圆 1.5 千米的半径之内，大大优于竞争对手。

区别于竞争对手联合社区便利店、超市、菜市场、药店的合作模式，朴朴采用了需要重资产投入的自建前置仓＋配送团队模式。这种方式虽然使商品和人员都更加可控，可以为客户提供更好的购物体验，但是相比竞争对手采取的合作模式，需要付出更多的人工、水电、房租等资金成本。相较于传统的超市巨头与跨界进入跑道的互联网巨头而言，朴朴的资金量级还是过于弱小，一旦竞争对手采取相同的重资产投入模式，快速布局前置仓，将很快在数量上超过朴朴，大大提升配送效率。为尽可能摊薄成本，朴朴需要想办法增强客户黏性与复购率，提升单笔订单价格。

2. 突围思考与分析

(1) 二级中心仓规划。

若仅设置大仓(或总仓)与前置仓,则限于前置仓的较小面积,缺货率高将难以有效控制。因此,在各区域(前置仓)的中心地段设置面积和位置均居于大仓与前置仓(卫星仓)之间的中心仓,作为二级配送地点。当前置仓缺货时,直接从二级中心仓配送,既可缩短从大仓(多为偏僻租金便宜的地方)配送到前置仓的时间,又能解决前置仓因为面积太小不能储存太多商品的短板。

(2) 开放加盟借势。

前置仓采用纯线上销售模式,赢在配送速度。谁的前置仓越多、配送半径越短,谁就有可能获得胜利。但是客户心智与市场的占领需要速度,一步输则步步输,若像目前朴朴所有前置仓均采用自营的方式运作,第一抢占市场的速度受限,第二对资金压力极大,一旦融资环节出现问题,就可能在击败竞争对手之前先行崩盘。朴朴通过建立"加盟管控体系"的方式,在吸引社会资本加入的同时对其进行有效管理(加盟借势优于竞争对手的合作借势,便于管控),让加盟门店(便利店、小型超市、中心仓等)成为前置仓,利益共享的同时降低自身的资金压力。

(3) 品类与营销规划。

朴朴以主打生鲜快送成为黑马,但是生鲜损耗率高往往导致盈利空间极少甚至为负。为尽可能规避以上问题,需要对商品品类进行规划,增加高频销售的中高毛利商品,同时通过捆绑营销的方式(如购买生鲜20元送10元清洁用品券、奶粉券等)将客流从低毛利商品引导至中高毛利商品。对顾客分层对待,不再"一视同仁"。通过数据分析,针对高价值客户设计"精品橱窗",主推毛利高的优质商品,提升整体销售的利润空间。

加重餐饮与配菜比例。在生活节奏不断加快的今天,买菜、做菜的时间对于很多职场人士来说已成为奢侈,选择外卖与配菜的比例将大大提高。若朴朴电商平台拥有更多的餐饮与配菜选择,同时搭配上菜谱单页,将可能在客户的满意度上成功碾压竞争对手。

(4) 拥抱科技,注重新技术的运用。

第一,优化算法与大数据分析技能,更加精准地进行选址,同时仔细分析各前置仓周边客户的消费习惯,尽量做到各前置仓的商品储存针对性强、流转率高,避免无效产品占用库存与资金。

第二,学习京东、天猫的针对性商品推送,通过收集顾客喜好有针对性的推送关联商品,提升关联购买与客单价。

第三,机器人拣货、送货技术已逐步趋于成熟,若第一时间采用,将可大幅节约人力成本,减少资金压力。

(5) 类金融模式的运用。

在资金安全可控的情况下,推出会员充值卡业务,利用供应商账期形成的资金池与会员充值卡的资金池,选择安全可靠的金融理财产品进行投资,增加企业利润。

资料来源:http://www.360doc.com/showweb/0/0/1083657800.aspx。

请思考:

1. 前置仓模式的重要性是什么?朴朴超市是如何打通前置仓的?

2. 从供应链视角看,企业应如何做分销仓储布局?

第七章 供应链信息管理

学习目标
- 掌握供应链信息的共享与集成
- 理解供应链信息系统的架构
- 理解基于互联网、物联网的供应链信息集成系统
- 理解电子商务与供应链信息系统的关系

【导引案例】

神龙公司的供应链信息化的困惑

神龙汽车有限公司(以下简称神龙公司)经过 20 多年的发展,已成为国内重要的汽车制造商,但其在发展过程也曾经历了艰难的信息整合阶段。公司内部各部门信息系统在联网、系统接口、共享方面以及与公司外部联系方面存在较大难度,缺乏统一性和协调性。当时的新车销售系统侧重于资金流的管理和售后服务的跟踪方面,对于公司外部——主要是顾客数据的搜集、分析和处理不够重视,缺乏顾客信息的反馈系统,从而使供应部门、生产部门无法充分地获取销售部门和顾客反馈的信息,进而使公司生产难以满足市场的真正需求。

作为供应链中的核心企业,神龙公司的管理信息系统既要接受来自不同体系的信息,又要处理各种企业内部的信息以实现对各成员企业的及时反馈。因此,神龙企业的管理信息必须高度集成。

第一节 供应链信息管理的概述

一、供应链管理面临的挑战

供应链管理是现代化企业的一种新型战略方式,各个企业借助先进的信息技术积极

地参与到产品与服务的设计与配送交付过程中,同时建立了新型的合作关系。在全球化和信息化的环境中,供应链管理将面临新的挑战,其中,信息技术不仅是企业发展供应链的挑战也是机遇。

(一)提高预测准确性

供应链战略实现企业生产模块化,产品通用模块在需求确定后将它们差异化成不同的最终产品。这需要对产品通用模块生产与运输做长期的预测以及对差异化需求快速反应。客户对最终产品的差异化需求具有相当高的不确定性,这对供应链的预测能力和库存控制能力都提出了更高的要求。

(二)处理牛鞭效应

由于需求预测、提前期、批量订货、价格波动等因素增加了供应链需求的变动性引起的牛鞭效应,供应链的很多运营管理环节的成本增加。通过对牛鞭效应的定量分析可以证明,集中需求信息的供应链相对分散需求信息的供应链显著地减小了牛鞭效应。因此,供应链需要利用信息技术找到合适的技术和工具处理牛鞭效应。

(三)供应链协调整合

供应链中存在许多子系统,这些子系统之间以及子系统与供应链整体系统之间目标之间的不一致,使供应链管理面临着一个复杂的权衡问题,因此需要从全局出发考虑整个系统并协调各系统的决策。在第九章中分析的各种供应链契约在理论上可以在不同程度上实现供应链协调,但是在实践中由于难以实现对各方的监管而使设计的契约效果大打折扣。并且在未来的市场为了应对市场的变化,需要把供应链的前端-客户需求和供应链后端-供应链生产和制造整合起来。

(四)延迟策略的实施

基于时间竞争的核心在于企业是否具备将客户化定制和物流供给的准时性尽可能向后延迟的能力。延迟策略实施的前提是需要寻找不同类别产品的差异点,并尽可能延迟产品差异点生产时间,即通用模块提前生产,成品组装延迟到客户下单之后执行。通过预测预先准备大量库存来满足市场需求,使用延迟策略则能够将产品最终的生产和配送环节尽可能向后延迟。延迟策略的实施往往取决于企业的信息技术水平。

二、供应链的信息流

供应链中的信息主要包括:供应源的信息,如原材料和零件的供货期、价格、品类和技术特性等;制造信息,如产品的品种、数量、订货期、成本和批量,以及工厂情况等;配送和零售信息,如货物流向、送货的地点、数量、方式、价格和交货期,以及渠道中的库存信息等;需求信息,如需求者、购买量、价格和需求分布等。

(一)信息流的类型

供应链中的信息在结点企业之间处于传输、存储和处理状态,可以用信息流表示这种状态。供应链中的信息流按照信息的性质可以分为以下几类。

1. 决策信息流

决策信息流描述供应链上各结点企业生产的产品数量决策、产品种类决策、运作成本决策、产品和服务质量决策、市场营销决策和产品开发决策等的信息交流与共享。

2. 监控信息流

监控信息流指对生产过程中的产品或设施运行状态进行数据采集、分析处理、特征抽取,以此来判断各物流系统的运行情况,对出现异常原因及时给出控制信号。

3. 物流信息流

物流信息流指从订货到发货直至将产品送到客户手中的过程中有关商品流动的信息。物流信息的传递管理是最终实现供应链管理中物流顺畅的关键环节。

4. 交易信息流

供应链中企业与企业之间的各种交易业务活动信息可以分为需求信息和供给信息,是通过企业之间的协议标准进行交换而实现的。交易信息流的安全传递及管理是实现供应链过程管理的重要因素之一。

5. 资金信息流

资金信息流指整个供应链中有关各项资金在流动数量、流动速度和方向、所处的位置和流动时间等方面的信息。其中最重要的现金流,应重点关注现金流的规模、流动速度和变化趋势。

(二) 信息流的特点

供应链中的信息流具有以下特点。

1. 类型众多

供应链中各个企业之间要求共享的信息种类很多,根据合作关系存在不同层次的共享信息。

2. 信息量大

供应链的结点企业内部与外部都会产生大量的数据,常常被称为海量数据。需要进行信息特征识别,关注影响供应链绩效的关键信息的共享。

3. 时效性高

信息的价值随着存放时间的推移而失去价值。供应链中的信息流管理要求所有合作企业及时收集、加工和使用有关信息,以保证其决策的有效性。

4. 来源分散

在供应链中信息来源分散,主要信息源在各个结点企业之内。因此,企业之间只有通过信息流相互集成,彼此之间无缝链接,才能实现安全传递与共享,快速适应市场变化。

5. 共享较难

供应链信息来源不同且信息量大,而各结点企业在不同的时间关注的重点和追求目标又不尽相同,就可能存在矛盾和冲突,因而信息集成与数据挖掘将会存在困难。

三、供应链信息技术的目标

能够及时获取的、合适的、准确的信息是供应链实现信息化管理的前提，运用信息技术对信息进行分析处理为供应链管理决策提供依据。供应链中信息技术的首要目标是实现生产和交付或者采购的无缝链接。这就是说，信息流与产品的实物流相一致。这样就可能基于实际数据进行计划、追踪以及估计提前期。

信息技术包含在整个供应链中用以收集、处理和分析信息的硬件与软件。几乎所有的供应链管理方法都充分利用了信息技术，如快速反应、有效客户反应、物料需求计划等。在供应链管理过程中，信息技术主要应用于以下四个方面。

（一）收集信息

收集并汇总供应链中包括制造、存储、配送、销售等环节的所有相关信息。零售商需要知道其订单的状态，供应商需要预测将要从制造商得到的订单。此外，参与者需要关注其能够看懂的信息。而仅仅实现产品在供应链中的追踪是不够的，还要实现供应链中各个信息系统的联动。例如，物料交付的延迟会影响生产计划，因此需要通知相应的系统，从而能够恰当地调整生产计划或者寻找替代资源。为了实现这个目标，就需要使产品识别方式在企业内部或者整个行业内标准化（如条形码）。例如，UPS实施了一个追踪系统可以提供公司所处理包裹的行踪，同时客户也可以通过这个系统追踪自己委托的包裹。

（二）集成信息

"单一信息窗口"的概念对于信息技术具有重要的影响。这意味着所有可获得的信息，不论是提供给客户的还是内部使用的都应该是一致的，不管是通过什么方式来获得（如电话、网络、传真）。而这点在很多企业里面很难做到，客户需要的信息可能存在于企业内部的多个系统中或者在一些情况下，存在于多个企业中。在很多公司，信息系统像一个个的孤岛互相分离。例如CRM系统与其他系统是完全分离的，制造和分销系统也是分离的。如图7-1所示。

有时，一些重要的信息需要在各个系统中传输，但是这种传输不是实时的，因此，各个系统从来不会有一样的数据。客户服务代表收到了一个订单，但是不能够提供运输状态信息，工厂也可能不能够查询现在的订单。

理想的信息系统状态应该是任何人都能够得到相同的、所需要的实时数据，如图7-2所示。银行系统在这个方面做出了很好的示范，用户可以通过ATM机、电话、电脑得到同样的账户信息。然而，这些系统也存在缺陷，那就是不能把客户所有的信息都集中到同一个查询点，例如，把客户的抵押贷款信息也集成到客户的账户里面。

（三）分析数据

第三个目标是分析供应链数据。信息系统必须能够通过信息收集与集成分析供应链的基本活动，及时对各项活动进行分析找到生产、组装、存储和分销产品的最有效方

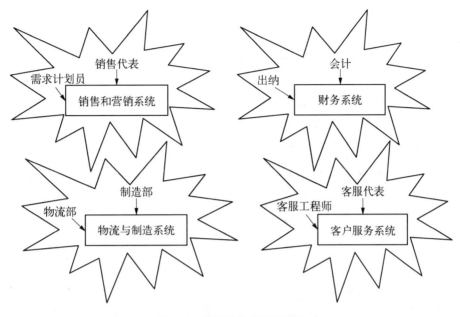

图 7-1 离散的企业信息系统

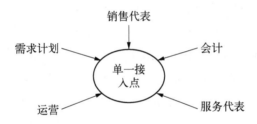

图 7-2 集成的企业信息系统

法,实现最优决策规划。这包含很多层面的决策:运营层面的决策,如订单履行方式;策略层面的决策,如库存应该如何在供应链中的仓库进行分配,未来三个月的生产计划应该如何安排;战略层面的决策,如如何布局仓库,应该开发和生产哪些产品。为了实现最优决策规划,信息系统必须能够灵活地适应这些供应链决策,并且需要高度结构化,要求新的标准。

(四) 协同合作

信息技术充当供应链伙伴间沟通和交流的工具,这是实现供应链协同、风险共担、收益共享的必要条件。供应链企业之间的协同合作对于企业的成功至关重要。供应链管理的一个重要目标就是在全球视野中优化供应链流程。这就不仅需要信息系统能够得到有效的整合,同时需要整合业务流程。根据企业在供应链中的角色,它可能被要求与客户的采购系统进行集成,或者要求供应商与企业的信息系统进行连接,或者是使用一个协同的平台。例如,协同预测在包装消费品行业得到了应用,供应商集成在电子行业得到了广泛应用。

第二节 供应链信息与控制灯塔

供应链中的信息是供应链上有关产品本身、产品生产与流通的信息及其供应链所处环境的有关信息,这些供应链结点企业中的信息是在整个供应链上传递的,因此对信息的有效集成与共享是实现供应链管理的关键。供应链上的管理人员是否能实时地了解到相关信息以应对内外环境的变化,对提高企业的响应速度是至关重要的。为了保证供应链上需求信息的真实性,信息共享是最重要的一个环节。这是解决供应链中信息扭曲问题最有效的方法。

一、供应链共享信息

供应链中的信息主要包括供应源的信息,如原材料和零件的供货期、价格、品类和技术特性等;制造信息,如产品的品种、数量、订货期、成本和批量,以及工厂情况等;配送和零售信息,如货物流向,送货的地点、数量、方式、价格和交货期,以及渠道中的库存信息等;需求信息,如需求者、购买量、价格和需求分布等。

供应链信息流根据信息的性质可以分为决策信息流、监控信息流、物流信息流、交易信息流与资金信息流,在供应链中的信息流具有类型众多、信息量大、时效性高、来源分散与共享较难等特点。并且随着供应链上企业间合作关系的加强,需要交换的信息量和种类也越来越多。交换的信息不仅包括产品的价格、数量、质量等合约信息,还包括新产品研发、设备更新和工艺技术等信息。以不同的形式共享不同类型的信息是供应链实现协同的有效途径。

(一) 共享信息的功能层次

随着成员企业的合作向深度和广度扩展,所交换的信息越来越复杂,有生产过程中的信息、管理过程中的信息,甚至包括决策层的信息。根据供应链上信息共享的功能层次,可分为数据信息、应用信息和战略信息。

表 7-1 共享信息的功能层次分类

信息类别	数 据 信 息	应 用 信 息	战 略 信 息
说明	一般交易与流程信息共享,以降低交易费用为目的	一般的企业运营信息共享,以减少牛鞭效应,提高运营效率为目的	需求预测、产品开发战略信息共享,以快速反应、提高客户满意度为目的
效益	缩短订单处理时间,降低订单处理成本	降低库存成本,更好地协调产销关系	降低需求不确定性,增加对市场的快速反应,缩短新产品开发和上市时间

续 表

信息类别	数 据 信 息	应 用 信 息	战 略 信 息
举例	产品品种、价格	生产能力、库存状态、供货提前期	促销计划、市场预测状况、新产品设计信息、生产成本

(二) 共享信息的用途类型

按在供应链上的用途和作用,共享信息可分为以下七种类型。

1. 用户需求信息

传统供应链上的结点企业通常仅仅通过订单传递需求信息,这样做势必会导致牛鞭效应,给供应链上各结点企业造成严重的后果,如产生大量库存、服务水平降低、物流成本过高等。若用户需求信息通过销售商的销售实点数据(Point of Sale, POS)获得,则各结点企业可以共同利用销售实点数据来分析销售趋势、顾客偏好和顾客分布等,从而提高销售预测的准备性。

2. 订单状态信息

订单状态也是供应链管理中的重要信息。顾客需要掌握商品的订单处理进程状态,尤其是提前了解交货期的时候。而在赊销模式下,有时销售商可能同时向不同供应商下达订单,而只与最早交货的供应商进行订单确认,撤销其他的订货。这样供应企业只能被动地接受,不能做出及时的补救措施。因此为了满足顾客、销售商对订单信息的需求,实现该信息共享很有价值。

3. 物流过程信息

物流过程信息包括运输、保管、包装、装卸、流通加工等物流职能作业的相关信息。这些信息可保证用户、供应商、分销商随时了解其货物在流通过程中的实际状态,确保正确的货品在正确的时间和正确的地点交给正确的用户。如果发生意外,能够及时地加以补救,减少供应链上企业的损失。

4. 仓储库存信息

共享库存信息是供应链结点企业之间最常用的协作方式之一。通过共享供应链的库存信息,可以降低整个供应链的库存数量水平,从而减少整条供应链的物流成本。例如,如果零售商和供应商不愿意共享库存信息,那么双方不但需要保有安全库存和大批量的周转库存,而且需要仓储设施的大量投入。这将导致企业的仓储投资和库存成本大大增加。

5. 销售预测信息

通过供应链上各结点企业共同进行联合的销售预测,能够提高需求预测精度,制订出更为准确的生产计划和配送计划,减少牛鞭效应和库存联动效益,并能降低总体库存水平。

6. 配送计划信息

生产和配送计划信息的共享,可以使制造商和供应商进行相当默契的配合,制造商既可以利用供应商的生产与配送计划来提高自己的计划准确性,供应商也可以根据制造商的生产计划来为制造商提供可靠的补给。

7. 资金流动信息

及时、准确地了解供应链上资金在数量、位置和流动方向等方面的信息,可以从财务上把握各结点企业的经营状况,还能减少供应链企业之间的财务成本,提高资金的利用率,并有利于企业对其自身的战略进行规划。

二、信息共享的方式

由于供应链结点企业经常用局部信息进行需求预测,并依据预测的结果做出自身的需求决策,以订单方式传递给上游的伙伴,上游的伙伴又同样根据局部的信息进行订单决策,因此,如果某一供应链结点企业因需求的不确定性而夸大订单,通常就会造成需求信息的畸变,而这些畸变又会在供应链中被逐级放大,这通常被认为是引起供应链低效率的最大原因。处理这种牛鞭效应的一个有效方法是增加各结点企业之间需求信息的透明度,让信息充分共享。

要想实现供应链上结点企业之间信息的充分共享,首先要运用网络技术和信息技术从技术上实现信息网络的物理集成,这是信息共享的基础。目前,因特网能实现供应链上不同结点企业之间的电子链接,能够进行各种电子信息的交换、传递和查询,是一个理想的信息共享平台。其次,供应链上的信息的交换需要在不同结点企业的数据库中进行,因而其必须具有功能强大的数据库。其关系如图 7-3 所示。此外,供应链结点企业之间要建立合作机制,使彼此之间保持信任,保证信息的透明度和真实性。如果供应链企业只是从技术上实现了信息的集成,而没有真正建立起确保相互信任的合作机制,势必影响整个供应链运作的效果和效率。

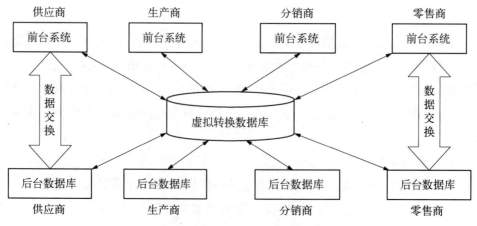

图 7-3　企业间信息集成各数据库及系统关系

三、信息集成的内涵

信息资源的共享是实现供应链管理并提高其管理效率的必要条件,而信息集成又是信息资源共享的基础。这主要是利用计算机信息技术和网络技术的方式实现。

供应链管理的信息丰富多彩,量大且种类多,它们广泛分布在处于网络环境的各企业的计算机系统中。这些系统本身可能是异构的,而且不同企业存储各自信息的数据格式和对信息的操作方式各不相同,这就需要进行数据信息集成。

(一) 信息集成的概念

供应链信息集成是指将供应链上企业间分散的各种信息有机结合起来,形成一个相互联结的整体,就是要将不同数据格式和存储方式的信息进行数据的转换,尽量以统一的数据格式和交换方式,将分散的、异构性应用系统环境下的数据信息通过网络链接起来,进行数据的传输与交换,实现供应链内外信息的集成共享。

第一,供应链各结点企业的信息集成,必须使整个供应链上大量散布的异构系统的信息能够协调、有序、同步地进行实时交流。

第二,这种信息的集成是系统论的观点,集成的过程既有结点企业内部信息的无缝集成,将企业整个生产经营活动的每个信息采集点均纳入企业信息网中,从而有效解决企业内部信息孤岛问题;更有企业之间的交换信息集成,以达到信息共享的预定目标。

第三,供应链集成系统提供了信息集成平台,集成的最终目标是在供应链上的企业局部信息孤岛之间建立互通联系,达到系统的全局优化和系统总体性能的提高。如果供应链上企业之间的交换信息缺乏集成,即使信息技术应用再广、自动化程度再高,也只能形成一个个"自动化孤岛"。

第四,供应链信息集成的典型方式是在供应链上下游企业之间建立信息网络,使供应链中各结点企业的信息系统彼此相连,实现从供应商、制造商、分销商到最终客户的信息共享与协调,同时实现供应链管理从数据到信息、从信息到知识提取的过程。

(二) 信息集成的特点

信息集成技术的实质是不要求信息需求者了解复杂而单调的数据本身,只要求懂得使用标准语言或者标准网络服务,对所需的数据进行链接访问。这样用户就能不用考虑信息转换、传递等物理实现过程,而可以轻松地从信息集成要求的唯一信息源查看信息。一般来讲,信息集成有以下几个特点。

1. 来源唯一性

由于数据的复杂性,各种数据应归类处理,并且由一个结点企业、一个部门专人负责输入和校对,不能有重复输入。这样可以保证信息来源的唯一性和输入的准确性,同时做到责任明确。

2. 流速快捷性

供应链管理对信息的及时与准确性要求很高,在企业内部和企业之间的信息传输和处理上,要求快速而准确,不断更新其相关信息,以便信息的及时使用。

3. 实时响应性

信息流交换过程中要求具有实时性和响应性,输入的任何数据均遵循一定的规则存储在共享数据库中,可以随时被授权人员所访问与查询。供应链上的管理人员都依据同一信息来源做出决策,这样就可以避免由于信息源差异而产生矛盾。

4. 网络化传递

跨企业的采购、生产、分销以及控制与管理决策使得系统底层处理的信息量大,供应链管理中要求企业都能知道相关用户的需求信息,对信息的实时性和响应性要求很高,而他们之间的联系也日益采取网络化的形式传递。

5. 标准化协议

供应链中各企业信息管理的系统软件、应用软件具有异构性,作为共享的信息流就必须转化为标准的格式,按照统一的传输协议来传递与共享。

6. 多路径查询

借助数据库访问技术,根据访问者的需求,管理人员从不同的关键字段,自行给共享数据设置各种查询路径,以便客户根据自己业务的需要来访问和共享信息。比如对产品销售状况的分析,可以根据产品查询,也可以根据客户查询,还可以根据销售渠道查询。灵活的查询操作方便管理者寻找出问题所在,以便寻求应对之策。

总之,供应链上的信息包括可能影响其他供应链成员行动和表现的任何类型的数据,如需求信息、库存水平、能力计划、生产计划、销售计划等。在理想情况下,这些信息能被供应链成员实时访问。

四、信息集成的要求

信息集成必须做到对信息或知识的有效存储、传递、管理和应用。供应链上的各企业要协调其产品、资金和信息流,就必须能够准确地使用反映供应链状态的信息。随着市场的全球化,顾客满意度的提高越来越受到重视,供应链管理对信息架构的要求也发生了明显的变化。具体要求包括以下六点。

(1) 因特网互联。必须实现基于因特网的互联,以低成本实现跨企业的供应链信息管理。供应链管理的信息架构必须支持因特网范围内应用的合作和协调。

(2) 异构兼容性。供应链要求地理上分散的系统进行集成,不可能要求所有要集成的系统都具有统一的标准和格式。因此供应链信息技术架构必须具有硬件平台、操作系统及编程语言异构兼容的特点。

(3) 封装与集成。每个企业或多或少都会有一些信息系统,如 MRP、ERP 等,这些信息系统保存了大量珍贵的原始数据,所以新的系统必须能对遗留系统进行封装并集成到新的应用中去。

(4) 重用重构性。不管是供应链信息系统还是其他信息系统,系统本身不可能一成不变,这就要求当业务发生改变时,信息系统应该具有与之相适应的可重用性和可重构性,以最少的资源来满足新的集成要求。

(5)集成难度低。一方面支撑供应链管理的信息技术架构必须基于广泛的工业标准,实现与维护要简单;另一方面必须屏蔽实体内部应用的实现逻辑,只关注业务的流程与接口,从而降低实现及维护的复杂性。

(6)电子式商务。将企业的商务活动以电子化形式实现低成本的有效执行,解决信息流的有效方式是以电子商务为核心,通过集成与协同的方法实现供应链中的信息集成和动态联盟。表7-2对比了传统的供应链管理与在电子商务环境下信息集成化的供应链管理。

表7-2 传统供应链与信息集成化供应链比较

	传统供应链	信息集成化供应链
核心集成思想	以产品、生产为核心,局部优化	以客户、市场为核心,全局优化与共赢
主要解决问题	解决信息孤岛问题	信息集成与知识管理问题
主要集成方式	以单机、集中式为主	以网络、分布式为主
系统耦合方式	内部紧密耦合,企业间缺乏有效集成	松散耦合、异步通信机制
B2B共享方式	电子邮件、电话、传真等	支持动态联盟信息共享
系统支持技术	计算机集成制造系统为主	因特网环境下的面向服务的集成

总之,现代供应链信息集成的核心策略是根据优势互补的原则建立多个企业的可重构、可重用的动态组织集成方式以支持供应链的多种应用,如库存管理、运输管理、订单管理、物料管理、生产计划等,并满足客户需求多样化和个性化,实现反应快速一体化供应链体系的构建。

五、供应链控制塔

(一)供应链控制塔的定义

供应链控制塔是提供企业整个供应链网络(包括供应商、制造商和业务合作伙伴)端到端实时可视性,从而帮助企业及时做出供应链决策,使企业降低供应链成本、提高客户服务水平和预防供应链风险的智能化平台。供应链控制塔利用人工智能(了解什么是人工智能)、机器学习和物联网等先进技术主动管理供应链。

供应链控制塔的血液是数据。供应链控制塔从供应链采集大量及时数据,实时提供全方位供应链视图,帮助企业了解各个环节的情况。供应链中存在大量的数据和信息孤岛现象,例如生产能力数据和销售数据不能够及时更新,供应链上的库存数据也很难及时地被看到。在物流环节的运输和仓储数据也不能够被供应链上的上下游企业及时看到。

这些数据的信息孤岛极大地影响着供应链的效率,而供应链控制塔的出现打破了这些信息孤岛,支持企业与整个供应链网络进行互联,提高供应链的可视性,加强了供应链的协作,而且为供应链优化提供了一个非常好的平台(如图7-4所示)。

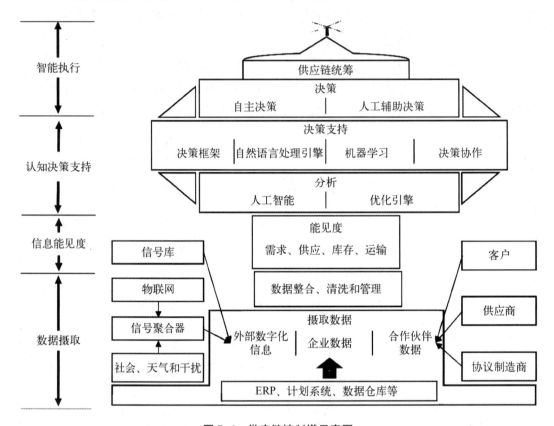

图7-4 供应链控制塔示意图

(二)供应链控制塔的作用

1. 实时、端到端的可视

通过单一控制塔,将孤立系统中的数据与外部事件信息关联起来,建立整个供应链的端到端可视性,供应链企业可以实时观察到供应链上面的活动,并且对供应链的可能存在的中断风险提前洞察和预警。

2. 预测性和规范性决策支持

借助智能警报和实时可行洞察,更好地预测中断,提高业务连续性,帮助供应链企业了解事件对客户的上游和下游影响,并确定响应优先级。

3. 协作式供应链统筹

利用基于AI的解决方案和数字行动手册,再结合供应链应用,更好地开展协作和管理整个供应链,并优化执行以提高KPI绩效。

(三)供应链控制塔的层次

供应链控制塔包含了四个层次,如图7-5所示。

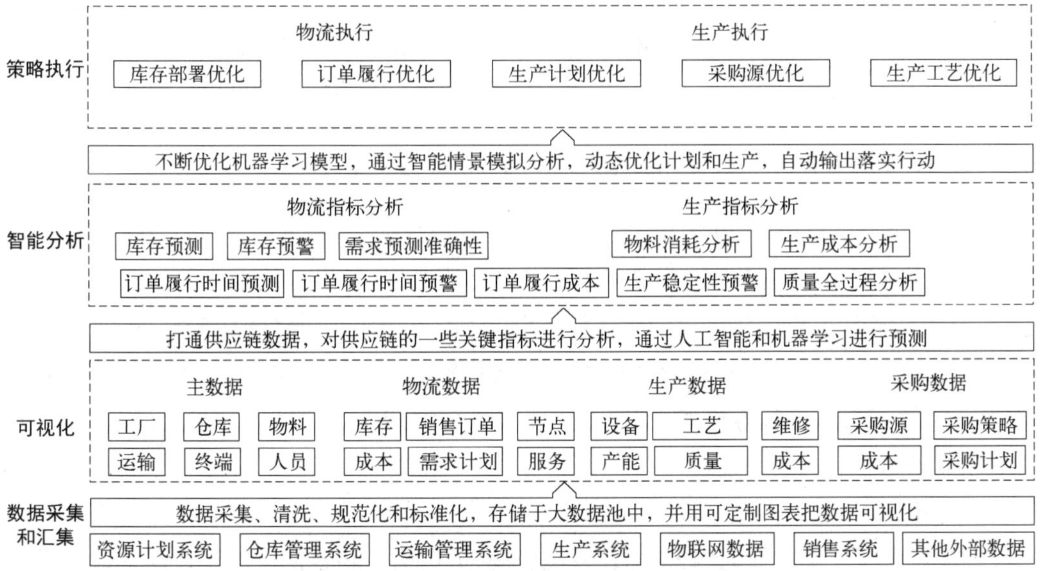

策略执行	物流执行			生产执行		
	库存部署优化	订单履行优化	生产计划优化	采购源优化	生产工艺优化	

不断优化机器学习模型，通过智能情景模拟分析，动态优化计划和生产，自动输出落实行动

智能分析　　物流指标分析　　　　　　　　生产指标分析
　　　库存预测　库存预警　需求预测准确性　物料消耗分析　生产成本分析
　　　订单履行时间预测　订单履行时间预警　订单履行成本　生产稳定性预警　质量全过程分析

打通供应链数据，对供应链的一些关键指标进行分析，通过人工智能和机器学习进行预测

可视化　主数据　　　物流数据　　　生产数据　　　采购数据
　　工厂　仓库　物料　库存　销售订单　节点　设备　工艺　维修　采购源　采购策略
　　运输　终端　人员　成本　需求计划　服务　产能　质量　成本　成本　采购计划

数据采集和汇集　数据采集、清洗、规范化和标准化，存储于大数据池中，并用可定制图表把数据可视化
　　资源计划系统　仓库管理系统　运输管理系统　生产系统　物联网数据　销售系统　其他外部数据

图 7-5　供应链控制塔层次示意图

第一层是数据的采集和汇聚。这一层是基础性和技术性的工作，涉及数据的采集、治理、整合，以及外部数据的搜集，比如征信数据、天气数据、地理位置数据等。

第二层是可视层，实现数据的可见。需要在供应链全流程看到各个结点的状况，根据预先配置好的各个结点的规则识别各结点的问题，并展现给运营人员及供应链平台相关人员。这一层的建设看似简单，其实非常难，也非常重要。只有清楚看到过去和现在的数据，总结经验规律，才能够判断当前的问题和可能的风险。

第三层是智能分析层。智能分析层不同于统计报表，它要具备预判未来的能力。智能分析在空间维度把不同环节的数据，包括上游供应商的数据、下游分销商的数据、中间财务的数据，进行多维比对，去发现其中的问题。另外从时间维度上看过去的数据，结合外部情况做数据建模，以预判未来的趋势。同时，它还能做模拟和仿真，就像汽车导航一样，当发生堵车后，模拟另一个模式，控制塔能够智能推荐另一条可行的路径。智能分析层是供应链控制塔的建设重点，能够预判、预知未来，而且遇到问题的时候能比较不同的策略并给出更优解。

第四层就是策略执行。控制塔最终要指挥到前端的业务，发出指令促进业务的改善，这是建设控制塔的最终目的。

第三节　供应链信息技术的应用

由于因特网的迅速普及和技术的迅速发展，特别是计算机技术、计算机网络技术、通信与处理技术取得的巨大进步,将信息技术应用于供应链结点企业之间的信息管理,已成为现代供应链升级发展的必由之路。基于因特网的分散网络化制造和信息服务平台是一种快速响应市场而组建动态联盟的理念。本节介绍基于因特网的信息集成模式。

一、基于 EDI 的供应链信息组织与集成模式

EDI(Electronic data interchange)中文译为电子数据交换,国际标准化组织(ISO)将 EDI 定义为"将商业或行政事务处理,按照一个公认的标准,形成结构化的事务处理或信息数据格式,从计算机到计算机的数据传输"。它是一种在公司之间传输订单、发票等作业文件的电子化手段。它通过计算机通信网络将贸易、运输、保险、银行和海关等行业信息,用一种国际公认的标准格式,实现有关部门或公司与企业之间的数据交换与处理,并完成以贸易为中心的全部过程。

(一) EDI 概述

EDI 包含了三个方面的内容,即计算机应用、通信网络和数据标准化。其中计算机应用是 EDI 的条件,通信环境是 EDI 应用的基础,标准化是 EDI 的特征。这三个方面相互衔接、相互依存,构成了 EDI 的基础框架,并具有以下特征。

(1) 单证格式化。EDI 传输的是具有固定格式与行业通用性的格式化的数据。

(2) 报文标准化。这是计算机能自动处理的前提条件。目前广泛使用的 EDI 标准是 UN/EDI FACT(联合国标准 EDI 规则适用于行政管理、商贸、交通运输)和 ANSIX.12(美国国家标准局特命标准化委员会第十二工作组制定)。

(3) 处理自动化。自动处理传递来的信息实现的数据交换实现机-机、应用-应用的交换,不需要人工干预。

(4) 软件结构化。EDI 功能软件由用户界面划块、内部电子数据处理体系统接口模块、报文生成与处理模块、标准报文格式转换模块、通信模块五个模块组成,模块间功能分明、结构清晰,形成了 EDI 较为成熟的商业化软件。

(5) 运作规范化。EDI 报文方式交换信息有良好的商贸背景,是目前商业化应用中最成熟、最有效、有规范的电子凭证之一,其具有的法律效力已被普遍接受。

(二) EDI 系统结构

在 EDI 系统中,EDI 参与者所交换的信息客体被称为报文,在交换过程中,所交换的报文都是结构化的数据,整个过程都是由 EDI 系统完成的。

(三) EDI 在供应链中的应用

EDI 是供应链企业信息集成的一种重要工具,一种在合作伙伴企业之间交互信息的有效技术手段,特别是在全球进行合作贸易时,它是在供应链中联接结点企业的商业应用系统的媒介。基于 EDI 的信息集成后,供应链结点企业之间与有关商务部门之间也实现了集成,形成一个集成化的供应链。其先将企业各子公司和部门的信息系统组成局域网(LAN),在局域网的基础上组建企业级广域网(WAN),再与其他相关企业和单位连接。

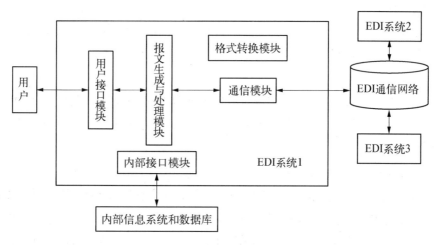

图 7-6 EDI 系统结构

与其他单位的通信连接方式通过 EDI 中心或因特网。

EDI 由于投资大、缺乏开放性等原因,发展很慢,在美国也只有 5% 左右的少数大公司能采用,并且只能在大公司之间使用专用数据交换网。我国 EDI 应用起步晚,目前主要在一些沿海省市以及海关总署、中远集团等单位使用。建立基于 EDI 的供应链信息组织和传递模式,各企业都必须遵守统一的商业操作模式(标准),采用标准的报文形式和传输方式。随着因特网的发展,传统的客户/服务器模式 EDI 也将向浏览器/服务器模式转变。

二、基于 Intranet 的企业信息集成

Intranet 是一个组织内部使用 Internet 技术实现组织各部门间信息访问的内部网络,Internet 技术的迅速发展推动了 Intranet 的发展,但 Intranet 不是对 Internet 的简单模仿。Intranet 的具体形式就是一个使用 Web 浏览器界面的企业集成信息平台。

(一) Intranet 信息集成平台的特点

Intranet 的主要目标应该是让企业员工在任何时候,都能方便、高效地借助 Web 浏览器在熟悉的地方找到所需要的信息。基于这个思想,利用 Intranet 技术建立起来的企业集成信息平台的主体目标就是使企业员工和合作伙伴能方便地实现对企业信息的共享。其平台具有如下的特点。

(1) Intranet 既可以独立组网,也可以接入 Internet 成为 Internet 的一部分。

(2) Intranet 以 WWW 技术为基础,其优点在于协议和技术标准是公开的,可以跨平台组建。WWW 的基本模式是服务器/浏览器(Server/Browser)的组合,可以实现信息的双向流动。

(3) 开放性。Intranet 既可将企业内部各自封闭的信息孤岛联成一体,实现企业级的信息交流和资源共享;又可方便地接入 Internet,使企业内部网成为全球信息网的成员,

实现世界级信息交流。

(4) 通用性。Intranet 可以使供应链结点企业利用图、文、声、像等各类信息，实现结点企业内、外部的事务处理、经营销售和信息发布等企业所需的各种业务管理和信息交换。

(5) 简易性。Intranet 采用了统一的用户界面以及诸如 TCP/IP、HTML、WWW 等一系列标准的协议和技术，使系统可增量式地构造和扩展、低成本地开发和运营、操作简单以及维护更新方便。

(二) Intranet 信息集成的结构层次

基于 Web 界面的企业信息集成平台是一个很好的信息集成系统，其主要任务是集成化地组织和管理企业信息。它作为企业内部网络化的公共信息环境，能有效地集成企业的技术、制造、经营和管理等各方面工作所需的产生于企业内部和外部的各种信息，既满足企业内部各系统各层次人员在业务工作中对信息共享的需求，又满足企业与合作伙伴间协同工作的信息需求，使得企业在产品开发、制造、经营管理和对外合作等各方面工作能快速、高效地进行。

企业集成信息平台需由 Intranet、Extranet 和 Internet 三个层次组成（如图 7-7 所示）。这三个部分有机组合而各自有所侧重：Intranet 平台业务范围仅限于企业内部，强调企业内部各部门的联系，用于解决企业内部信息共享、办公工作流控制等任务；Extranet 强调各企业间的联系，企业使用 Extranet 主要与上游的供应商和外协厂家，以及下游

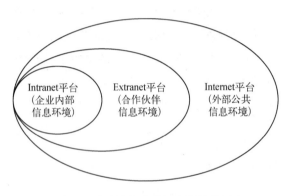

图 7-7 企业信息集成平台的结构层次

的分销商和服务网点之间的信息沟通和业务处理；而 Internet 平台则作为供应链与外部交流、合作、获取外部信息、企业形象宣传、产品营销宣传和服务的信息平台。在 Web 浏览器界面下，这三个层次的接合浑然一体，使集成平台很容易为企业用户所熟悉和接受。

三、基于 Internet 的供需信息交换

Internet 在供应链企业中的应用以及与 Intranet 的集成，是供应链中信息技术发展的必然趋势。Intranet 面对企业内部，主要用于凝聚企业内部各个部门以及各个职工；而 Internet 面对的是全球的用户，它是企业走向全球市场的"桥梁"。

(一) 信息系统模式转变

如果将信息系统的部分功能转移到 Internet 上，实现 Internet/Intranet 的集成，或者是基于 Internet/Intranet 技术和思路开发信息系统，则集成后的信息系统将与传统的信息系统（如图 7-8 所示）在操作模式上有相当多的不同，集成后的信息系统实现了从传统

信息系统向 Internet/Intranet 集成模式的转变,可以形成供应链的全球化信息资源网络,提高供应链网络的整体运作效率和管理效率。基于 Internet 的信息集成模式的转变如图 7-9 所示。

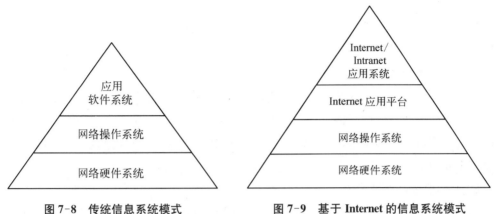

图 7-8　传统信息系统模式　　　　图 7-9　基于 Internet 的信息系统模式

(二) 供需信息交流方式

在 Internet/Intranet 集成网络环境下,供应链中企业内部与企业之间通常都是通过双方的 IP 和主页来完成信息交流的,这种信息沟通方式无论从效率上,还是从时间上都是传统方式无法比拟的。这一过程如图 7-10 所示。

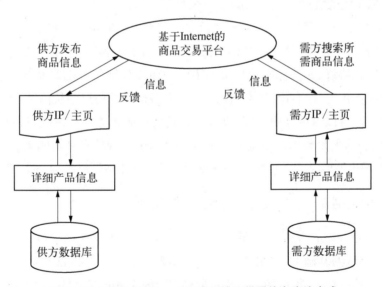

图 7-10　Internet/Intranet 集成环境下供需信息交流方式

四、基于 Internet/Intranet 的信息集成

基于 Internet/Intranet 的供应链企业管理信息系统,可以使供应链结点企业之间更好地实现信息的组织与集成。在供应链企业的管理信息系统中,高速数据专用线可以将

一般结点企业与 Internet 骨干网相连,而路由器可以将结点企业与 Intranet 相连,再由 Intranet 内主机或服务器为其内部各部门提供存取服务。计算机既可以是 Internet 的结点,又可以是 Intranet 的结点,它们之间的范围由服务范围和防火墙来界定。

(一)内部信息交换系统

由于企业的事务处理、信息共享和协同计算都建立在 Intranet 之上,因此 Intranet 已经成为企业管理信息系统的核心,企业与外部交换信息也以 Intranet 组织的信息为基础。故企业在建立了硬件框架之后的关键工作就是要决定在 Intranet 上共享信息的组织形式。如数据库服务器用于存储企业的基础数据和业务处理数据,应用服务器则是 Web 服务器与数据库服务器的中间接口,完成两者的数据交换。这个系统主要由企业部门内独立的个人计算机应用系统组成,主要涉及企业内部所有部门的业务流程。它们所处理的信息是企业内部 Intranet 信息共享的主要对象。

(二)外部信息交换系统

通过 Web 服务器(Internet 和 Intranet 软件的主要部分),企业利用 Internet 既可以与不同地域的分销商、分支机构、合作伙伴进行信息沟通,实现对重要客户的及时访问与信息的收集,又可以实现企业的电子贸易,在网上进行售前、售中、售后服务以及金融交易,这一层的工作主要由企业外部 Internet 信息交换来完成。这样,企业就有必要就规定交换信息的种类、格式和标准与交换对象签订协议。

(三)信息系统的集成

在集成供应链管理环境下,企业需要设立内部系统之间信息交换的数据接口才能实现内部独立的信息处理系统之间的信息交换。以往由于企业各部门的信息系统之间在系统结构、网络通信协议、文件标准等环节的不统一而使各部门的信息系统呈现分离的局面,而通过 Internet 的"标准化"技术则统一了企业各部门的信息系统的结构、通信协议和文件标准等环节,可以以更方便、更低成本的方式来集成各类信息系统,将企业内外部信息环境集成统一的平台整体。在基于 Internet/Intranet 实现信息环境的组织与集成以后,供应链企业之间也就形成了一个基于 Internet/Intranet 的集成网络结构,如图 7-11 所示。

五、基于物联网的供应链信息组织与集成

物联网(Internet of Things)最早于 1999 年由麻省理工学院的 Auto-ID 中心提出,是指在计算机互联网基础上,利用电子产品代码(Electronic Product Code,EPC)、射频识别、无线数据通信等技术,构造的一个覆盖世界范围的实物互联系统。物联网是互联网和移动通信网的应用延伸和进化,被誉为继个人计算机、互联网与移动通信网后的第三次全球信息化浪潮。物联网通过人与人、人与物、物与物之间的相联,从最初的简单传感网演变为范围更大的、复杂的泛在网络,各单元间通过智能协同与互动,解决信息化发展中的管理、决策和控制问题。物联网比互联网和传感网技术更复杂、产业辐射面更宽、应用范围更广,对经济社会发展的带动力和影响力更强。

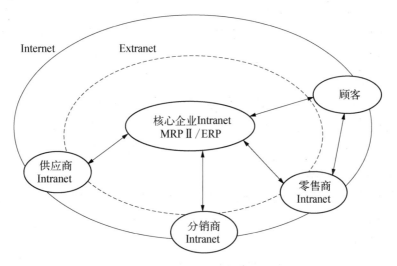

图 7-11　基于 Internet/Intranet 的供应链企业网络结构

基于物联网可以实现供应链的可视性,把关于顾客需求和存货水平的完全信息在供应链中每一个企业之间进行传递,不仅可以减小牛鞭效应的影响,而且有助于实现供应链的整体协同。基于物联网的供应链信息组织与集成在很大程度上要依靠 RFID 射频技术,但又不同于以往的基于 RFID 技术的供应链信息组织与集成方式,基于物联网的信息集成对物理世界的信息捕捉更灵敏与全面。

(一) 物联网体系结构

在体系结构指导下建立物联网系统时需要在物品连接模式、通信协议和服务机制三个层次来分析物联网具体的实现方法。

1. 物品连接模式

利用传感技术,如 RFID 射频技术、WSN 无线传感器网络等赋予日常使用的物品计算和通信的能力,以在其他物品或计算机的帮助下实现彼此间状态信息的交换、构成智能物品,是组成物联网的基础。在物联网环境下,智能物品间可以通过自组织的模式建立更高级的协同智能模型,物品之间的连接模式决定了系统对智能物品的计算、组网和网关方面的需求,并且也决定了对智能物品的状态和业务模型进行配置的灵活性。物品连接模式主要有直接连接、网关辅助连接与服务器辅助连接。由于智能物品的泛在性,一般而言,智能物品的计算能力和组网能力有限,因此目前常见的连接模式是网关连接。在该连接模式下,网关是实现物品互联的核心设备。

2. 通信协议

不同的连接模式决定了智能物品需要实现的通信协议。比如在直接连接模式下,智能物品需要包括物理层、链路层、网络层、传输层和应用层;而在网关连接模式下,网关需要实现这 5 个层次的通信协议,但智能物品可以不包含网络层与传输层。由于物联网需要集成各种采用不同通信协议的感知、通信和计算设备,因此通过网关可以解决骨干网

(如 Internet)和智能物品(如智能电器)之间以及智能物品之间协议异构带来的互联问题。以物联网网关为示例,按"自顶向下"的原则介绍目前已经提出的物联网各层通信协议,包括应用层、传输层、网络层、链路层与物理层。

3. 服务机制

在一定的连接模式下,基于上述通信协议,可以采用不同的软件技术实现各种物联网服务机制。目前主要的物联网服务机制有以下 3 种,即 Web 服务(Web Service,WS)、远程对象(Remote Object,RO)和多智能体(Multi-Agent,MA)。

(二)物联网硬件技术

物联网感知层的基础设备是获取信息的触手,通过它们从物理世界获得信息,是物联网后续活动的基础。

1. RFID 射频技术

RFID 射频技术是一项利用无线射频信号通过空间耦合(交变磁场或电磁场)实现无接触信息识别目的的技术。RFID 给每个物体在信息世界里提供一个标识,就像互联网中的地址。射频识别系统由电子标签、阅读器和天线三部分组成。作为物联网感知层的硬件设备支持之一,硬件提供商需要提供射频识别系统的电子标签和阅读器以及相应的产品服务。

2. WSN 无线传感器网络

从广义上讲,就是使用各种传感仪器对远距离目标和现象进行信息获取。由于需要适用于远距离目标,因此通常采用无线的或者非接触式的传感仪器。传感器网络利用部署在目标区域内的大量节点,协作地感知、采集各种环境或监测对象的信息,获得详尽而准确的信息,如温度、湿度、浓度等。

对比 RFID 与 WSN 技术,二者都是把信息从物理世界提取和转换到信息世界的技术,而它们的不同点在于:使用 RFID 射频识别技术,标识被附着在物体上,信息在物体被贴上标签时就已经产生。这样,信息的源头在物体上,通过 RFID 被传入信息世界。而 WSN 传感器技术里,信息在传感器探测之后,把实时探测和感知到的动态信息传入信息世界。

3. Zigbee 传感技术

Zigbee(又称紫蜂协议)是一种短距离、低功耗的无线通信技术,有自己的协议标准,在数千个微小的传感器之间相互协调实现通信。这些传感器只需要很少的能量,就能以接力的方式通过无线电波将数据从一个传感器传到另一个传感器,通信效率高。每个网络节点间的距离可以从标准的 75 米扩展到几百米,甚至几千米。当物联网需要数据采集或监控的网点多,要求传输的数据量不大,并且要求设备成本低,传感器体积小,不宜放置较大的充电电池或电池模块时,可以考虑选择 Zigbee 传感技术。

4. 纳米技术

使用传感器技术就能探测到物体物理状态,物体中的嵌入式智能能够通过在网络边界转移信息处理能力而增强网络的威力,而纳米技术的优势意味着物联网当中体积越来越小的物体能够进行交互和连接。

(三) 物联网信息集成

在物联网环境下使物品通过射频技术等硬件技术接入网络实现供应链的高质量数据交流,对每一件物品提供单独的识别身份及储运历史记录,从而彻底实现各环节追踪以及供应链的可视化。基于物联网的供应链可以掌握物品更丰富与全面的信息,包括转运点、库存情况、运营情况甚至是消费者的使用情况,据此可以识别并纠正低效率运作的情况,因而可集中资源开发从经济、运营、环境及安全方面提供最佳的生产运营方案。

1. 减小牛鞭效应

基于物联网供应链上的信息实现共享,上、下游企业能正确使用当前市场需求的数据做出精确的预测,而不仅是依靠下游企业的订单进行预测。物联网环境实现的供应链可视化允许链上伙伴更好地进行协作生产运营,这样可以降低成本、缩短提前期,使供应链存货水平降低,从而减小牛鞭效应的影响。

2. 提高预测精度

基于物联网实现的供应链信息集成实现产品信息、库存信息、销售信息、订单信息、生产信息、物流信息在供应链各结点企业之间准确地传递。将各结点企业成员看成一个整体,自下而上共享信息,共同预测消费者需求和市场变化,避免由于信息不对称造成上下游博弈以及价格波动导致成本上升。

3. 提供创新途径

基于物联网实现的供应链信息集成实现对链上物品从原材料、生产、存储至消费者使用的全过程可追溯,则产品制造商及供应商、后市场运营商等企业可以通过全供应链信息剖析市场对产品的反应,据此进行产品性能、服务方面的创新提升产品供应链的市场竞争优势。

第四节　供应链的管理信息系统

管理信息系统(Management Information System,MIS)是一个以人为主导,利用计算机硬件、软件、网络通信设备以及其他办公设备,进行信息的收集、传输、加工、储存、更新和维护,以企业战略竞优、提高效益和效率为目的,支持企业的高层决策、中层控制、基层运作的集成化的人机系统。供应链管理信息系统(Supply Chain Information System,SCIS)是按照流程进行供应链组织间的计划、安排进度表和供应链计划的执行和控制,着重于整个供应链和供应网络的优化以及整个供应链计划的实现(如图7-12所示)。

供应链计划系统一般是建立在供应链核心企业的计划系统上的,以这些企业的计划体系为原型,开发了企业的计划信息系统,包括物料需求计划(MRP)、制造资源计划(MRPⅡ)、企业资源计划(ERP)、采购计划(PM)等。

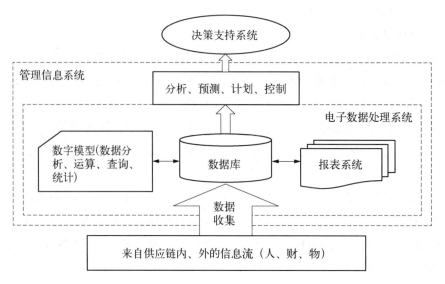

图 7-12 供应链中的管理信息系统结构示意图

在企业计划信息系统的基础上,考虑战略管理与决策、管理协调与控制、生产与物流运作,可构成企业整体的信息系统体系。在这个体系中,信息系统划分为战略、管理、运作三个层面,每个层面包含决策、计划和执行信息系统。

一、决策支持系统

供应链信息系统管理软件(如 ERP、SAP)试图解决通过基础构件将企业的功能集成在一起,从而提高企业的运营效益,但是软件无法回答应该做什么、在哪里、什么时间、为谁等基本问题,这正是计划人员利用决策支持系统(DSS)所要解决的问题。

决策支持系统各不相同,根据企业规模、问题的复杂程度可以从自行分析的电子表格到综合各领域专家专业知识给出可能答案的专家系统。无论哪一种,要成功使用决策支持系统,必须选择合适的绩效衡量标准,比如以减少总成本或提高客户服务水平为目标,并且 DSS 的接口通常允许用户选择不同目标。

DSS 是以数据分析为基础的,因此一旦收集到数据就必须进行分析和处理。DSS 的数据分析有两种方法。一种是利用商业分析工具,这类工具往往适用于对通用目标的决策,并通过 ERP 提取数据。这种情况下通常使用以下技术。

(1) 信息查询。在信息化时代,对海量信息处理,人工分析已是很困难,而决策者通过商业分析工具对数据进行提问则使决策得到了简化。比如,"公司的这个月的销售量是多少,多大比例来自本国消费"。

(2) 统计分析。当通过上述简单提问无法解决问题时,可利用数理统计分析的方法来确定大量数据所呈现的趋势,比如平均库存、销售量等。

(3) 数据挖掘。随着企业业务的丰富,数据库规模不断扩大,内容增多,利用信息技术工具可以寻找数据中潜在的规律、模式和关系。例如,超市销售数据挖掘中发现购买啤酒与纸尿裤的关系后,帮助决策者对商品布局做出调整。

(4) 在线分析处理工具。以直观的方式查看企业的数据,这些数据通常存储在数据库里,在线分析处理工具根据普通业务维度汇总数据,并提供各种方式查看数据。这个工具比电子表格更先进,比数据库工具更容易使用。

除了上述通用型的商业分析工具,还有一种工具就是利用DSS提供专门的接口,针对需要解决的具体问题来显示和报告相关的数据,具备了一些解决问题的嵌入式知识。由于这类问题都较为复杂,这些系统通常使用以下分析类型来提供决策支持。

(1) 计算器。当变化是可预见的、易于评估的,决策支持工具的简单计算就能得到保证,比如对一些产品的预测或库存管理中,而其他的则可能需要最先进的工具。

(2) 仿真。针对一些具有随机因素的数据分析,计算机建立一个流程模型,并赋予每个随机因素一定的概率分布。当此模型运行时,计算机即完成了随机过程的模拟。

(3) 人工智能。人工智能工具能用来分析DSS系统的输入数据。一些供应链管理的DSS确实能使用智能代理来计划和执行不同的活动,其中所谓代理是一个软件程序,目的是和其他代理之间进行交流和相互影响,这样能在全局层面上进行整个供应链的决策。例如,智能代理帮助确保客户服务代表做出有关最优提前期的辅助决策。

(4) 数学模型和运算法则。数学工具通常根据运筹学原理与方法利用数据找到问题的潜在解决方案,如配送中心的选址问题、卡车运输路线的优化等。

在实际应用中,分析工具往往是以上几种工具的综合使用。几乎所有的决策支持系统都提供一整套工具,并且还可以利用电子表格这类工具进行更深层的分析。

二、供应链计划系统

高级计划与排产(Advanced Planning and Scheduling,APS)软件是一种基于供应链管理和约束理论的先进计划与排产工具,包含了大量的数学模型、优化及模拟技术、其功能优势在于实时基于约束的重计划与报警功能。在计划和排产过程中,APS将企业内外的资源与能力约束都考虑在内,用复杂的智能化运算法则,做常驻内存的计算。

APS在提高企业经济效益方面的潜能是巨大的,它能及时响应客户要求,快速同步计划,提供精确的交货日期,减少在制品与成品的库存,并考虑供应链的所有约束,自动识别潜在瓶颈,提高供应链资源利用率,从而改善企业管理水平。

(一) APS的功能

APS覆盖了供应链管理战略层、战术层及操作层三个计划层次。其中战略层包括供应链战略、供应链计划,战术层包括需求计划与预测、制造计划、操作计划、分销计划,操作层包括可承诺能力(Capable to Promise,CTP)、车间作业排产、运输计划、承诺可供货量(Available to Promise,ATP)。

APS的主要功能是实现对计划与排产优化的目的,它能代替ERP系统中预测计划、

MPS、MRP、CRP（Capacity Requirement Planning）、DRP（Distribution Resource Planning）及生产计划功能。但 APS 具有更大的功能优势，计算速度更快，可以同时考虑供应链的所有约束，并将基于约束的计划结果传给上游和下游合作伙伴，在交互环境中实施解决问题和供应链优化的方法。在运行 APS 时，其优化与模拟功能主要考虑五类约束，分别为资源约束、库存约束、运输约束、商业规则约束以及财务约束。

（二）APS 的应用

APS 系统需要大量的数据支持完成计划与排产任务，因此其需要其他系统的数据与功能的支持。而 ERP 是目前企业广泛使用的管理系统，能够提供相当完备的数据，而且其功能也覆盖了企业管理的各个方面。因此 APS 与 ERP 通过集成来弥补各自的不足，整合各自的优势。

（1）APS 在需求计划方面的应用。APS 用统计工具、因果要素和层次分析等手段进行更为精确的预测，用包括 Internet 和协同引擎在内的通信技术帮助生成企业间的最新和实时的协作预测。

（2）APS 在库存优化方面的应用。利用 APS 技术，对库存进行分类使企业能够分解供应链中的平均库存水平，揭示出过去持有库存的不同原因并显示各种库存的相对重要性。APS 利用过去足够长一段时间（如半年）观测到的数值计算平均库存水平，找到合适的库存成本-收益的平衡点。APS 有助于整个供应链看到库存的益处，找到决定库存水平的因素以确定目标库存水平。

（3）APS 在分销配置方面的应用。分销计划帮助企业分析原始信息，然后企业能够确定如何优化分销成本或者根据生产能力和成本提高客户服务水平。APS 供应链计划可以帮助建立在供应与需求之间的详细匹配，可以统一考虑采购、生产制造、分销、运销的约束，使得整个供应链同步，自动产生可执行计划。动态处理决定库存如何，何时分配与配送，结合分销网络计划与部署计划可以保证最优地利用制造、分销和运输资源来满足预测需求和实际需求。

（4）APS 在运输计划方面的应用。基于 APS 技术的运输计划就是帮助确定将产品送达客户的最好途径。运输是物流决策中的关键所在，除采购产品的成本外，一般来讲，运输成本比任何其他物流活动的成本所占比重要高。利用 APS 软件对运输方式选择、承运人运输路线的规划、车辆调度和集中运输等内容进行决策支持。

（三）APS 的未来

APS 未来的发展必须嵌入 ERP 平台，形成 ERP 高级计划，将 ERP 扩展到高级供应链管理，利用无所不在的电子网络，使企业的供应链管理从原料供应、工程设计到零件制造和最后的组装、分销，最终到消费者实现有效的合作全面覆盖，加快整个物流的速度。企业可以实现更精确的预测、更实时的生产计划、更严密的配送计划、更低的安全库存，使企业通过个性化响应满足需求的能力大大加强。

成功的企业将是在供应链网络中实现商业协作与技术的有效结合，并以一种协作方式实现共享彼此资源的企业。

三、供应链执行系统

供应链执行系统综合运用了计算机技术、网络通信技术、物流管理和决策方法，辅助管理人员进行物流数据管理和决策。供应链执行系统主要包括仓储管理系统（WMS）、运输管理系统（TMS）、分销资源系统（DRP）、配送中心管理信息系统（DCMS），企业也可以根据自身业务需求开发新的供应链执行系统。

（一）仓储管理系统（WMS）

仓储管理系统（Warehouse Management System，WMS）是一个实时的计算机软件系统，它能够按照运作的业务规则和运算法则，对信息、资源、行为、存货和分销运作进行更完美的管理，提供仓库库存管理、追踪在库库存以及安排仓库运营策略，使其最大化满足有效产出和精确性的要求。WMS一般包含如下几个功能模块：入库作业、存货管理、出库作业、查询报表、财务结算等，功能齐全的WMS还会包括储位优化、补货管理等功能。

WMS系统不仅具有面向业务人员的单据管理，更重要的是针对一线操作岗位的作业管理，将一线操作人员作业数据实时连接到信息系统中，把客户的要求通过系统自动分解为若干个操作任务，并实时动态分配到具体操作岗位。同时业务人员通过一线岗位作业情况的实时汇总进行业务流量调节，实现仓储作业的有序、高效的运转。

（二）运输管理系统（TMS）

运输管理系统（Transportation Management System，TMS）的主要功能是对物流中运输环节的具体管理，包括车辆管理、在途货物的管理等，并提供内外部的接入口，以便追踪在途货物。在这个层面可能会有一些路线规划和运输能力的计划，但是它在范围或者时间方面都比运输计划系统小得多。

先进的TMS系统能做到以实时方式追踪每次运货订单及明细项目，根据顾客要求和企业成本进行接驳式运输地点的选择，并考虑通过关税影响来优化国际多式联运业务，实现整个企业的运输资源优化。

（三）分销资源系统

分销资源系统（Distribution Resource Planning，DRP）是构建分销网络的供销关系管理系统，目的是使企业具有对订单和供货具有快速反应和持续补充库存的能力。通过互联网将供应商与经销商有机地联系在一起，DRP为企业的业务经营及与贸易伙伴的合作提供了一种全新的模式。供应商和经销商之间可以实时地提交订单、查询产品供应和库存状况，并获得市场、销售信息及客户支持，实现了供应商与经销商之间端到端的供应链管理，有效地缩短了供销链。新的模式借助互联网的延伸性及便利性，使商务过程不再受时间、地点和人员的限制，企业的工作效率和业务范围都得到了有效的提高。

（四）配送中心信息系统（DCMS）

配送中心信息系统采用大集中的管理模式，使得各配送业务结点之间实现信息高度共享,增加了企业基于配送作业情况进行企业决策的及时性和客观性,有助于企业实现数字化管理,从功能上满足区域配送服务,并支持与铁路、水运、航空等运输方式的联运。配送中心信息系统重点解决物流活动过程的核心问题,即系统性、协调性、经济性等。

第五节 电子商务与供应链管理

电子商务(Electronic Commerce,EC)即通过网络进行生产、营销、销售、服务和流通活动,它不仅基于 Internet 上的交易,指所有利用电子信息技术来解决问题、降低成本、增加价值和创造高级的商务活动,而且包括通过网络实现从原材料查询、采购、产品展示、订货到出品、储运以及电子支付等一系列的贸易活动。电子商务基本上可以分为 B2C 和 B2B 两种模式,其中公司对客户(B2C)的电子商务涉及公司与客户之间的各种交易,如亚马逊、戴尔和沃尔玛公司通过 Internet 向客户销售产品。公司对公司(B2B)的电子商务涉及两家公司之间的各种交易,如通用汽车公司及福特公司在 Intrenet 上与供应商进行所有未来的交易。

企业建立自己的内部网络,并利用外部网络与供应商和客户联结从事电子商务,其实质是利用电子商务技术,以中心制造厂商为核心,将供应商、经销商、物流企业结合为一体,构成一个面向最终顾客的完整电子商务供应链,提高企业对市场和最终消费者的响应速度,形成优势竞争力。

进入电子商务时代后,越来越多的企业希望通过电子商务的投资在竞争中保持优势,而电子商务也给供应链的信息集成带来了新的变化。Internet 技术的发展与应用创造出全新的电子商务模式,为合作伙伴及客户之间的关系提供了有效途径,也为协作生产计划、同步执行计划、产品客户化和客户化大量生产提供了可能。基于 Internet 的商业模式与供应链集成在一起为企业实时地对动态变化的市场需求做出反应。

面对竞争激烈的全球市场环境,需求的预测和计划变得更加复杂和困难,供应链必须对快速变化的市场需求做出反应。基于 Internet 的电子商务模式改变了企业传统交易的模式,也改变了企业与客户、合作伙伴、雇员之间的关系,供应链管理在互联网电子商务环境下面临着新的挑战。

一、基于电子商务供应链的新策略

传统供应链管理往往以制造企业为核心,通过供应链管理提高生产效率、降低成本,实现供应链的市场竞争力。而基于电子商务的供应链管理的理念是以客户为中心,利用电子商务平台从客户的实际需要和客户的未来需要的预测来拉动产品的生产与服务,最终达到生产、采购、库存、销售以及财务的供应链的全面集成。基于这种思路,基于电子商务产生了多种供应链管理策略。

（一）快速反应策略

快速反应（Quick Response，QR）策略是美国纺织与服装行业发展起来的一项供应链管理策略，通过零售商和供应商共享 POS 系统信息，联合预测未来需求、发现新产品营销机会等对消费者的需求做出快速反应。基于电子商务环境利用一定的信息技术支持供应链成员企业之间紧密合作，减少产品在供应链上完成业务流程的时间，减小库存，最大限度的提高供应链管理的运作效率。

QR 的重点是对消费者需求做出快速响应，而电子商务可以提高获取消费者信息的效率以及准确性，从而成功实施 QR 策略使供应链上伙伴企业提高获利能力。

（二）有效客户反应

有效客户反应（Efficient Consumer Response，ECR）是一个由生产厂商、批发商和零售商等供应链各方组成的相互协调和合作，更好、更快并以更低的成本满足消费者需要为目的供应链管理策略。ECR 的最终目标是建立一个具有高效反应能力和以客户需求为基础的系统，使零售商及供应商以业务伙伴方式合作，提高整个供应链的效率，而不是单个环节的效率，从而大大降低整个系统的成本、库存和物资储备，同时为客户提供更好的服务。

ECR 策略应用的主要信息技术有电子数据交换（EDI）和销售时点信息（POS），借此收集消费者信息，实现对市场的有效响应。在电子商务环境中，供应链各结点企业更易于共享市场信息，降低信息处理的成本，更好、更有效地满足消费者需求。

（三）价值链分析

价值链分析（Value Chain Analysis，VCA）是波特提出的一种寻求确定企业竞争优势的工具。企业可能具备各方面的优势，比如在资源方面、业务能力或竞争优势等方面，但是如果只是单独考察企业，而不是将其放在价值链中进行分析考量，则很难识别企业的优势。在电子商务的环境中，企业只有被置于完整的供应链中以其对价值链的贡献进行评价与考核，才能对其的竞争优势进行识别。

企业的竞争优势主要来自价值活动本身、价值链内部联系和价值链的外部联系，而电子商务环境下的供应链对价值链的内、外部联系给予了高度的重视，并对这些联系进行分析、规划设计，实现供应链产品或服务与其他组织的差异化，进而形成竞争优势。而这种利用价值链的内、外部联系形成的优势是竞争者很难模仿的。

二、电子商务对供应链业绩的影响

供应链上的企业充分利用电子商务这一商业模式的优势，使传统的渠道逐渐被利用互联网的业务模式所替代。电子商务对供应链运营业绩的影响主要有以下几种情况。

（一）为顾客提供直销

在电子商务平台，制造商与供应链其他成员企业可以跳过中介机构直接向最终消费者销售产品或提供服务，从而减少渠道成本，增加收入。例如，戴尔电脑直接在网上销售个人电脑，如此一来，它不必与分销商或零售商分享利润，并且消费者直接与供应链中的核心企业进行业务往来,可以提高渠道的沟通效率,提升客户对产品服务的满意度。

(二)实现全时空服务

电子商务平台打破了企业提供产品、服务的时间和地点限制,顾客可以随时随地发送订单、修改订单等便利的操作。零售商会打烊,但在线订量却不会停止。并且通过电子商务平台企业面对的市场变得广阔,而不仅仅局限于一定的地理距离,只要有互联网就都可以享受电子商务的服务。

(三)汇集各渠道信息

供应链拥有大量可供选择的产品信息,并通过电子商务平台界面友好的搜索工具以及基于消费者搜索历史记录进行有针对性的产品信息推送,使产品信息有效性提高,促进交易的实现,大大提高企业的销售业绩。

(四)提供个性化服务

电子商务平台根据消费者的历史消费记录,对消费者的行为习惯进行分析,了解其个人偏好,为其提供具有个性化的产品与服务,这样更易于激发消费者的潜在购买力,因此可以大大减少无效广告费用的投入,实现企业运营业绩的提高。

(五)加速市场进入时间

企业利用电子商务平台可以比传统渠道更快地将新产品推向市场。新产品开发阶段就可以在企业的网站、电子商务平台上进行产品的推广宣传,从产品研究阶段就开始培养市场。产品投入市场时由于减少了为满足分销商和零售商的需求而进行的产生备货,而使产品能快速进入市场,并快速地回笼资金。

三、电子商务环境下供应链的结构

传统供应链结点企业是固定地、静态地、刚性地通过信息流和物流连接在一起,这种连接关系会在企业之间产生摩擦、惯性和非柔性。并且传统供应链中的信息传递与交流主要发生在上、下游企业之间,是一个相对封闭的信息交互环境,而基于 Internet 的电子商务环境中的供应链上各结点企业在进行上、下游信息交流的同时还处理着来自供应链外部的信息,比如电子商务平台产生的订单修改、退换货申请等,这使供应链信息的来源多样化,信息交互的环境更为开放。此时消费者的信息不仅仅与零售商直接传递,而且可以通过电子商务平台与供应链上各个结点企业进行传递与交流。

电子商务使供应链伙伴之间的信息传递由原来的线性结构变为网状结构,传统的链式供应链转变为网式供应链,如图 7-13 所示。

电子商务模式下的供应链结构包含三个基本元素:应用系统、信息集成与信息可视度。

(1)应用系统。它包括以供应链计划(SCP)和供应链执行信息(SCE)系统为核心的应用系统、数据仓库,以及 ERP 等应用信息系统。

(2)信息集成。为在电子商务模式下在供应链企业之间以及信息中心之间实现快速

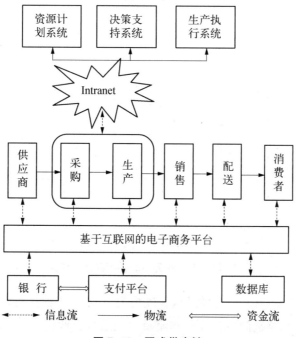

图 7-13 网式供应链

的连接,供应链企业之间需要一定的信息集成策略支持。此时的信息集成必须是能够在不同信息系统之间集成的框架结构,包括集成适配器、信息转换引擎、规划/流程建模和管理。

(3) 信息可视度。电子商务模式下的供应链企业需要在供应链系统内以及与外部的电子商务交易系统之间保持一定的信息可视度。利用 Internet 和新一代电子商务的发展提供了一些数据共享的新途径,Web 就是一种经济有效的实现企业内外部信息共享的技术。

四、电子商务环境下供应链运作模式

基于互联网和电子商务环境的供应链信息集成是建立在交易信息网络中心的一种方法,通过平台能够及时处理和连接所有相关信息。而这个交易信息网络中心是一个多组织在供应链集成中相互影响的数据信息网络的一个结点,具有数据存储、数据处理和存入/读取的能力。所有结点企业的内部信息系统作为子系统,全部的网络形成一个连接供应链上下游的可以并行处理的信息共享系统。

用于电子商务交易的信息网络中心可以由供应链核心企业独立组建,也可以由第三方信息服务提供商组建,因此,电子商务环境下的供应链协同运作模式可以分为专有模式与开放模式。

专有模式一般由供应链核心企业以自身的企业管理系统为中心,利用互联网在上、下游伙伴、销售渠道、客户之间搭建一套可实现电子商务交易的供应链管理系统,形成专有的电子市场运作模式,如图 7-14 所示。在此模式中,企业之间通过互联网直接进行需求和库存信息的共享、工作流程协同以及相关商务活动的开展，业务一旦谈成，即可通过互联网充分利用网络虚拟资源，实现协同运作，供应链资源能力可以进行全球化动态重组，提高供应链的动态性和敏捷性。

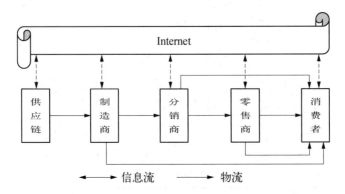

图 7-14　电子商务下的供应链专有模式

开放模式相对于专有模式，它的开放程度更大，它是基于独立的第三方设立的连接行业内绝大多数供应商、制造商、销售商、物流及金融服务企业的开放的电子交易市场的供应链协同运作模式，它不是局限于原有供应链上参与企业间的信息共享，而是实现更广范围的资源利用，如图 7-15 所示。在这种模式下需要建立交易信息网络中心，它能够及时处理和连接所有相关信息到所有合适的企业和部门。并且由于网络中介的信誉保证机制可有效降低传统供应链运作过程中的交易摩擦和风险，节约交易成本。供应链的电子商务开放模式利用先进的通信和计算机软件，为供应链各方提供市场信息、商品交易、仓储配送、货款结算等全方位的服务，为行业内各种虚拟资源的充分利用和供应链动态重构提供了理想的运作平台。

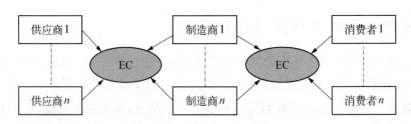

图 7-15　电子商务供应链开放模式

以上两种基于电子商务的供应链运作模式有机交融，共同构成了以端到端、个性化和快速市场响应主要特征的供应链协同运作模式。

五、电子商务对供应链提出的要求

电子商务环境下的供应链处于一个需要对各类即时订单做出快速响应的商业环境中，这对供应链管理提出了高度同步化的要求。

(一)供应链管理的柔性化

电子商务平台提高了企业的增值能力,同时电子商务交易随时发生的订单的快速响应也对供应链上的企业处理突发意外事件的柔性能力提出了要求。传统企业需要改变原有封闭的管理模式,就必须适应电子商务环境要求,正确定位各企业,实现多方协调,提高供应的柔性化程度。

(二)供应链企业的合作性

供应链上所有企业在电子商务交易环境下不仅要处理供应链系统内部的订单及相应的事务,还需要共同处理来自供应链外部——电子商务平台的订单。多企业在面对这种混杂订单需求时难以依靠独自资源解决,而应该建立企业间紧密合作的关系来应对。因此,电子商务环境中的供应链需要以更稳定和长远的合作计划吸引和聚集有能力的企业参与应对市场需求。

(三)供应链管理的复杂性

电子商务交易平台以一种新的商业模式运用了众多新的信息技术从而颠覆了供应链的传统业务流程,新环境中的供应链需要联合链上企业甚至是客户一起解决不可预知的事件,使管理过程更为复杂。此时,必须强调各个供应链上的企业以及电子商务平台上的客户是集成的共同体而不是个体,实现客户与企业协作,提高整个供应链的管理控制能力。

本章小结

通过信息技术的支撑,供应链得到更加有效的运行。供应链信息技术实施的目标是收集信息、获得数据、分析数据、实现供应链的协同发展。实现这些目标的关键点是标准化和信息技术架构。本章对供应链的信息共享与集成的方式和要求进行了阐述,介绍了在互联网环境下的供应链信息技术框架,并引入了物联网概念,介绍了基于物联网的供应链信息组织与集成。在第四节分别阐述了供应链的信息管理系统中的决策支持系统、计划系统和执行系统,第五节对高度信息化的电子商务与供应链管理以及供应链信息集成进行了深入的阐述。

思考题

1. 在信息化的环境下,供应链面临着什么样的挑战?
2. 供应链信息的集成有哪些要求?
3. 供应链控制塔有什么作用?
4. 基于 Internet 的供需信息交换实现了怎样的信息系统模式转变?
5. 请简述物联网的体系结构。
6. 基于物联网的供应链信息集成的目标是什么?

7. 供应链的信息管理系统由哪些信息子系统组成？
8. 电子商务对供应链提出了哪些要求？

AIRBUS 的高可视性如同晴空一般万里无云

AIRBUS(空中客车公司)是世界上最大的商务客机制造商之一，它担负着生产全球过半以上的大型新客机(超过 100 个座位)的重任。随着其供应商在地理位置上越来越分散，AIRBUS 发现它越来越难以跟踪各个部件、组件和其他资产从供应商仓库运送到其 18 个制造基地过程中的情况。

为提高总体可视性，该公司创建了一个智能的感应解决方案，用于检测入站货物何时离开预设的道路。部件从供应商的仓库运抵组装线的过程中，会途经一个智能集装箱，这种集装箱专用于盛放保存有重要信息的 RFID 标签。在每个重要的结合点，读卡机都会审查这些标记。如果货物到达错误的位置或没有包含正确的部件，系统就会在该问题影响正常生产之前向操作人员发送警报，促使其尽早解决问题。

AIRBUS 的解决方案是制造业中规模最大的供应链解决方案，它极大地降低了部件交货错误的影响范围和严重度，也降低了纠正这些错误的相关成本。通过精确了解部件在供应链中的位置，AIRBUS 将集装箱的数量降低了 8%，也因此省去了一笔数额不小的运输费用，而且提高了部件流动的总体效率。借助其先进的供应链，AIRBUS 可以很好地应对已知的及意料之外的成本和竞争挑战。

管理者们都希望了解其供应链的各个环节，包括即将离港的货物情况、签约制造商组装线上正在生产的每个部件、销售中心或客户库房中正在卸载的每个货盘。但是，这种无所不在的可视性并不需要供应链合作伙伴付出任何额外的努力。简单来说，有了这种可视性后，共享就会变得更加容易。这就意味着在智慧的供应链中，对象(而不是人员)将承担更多的信息报告和共享工作。关键数据将来源于供应链中涉及的货车、码头、货架和部件及产品。这种可视性不仅可以用于实现更佳的规划，还可以从根本上实现实时执行。

请思考：
1. AIRBUS 供应链的可视性管理为企业带来了什么？
2. 这种可视性的智慧供应链管理还可以推广应用到哪些领域？

第八章 供应链金融管理

学习目标
- 了解供应链金融的发展背景及基本含义
- 掌握供应链融资的特点及独特优势
- 理解供应链融资对参与主体的现实意义
- 掌握供应链融资的运作模式及相应风险
- 理解供应链融资的风险来源及管控措施
- 了解数智化供应链金融的主要特征和应用场景

【导引案例】

齐商银行的金融数智化实践

齐商银行的前身是淄博市商业银行,是全国第四批由城市信用社组建的地方性股份制商业银行。从2010年开始,齐商银行逐步发力供应链金融领域,2013年,齐商银行整合了包括物流、快消品等在内的十大供应链体系,覆盖了生产、销售、物流等多类别的供应链金融模式,走出了一条批量化服务小微企业的特色化道路。2015年,齐商银行在省内率先上线了"在线供应链平台",将互联网技术与供应链金融全面结合,为供应链融资业务插上了"互联网+"的翅膀。2018年齐商银行推出了"齐银e链"智慧供应链产品体系,融合齐银e账通、e货通、e融通、e票通四大线上产品,结合电子签章、电子合同等创新模块,实现了时间戳证据固化和电子化流程审批,为实现微贷业务的纯线上化操作奠定了基础,为线上化发展提质增速。2019年齐商银行上线e齐惠农贷,2020年实现批量化投放。在供应链金融快速发展的同时,齐商银行小微金融工作屡获殊荣,2015年被中国银监会评为"全国银行业金融机构小企业贷款工作先进单位","齐银融通"供应链系列产品荣获"2018年山东省新旧动能转换优秀金融产品"。那么,齐商银行是如何开展供应链金融业务并实现数智化呢?本章的内容将有利于读者理解供应链金融。

第一节　供应链金融理论基础

随着经济社会的发展,纵向一体化所带来的规模经济效应因运输、人力和管理等成本的上升而不断衰减,企业生产分工逐渐从企业内部的"供-产-销"一条龙模式,转化为不同企业间的"供-产-销"专业化分工。在这种新的生产组织体系中,大批中小企业与供应链中核心企业建立了供销合作关系,获得了大量的商业机会。

但是,生产分工增加了交易环节、贸易规模和频率,进而增加了资金的需求和相应的成本。为了提高供应链的整体竞争力,核心企业有必要为上下游配套企业解决融资难的问题。供应链金融创新模式的出现正好适应了这一背景,供应链金融借助核心企业的信用实力,以企业商品交易项下应收应付、预收预付和存货为对象,通过对信息流、物流、资金流的有效控制或对有实力关联方的责任捆绑,对核心企业上下游长期合作的供应商、经销商提供融资服务。

一、供应链金融的发展动因

(一) 产业分工模式由"纵向一体化"向"横向一体化"转变

传统上,受市场交易成本的制约,价值链的绝大部分环节是在一个独立的企业内完成的。自20世纪70年代以来,由于信息技术的突破性发展、远洋运输和航空运输成本的下降以及国际贸易自由化进程,企业间的交易成本大幅降低,企业内纵向一体化所带来的规模经济效应不断衰减,生产的分工模式开始发生了显著的变化,越来越多的分工从企业内转向企业间。以前倾向于纵向一体化的跨国公司逐渐愿意将价值增值过程进行分解,将非核心的环节转移到具有成本优势的发展中国家或区域,进而专注于自身核心业务的发展壮大,加强自身的核心竞争力。这种模式不但有利于发展各个企业的核心竞争力,而且可以通过不同生产环节的空间再分布来利用不同地区、不同国家的比较优势,从而尽可能降低整个产品链的生产成本。

制造模式的变化既是基于市场交易成本的下降,也有市场需求方面的考虑。随着技术进步和工业化水平的提高,大批量生产的单一产品渐渐无法满足人们日益多样化的消费需求,消费结构的变化引起了生产模式的变革。特别是自20世纪80年代以来,用户的定制化需求越来越强,品种更新的周期越来越短,提高品质、增加品种和缩短推向市场的时间成为企业竞争优势的来源。传统模式中企业通过标准生产流水线进行大批量、少品种的规模化生产方式已经不能为企业带来更多的竞争优势,"大规模定制"取代规模化生产成为许多世界级企业努力实现的生产模式。

(二) 供应链管理在财务方面的延伸

长期以来,供应链管理集中于物流和信息流层面,对于资金流的管理关注并不多。直到 20 世纪末，企业家和学者们发现，全球性外包活动导致的供应链整体融资成本问题，以及部分结点资金流瓶颈带来的"木桶短边"效应，实际上部分抵消了分工带来的效率优势和接包企业劳动力"成本洼地"所带来的最终成本节约。在实践中，物流与资金流也常常被分开管理，导致供应链管理的成本和效率潜力没有得到充分发挥，影响供应链的整体绩效。核心企业往往利用自身的优势通过推迟对供应商的付款或加快向分销商转移库存来实现自己的财务经济性。但是这种做法形成了对上下游的资金积压，结果往往导致整个供应链的融资成本上升，并给整个供应链的持续运营带来很大的风险。

由此，供应链核心企业开始了对财务供应链管理的价值发现过程，国际银行业也展开了相应的业务创新，以适应这一需求。

（三）传统融资模式下中小企业融资难问题突出

中小企业在经济发展中占据重要地位，在国民经济中发挥重要作用，而由于资本市场的不健全、政策法律的不完善以及中小企业自身的局限性，如资本金少、缺乏贷款担保物、财务不透明、经营管理体制落后、抗风险能力弱、资信差等，融资难度与大企业相比更大，融资困境已经成为制约中小企业发展的重要瓶颈。

在传统的融资模式下，具有资金约束的企业向银行提出融资需求，银行根据企业的信用状况及其偿债能力为其提供相应利率的贷款。当银行面临信息不对称问题时，银行要求中小企业提供担保、抵押等方式来降低逆向选择和道德风险，由于中小企业受处置成本和资产专用性程度等多种因素的影响，在清算时其价值损失相对较大，因此在贷款中所面临的抵押要求也更加严格，从而导致银行对中小企业信贷量不足。中小企业在供应链运作中起着举足轻重的作用，如何在供应链管理的背景下，通过金融产品创新，增强中小企业融资能力，降低其融资成本，已经成为供应链稳定发展的必然要求。供应链融资模式在一定的程度上有助于缓解与核心企业打交道的中小企业融资难问题。

二、供应链金融的概念及特点

（一）供应链金融的概念

供应链融资涉及了诸多参与主体，从不同参与主体的角度出发，对供应链金融的定义有不同理解。

第一，从供应链核心企业的视角来看，供应链金融是在核心企业主导的企业生态圈中，对资金的可得性和成本进行系统性优化的过程，这种优化被认为是通过对供应链内的资金流进行归集、整合、打包和利用的过程，嵌入成本分析、成本管理和各类融资手段实现的。

第二，从银行的视角来看，供应链金融就是商业银行把供应链上的相关企业作为一个整体，将资金有效注入供应链上的相关企业，提供灵活运用的金融产品和服务帮助供应链中的所有企业组织和调节供应链运作过程中的资金，提高资金运行效率的一种融资创新解决方案。

第三,从第三方物流的角度来看,供应链金融是物流与金融业务的集成、协作和风险共担的有机结合服务,通过企业经营的服务项目的联合重组,提供包括清关、货运、仓储、结算到融资的一站式服务,为客户提供物流、信息流和资金流的集成式服务。

总体而言,供应链金融是为了解决供应链上的资金流瓶颈问题,从而提高供应链管理的效率,界定供应链金融的概念需要有供应链整体的视角,而不能局限于部分业务和主体。

因此,供应链金融定义为,通过对供应链成员间的信息流、资金流、物流的有效整合,对一个产业供应链中的单个或上下游多个参与者提供全面金融服务,以促进核心企业及上下游配套企业"产-供-销"链条的稳固和流转顺畅,并通过金融资本与实业经济协作,构筑银行和企业供应链互利共存、持续发展、良性互动的产业生态的过程。

(二)供应链金融的特点

与传统的银行融资产品相比,供应链金融最大的特点就是在供应链中找出一个居于领导地位的核心企业,以核心企业为出发点,为供应链提供金融支持。

银行围绕供应链上、下游经营规范、资信良好、有稳定的销售渠道和回款资金来源的中小企业进行产品设计,借助大型核心企业对中小供应商深入了解,选择资质良好的上下游企业作为商业银行的融资对象。一方面,将资金有效注入处于相对弱势地位的上下游配套中小物流企业,解决中小物流企业融资难和供应链失衡的问题;另一方面,将银行信用融入上下游企业的购销行为,增强其商业信用,促使中小物流企业与核心企业建立长期战略协同关系,提升供应链的竞争能力。在供应链金融的融资模式下,处在供应链上的企业一旦获得银行的支持,使资金注入配套物流企业,就可以激活整个链条的运转,借助银行信用的支持为中小物流企业赢得更多的商机,同时可以帮助商业银行突破传统的客户开发模式,扩大客户范围。

三、供应链金融的优势

供应链金融业务的开展使物流、资金流和信息流得以统一管理与协调,因而具有强大的经营优势。

(一)资金运行呈现出相对的安全性

银行通过对企业物流的全程监控,将信息流和资金流有效集合,将核心企业和上下游企业联系在一起,通过对企业供应链融资的控制,将单一目标企业转成行业上下游紧密关联的企业联合体,可以有效降低信贷风险,保证资金的安全性。

(二)资金运行具有可靠的增值价值

供应链上的"融资"行动带来了资金驱动能量,推动了供应链上的产品流动,实现从低端产品向高端产品的转换。这样可以向整个供应链中的上下游产品要效益,提高产品的附加值和核心竞争力,间接地为核心企业带来更多利益的同时防止了资金的沉淀,提高了资金的运行效益。

(三)便于发现培养优质行业客户群体

通过提供"供应链金融"服务,不仅分散了信贷投放,为中小企业提供了广泛的金融服务,改变了过于依赖单一大客户的局面,还可以发现一批成长过程中的优质中小企业客户群,从而能够改变银行对大客户依存度过高的现状,而且银行通过对中小企业物流、信息流的长期跟踪监测,能比较容易获得企业真实的经营资料,有利于发现和培育真正的优质客户群体。

四、供应链金融与其他融资方式的比较

(一)供应链金融与传统融资方式的比较

供应链金融作为一种新型的融资方式,打破了传统的一对一融资方式,是一种基于贸易供应链的全过程融资方式,受链条结构的影响,其操作流程及实践与传统的融资业务有很大的区别(如图8-1、图8-2所示)。

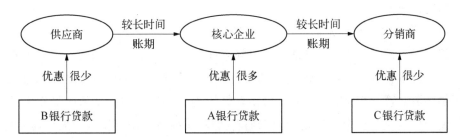

图8-1 传统融资模式中银行与供应链企业的关系

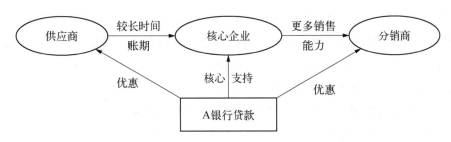

图8-2 供应链融资模式中银行与供应链企业的关系

第一,对供应链成员的信贷准入评估不是孤立的,不再单纯强调企业的固定资产价值和财务指标,银行首先评估核心企业的财务实力、行业地位以及对整个供应链的管理效率,强调企业的单笔贸易真实背景和购买方企业的实力与信用水平。因此,按照新的信用评估方法,作为供应商的中小企业的信用水平远比传统方式要高。

第二,融资过程不再是单纯的针对某项特定业务,或是由于资金困难而提出申请的单个企业,而是覆盖相关供应链上对贸易业务的完成有较大影响的上下游多个企业组成的群组。因此,融资指标具备弹性,企业规模小等劣势可以由业务或者上下游企业的高关联度弥补,为中小企业降低门槛,扩大了融资范围。

第三,银行围绕贸易本身进行操作程序设置和寻求还款保证,因此供应链融资业务具有封闭性、自偿性和连续性特征。封闭性是指银行通过设置封闭性贷款操作流程来保证专款专用,融资严格局限在其与核心企业的交易活动,借款人无法将资金挪作他用;自偿性是指还款来源就是贸易自身产生的现金流,引导销售收入直接用于偿还授信;连续性是指同类贸易行为在上下游企业之间会持续发生,因此,以此为基础的授信业务也可以反复进行。

第四,链条融资可以推动供应链的正常运行,从而将风险分散于整条供应链而不是集中于单个企业,同时银行可以掌握整个贸易链的连贯信息,从而准确地把握业务实质以及融通资金流向,因而银行承担的是链条断裂的风险,此风险通常较低。从风险控制来看,传统贸易融资强调的往往只是特定交易环节供需双方企业的信用状况和贸易的真实背景;而供应链融资不但要强调这一点,而且更加强调整个供应链风险的监控与防范,针对各个交易环节潜在的风险都要加以识别与控制,所以供应链融资的风险控制更加复杂,所需要的措施也更加全面。

(二) 供应链金融与物流金融方式的比较

物流金融是包含金融服务功能的物流服务,指贷款企业在生产和发生物流业务时,其为降低交易成本和风险,通过物流企业获得金融机构的资金支持;同时,物流企业为贷款企业提供物流监管及相应的融资及金融结算服务,使物流产生价值增值的服务活动。

物流金融与供应链金融都是近年来随着物流、供应链理论与实践发展应运而生的崭新的研究视角。两者之间既有联系,也有区别。

1. 供应链金融与物流金融的联系

供应链金融是融资模式发展的新阶段,是对物流金融下融资的继承和发展。两者均是基于传统金融产品和服务而进行的创新,均是针对真实的贸易背景开展的,均以融通资金为目的,均是整合物流、资金流与信息流的解决方案。

2. 供应链金融与物流金融的区别

供应链金融与物流金融相比,两者的区别体现在以下几个方面。

(1) 参与主体与作用范围。

物流金融的参与主体一般是单个企业和为其提供服务的金融机构、第三方物流企业等,其作用范围也局限于单次或一段时间的物流过程。一般来说,第三方物流企业在物流金融业务中起着主导作用。而供应链金融是比物流金融更广泛的概念,其参与主体是整个供应链和外部金融机构,也包括专业的物流服务提供商,甚至涉及投资者。其作用范围是整个供应链的交易与往来,是一个长期持续的协作过程,金融机构和核心企业在其中起着主导性作用,而第三方物流企业在其中扮演着中间人和代理商的角色。

(2) 运作机理与服务产品。

物流金融的操作室与物流过程相伴而生的,旨在解决物流过程中的资金问题,其产品的开发也是围绕着物流设施投融资、物流保险、物流结算等。而供应链金融是植根于整个供应链条的运作,旨在利用金融工具来协调供应链上下游物流、资金流、信息流关系,实现整个供应链的资金平衡与绩效提升。从这个意义上来讲,供应链金融囊括了物流金融的内容。

(3) 服务对象。

物流金融是面向所有符合其准入条件的中小企业,不限规模、种类和地域等;而供应链金融是为供应链中的上、下游中小企业及供应链的核心企业提供融资服务。

(4) 担保及风险。

开展物流金融业务时,中小企业以其自有资源提供担保,融资活动的风险主要由贷款企业产生。供应链金融的担保以核心企业为主,或由核心企业负连带责任,其风险由核心企业及上下游中小企业产生;供应链中的任何一个环节出现问题,都将影响整个供应链贷款的顺利归还,因此操作风险较大。但是,金融机构的贷款收益也会因整条供应链的加入而随之加大。

(5) 物流企业的作用。

对于物流金融,物流企业作为融资活动的主要运作方,为贷款企业提供融资服务;供应链金融则以金融机构为主,物流企业仅作为金融机构的辅助部门提供物流运作服务。

(6) 异地金融机构的合作程度。

在融资活动中,物流金融一般仅涉及贷款企业所在地的金融机构;对于供应链金融,由于上、下游企业及核心企业经营和生产的异地化趋势增强,因而涉及多个金融机构间的业务协作及信息共享,同时加大了监管难度。

第二节　供应链金融参与主体

相较于传统融资方式,供应链金融是一种较为复杂的融资模式,涉及多个企业之间的合作和协调。它主要包括银行、第三方物流企业、中小融资企业以及供应链中占主导地位的核心企业。这些企业在一种融洽、互信、互惠、互利的商业生态圈中共存,共同合作,以一体化的组织最大限度地获取稳定收益。

一、供应链上下游中小企业

上下游中小企业是指核心企业的上游供应商和下游经销商,特指资质和规模较弱、采购或销售能力不强,且在供应链或产业链中处于从属地位的企业。供应链上下游的中小企业是供应链金融的直接受众,是供应链融资的资金需求主体,它们通过动产质押以及第三方物流企业或核心企业担保等方式从金融机构获得贷款。

中小企业的特点是经营规模小、经营决策权高度集中,正因如此,中小企业经营决策快,对市场反应敏锐,行为灵活,反应速度较快。同时,执行力强,能快速协调企业内部的所有资源,使之效率、效益最大化。

中小企业的劣势在于企业规模有限、产品附加值不高、销售渠道不完善、经营管理体制落后、抗风险能力弱,这都加大了中小企业的经营风险。一旦市场发生变动,首先受到冲击的会是处于弱势地位的中小企业。而且由于中小企业经营活动不透明、财务信息非公开、资信差、可抵押固定资产少等原因,处于谈判劣势地位,在选择融资渠道时,会受到很大的限制,致使大多数中小企业难以获得经营所需的资金或者资金成本过高而超过企业的负担能力,使企业面临极大的财务风险。

二、供应链核心企业

核心企业是指自身资质较高和规模较大,具有一定采购和销售能力,且在供应链或产业链上能起到核心作用的企业。核心企业多数是行业中的佼佼者,处于行业领导者的地位,具有良好的信用基础及强大的资本支持,在供应链中扮演着管理者的角色,控制着供应链的资金流、物流及信息流,在与上下游客户的交易中处于谈判的优势地位,对上下游客户有较强的控制作用。可以通过赊销购入原材料以及预收货款销售等形式获得低成本或零成本短期融资,降低企业成本。在供应链金融服务中,核心企业可以为上下游中小企业融资提供相关的担保。

核心企业财务实力雄厚,拥有深层次的融资信用,融资渠道广,拥有充裕的银行授信,且在供应链中往往处于高附加值的价值链环节。核心企业通过自身雄厚的实力和优良的信誉,帮助其上下游企业解决融资困难。有利于保证与配套企业长期友好的合作关系,稳定其供货来源和销货渠道,从而使整个供应链健康稳定地发展,促进企业资金和存货的快速周转。

作为市场的主体,核心企业同样面临着市场的变动风险和激烈的竞争。而且在供应链融资中,中小企业和核心企业责任捆绑在一起,一旦中小企业出现经营风险,核心企业将根据与违约企业之间的业务来往向银行承担偿债责任。

三、银行

银行等金融机构是供应链金融的资金供给和支付结算服务主体,通过评审核心企业及整条供应链的信用水平,对供应链上的中小企业授信,提供各种金融产品和服务支持中小企业的发展并且进行风险监控,从而拓宽市场份额增加收益。

供应链中的融资需求与交易行为之间具有明确的指向性,融资资金直接运用于供应链中的采购、生产和销售活动。供应链融资属于自偿性贸易融资,供应链中贸易活动产生的现金流是供应链融资的直接还款来源,银行可以通过对贸易活动中货权、物流和应收账款的控制,有效地监控资金的回笼。加上第三方物流的引入,供应链融资在一定程度上缓和了银企间信息不对称的状况,使银行走出了想贷而不敢贷的尴尬境地,开拓了银行业务。在与中小企业的合作过程中,还有利于银行选择培育优质客户。

四、第三方物流企业和其他支持性组织

第三方物流企业是指通过加强物流仓储、分拣、包装的综合业务操作能力,提供完整的第三方物流综合解决方案而获取利润和竞争优势的企业。第三方物流监管公司、仓储公司、担保公司和担保物权登记机构等是供应链金融服务的主要协调者,它们以其在货物运输、仓储、监管方面的特长加入供应链金融,一方面为中小企业提供物流、信用担保服务,另一方面为银行等金融机构提供资产管理服务(监管、拍卖等),搭建银企间合作的桥梁。

企业服务的性质决定了第三方物流企业是货物流通过程的实际执行者和监控者,掌握大量实际交易信息。供应链融资中,物流企业成为供应链结点企业之间的信息交换、交易结算和交易的撮合平台。企业可以通过对货主及融资货物的专业化、完整的评估力,向银行推荐融资客户,加强与银行间的合作,提高企业经营效益。还可以通过实时地监控贷款企业的经营活动、产品销售及价格变动情况,对任何可能出现的风险及时向银行提出预警,降低融资风险。

对物流企业来说,在非垄断业务的利润率日益微薄的情况下,通过提供供应链融资服务,不仅锁定大量中小企业的物流外包业务。还在此基础上开辟物流服务创新业务,获得大量创新业务的收益回报。物流企业还可以通过供应链融资发展动态质押监管,将监管延伸至企业的采购、生产、提货、物流的全过程,提供供应链全过程的物流服务。

五、供应链金融对参与主体的现实意义

(一) 有助于核心企业稳定供销渠道

核心企业在供应链管理的过程中经常会遇到一些问题。比如,上游的供应商由于缺乏资金的支持或管理不善,不能保证按时、按量、按质地提供货源,造成核心企业生产延迟或出现产品质量问题;在产品销售的过程中,下游经销商由于资金短缺拖延货款,使核心企业无法扩大销售、提高收益等。银行开展的供应链金融业务,可以解决上下游中小企业的资金瓶颈,保证它们的有效运转,从而保证核心企业供销渠道的稳定。核心企业也可以把仓储、运输、库存管理等环节交给物流公司,自己专注于产品的研发、生产与销售。在银行资本的帮助下,整条供应链得到了健康发展。

(二) 有助于上下游中小企业获得银行信贷支持,赢得更多商机

长期以来,融资难是制约中小企业发展的重要难题,虽然央行不断出台扶持中小企业发展的政策,但商业银行在具体操作中往往是"想贷不敢贷",根本原因在于信息不对称、中小企业过于分散和信贷风险较高。供应链金融以整个供应链作为评价,突破了对单个企业的限制,通过依赖核心企业的资信、供应链的整体实力,中小企业信用等级获得提升,融资能力增强。供应链金融盘活了再生产流通环节的商品,借助银行信用的支持,中小企业能够扩大经营规模、优化财务运行模式、节约财务费用、降低产品成本、提高生产效率,

进而得以满足核心企业苛刻的贸易条件,并与其建立长期战略协作关系。供应链金融降低了中小企业贷款准入门槛,降低了中小企业融资风险,拓宽了可选择客户的范围,增强了中小企业的还款意愿,规避了银行与中小企业之间的信息不对称。

(三) 有助于银行业务的发展

一是供应链上众多的中小企业会改变银行以大客户为主的客户结构,降低客户的集中度,并有充分的信息支持,风险在一定程度上得到了有效控制或降低。二是供应链金融以真实的贸易背景为依托,银行把动产的监管工作外包给物流企业可以转移风险,降低成本,增加利润。三是针对企业之间的交易行为及其特点设计产品营销方案,针对性强,期限短,提高了资产的流动性。四是通过有针对性产品的营销,可以吸引中小企业到融资行开户并办理结算,带动存款、结算和新兴业务的发展,而且可以实现供应链上资金流动的内部循环,从而推动各项业务的发展。

(四) 有助于第三方物流企业业务范围的拓展和竞争优势的形成

物流企业通过提供供应链金融服务,一方面可以密切与银行和中小企业的关系,稳定原来的客户并促进新客户的开发,增加利润来源,提高企业的竞争力。在供应链管理模式下,企业转而强调跨企业界限的整合,使得顾客关系的维护与管理变得越来越重要。物流管理已从物的处理提升到物的附加值方案管理,可以为客户提供金融融资的物流供应商在客户心中的地位会大幅度提高。

另一方面,物流企业可以以此为契机提高自己的信息化水平和服务水平,更好地为客户提供服务,创造新的增长空间,提升综合价值,稳定和吸引客户。在现代物流业务中,基础性的物流服务如仓储、运输,激烈的竞争使其利润率下降到最低水平,已没有进一步提高的可能性。现代物流的主要利润来源已经转向各种增值服务,如物流方案设计、包装分装、多式联运,供应链末端的金融服务日益成为物流服务的一个主要利润来源。

第三节 供应链金融运作模式

在供应链中,企业的资金缺口通常发生在采购、加工和销售三个环节中。在采购环节,供应商往往要求下游购买商能够尽可能采取现款结算,但订单项下所需的原材料采购预付款很可能超过下游企业的自有资金,产生资金缺口,供应商产品交付的不确定性也可能进一步加大下游企业的资金缺口风险。在生产加工过程中,企业不断购进原材料,并不断产生产成品和半成品投入库存,占用大量流动资金,使企业资金周转出现困难。在销售阶段,企业向下游发货,产生应收账款,虽然随着应收账款的回流企业的资金需求逐渐回落,但需求的不确定性也会增加企业出现流动自己缺口的风险。

这些环节在中小企业的生产经营周期内占据了较大比例。为了提高整个供应链的资金效率,结合中小企业生产经营的周期特点,供应链金融基本模式主要有:基于预付账款的保兑仓融资模式、基于存货的融通仓融资模式以及基于应收账款的融资模式。

一、基于预付账款的保兑仓融资模式

(一) 保兑仓融资模式的内涵

这种运作模式主要解决企业在商品采购环节的资金短缺问题。在该模式下，银行为上下游中小企业提供融资，第三方物流企业或者核心企业为融资提供货物监管以及担保，根据约定，中小企业在规定时间将货款直接支付给银行，其基本流程如图8-3所示。处于供应链下游的企业，往往需要向上游供应商预付账款，才能获得企业持续生产经营所需的原材料、产成品等。对于短期资金流转困难的企业，可以运用保兑仓业务对其某笔专门的预付账款进行融资，从而获得银行的短期信贷支持。保兑仓融资模式，是在供应商(即卖方)承诺回购的前提下，融资企业(即买方)向银行申请以卖方在银行指定仓库的既定仓单为质押的贷款额度，并由银行控制其提货权为条件的融资业务。保兑仓业务适用于卖方回购条件下的采购。这种融资模式不仅需要核心企业、下游企业和银行参与，还需要仓储监管方参与，以保证对质押品的评估和监管。

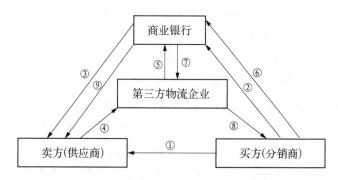

图8-3 保兑仓模式融资的基本流程

保兑仓融资模式的基本融资包括以下程序：

(1) 买卖双方签订以保兑仓模式进行货物的买卖；

(2) 买方(采购商，中小企业)向商业银行缴纳保证金；

(3) 商业银行向卖方开出承兑汇票用于购买货物；

(4) 卖方(供应商，核心企业)把货物交给第三方物流企业监管；

(5) 第三方物流企业把货物质押的单据交给银行；

(6) 买方向银行续交保证金，以此取得部分货物的所有权；

(7) 商业银行允许物流企业把部分货物交给买方，并给买方提货单；

(8) 第三方物流企业根据提货单把货物交给买方；

(9) 商业银行承兑商业汇票，把钱支付给供应商。

保兑仓融资使生产企业可以批量销售货物，减少银行融资额度，降低资金成本，保障收款，提高企业对资金的使用效率，从而增加经营利润；融资企业通过保兑仓业务获得的是分批支付货款并分批提取货物的权利,因而不必一次性支付全额货款,从而实现批量采购,并有效缓解企业短期的资金压力;保兑仓融资方式为银行扩大了客户资源,拓宽了服务范围,扩大了信贷规模,使其盈利增加,同时要求上游企业承诺回购,进而降低银行的信贷风险。

预付款融资可以理解为"未来存货的融资",因为从风险控制的角度看,预付款融资的担保基础是预付款项下客户对供应商的提货权,或提货权实现后通过发货、运输等环节形成的在途存货和库存存货。

(二) 保兑仓融资模式的风险

第一,核心企业自身的资信状况如何,是否有能力对中小企业进行担保。如果供应商提供的材料以次充好,导致经销商无法正常生产销售产品,不能按时偿还贷款,将影响整个业务的顺利开展。并且预付账款融资模式需要供应商承诺回购,提供连带责任保证。若经销商保证金账户余额不足,则核心企业应在到期日回购剩余质押商品,因此供应商的回购能力是审查的重点。银行尽量选择规模较大、资金实力雄厚、信用状况良好的公司为中小企业做担保,确保担保公司的担保能力和担保的有效性。

第二,融资企业的资信如何,融资企业的财务状况、运营状况、生产实力以及是否具备履行供应链合作的能力。银行要对其供应链背景下真实的业务运作状况进行分析,了解企业的盈利能力与营运效率的优劣,此外还要了解客户重要管理人员的业务素质和信用情况,是否符合供应链战略和银行长期合作的要求。

第三,第三方物流的货物监管是否得力。第三方物流企业主要承担商品的监管,所以质押物的监管风险主要取决于物流企业的管理水平和风险控制能力。银行尽量选择知名度高、信用记录良好、操作流程规范、具有较强的货物监管能力的物流公司,保证货物监管的质量和货物的真实性。同时,银行与第三方物流信息共享,确保货物信息的灵通,才能确保货物的得力监管。

第四,信托责任缺失风险。由于制造企业充当了商业银行的最终风险担保责任人,因此银行可能会相应降低对信用风险的管理和控制,但是制造企业专业性和责任度上的不稳定可能会造成信托责任缺失,使银行盲目相信表面上的数据而陷入隐蔽的信用风险之中。银行虽然增加了制造企业的担保,但也要特别防止以保兑仓业务为名,套取票据额度后不清偿差额的行为,防止法律纠纷的发生。由于保兑仓融资业务中,申请银行承兑汇票的经销商是制造企业所指定或推荐的,银行同时也应注意并防止制造商与经销商一起串通套取银行票据信用的行为。

二、基于存货的融通仓融资模式

(一) 融通仓融资模式的内涵

这种运作模式主要解决企业在生产环节的资金短缺问题。存货融资是企业以存货作为质押向金融机构办理融资业务的行为。在该模式下,企业主要以原材料、仓单等动产为质押物向银行获取融资。第三方物流企业提供质物监管、估值、拍卖等一系列服务，如有必要，核心企业还会与银行签订担保合同或质物回购协议，约定在中小企业违反约定时，由核心企业负责偿还或回购质押动产，其基本流程如图8-4所示。当企业处于支付现金至卖出存货的业务流程期间时，企业可以采用存货融资模式。所谓融通仓融资模式，是指第三方物流企业提供的一种金融与物流集成式的创新服务，它不仅可以为客户提供高质量、高附加值的物流与加工服务，还能为客

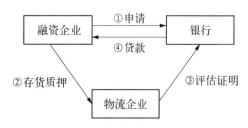

图8-4 动产质押融资模式的基本流程

户提供间接或直接的金融服务，以提高供应链的整体绩效，以及客户的经营和资本运作的效率。

这种模式将难以运用的储存物资或权利凭证变现成流动资金，从而提前合理配置资源，加速资产的流动，缓解企业现金流短缺的压力。动产质押物的变现能力差异大、流动性高，银行重点考查的是企业是否有稳定的存货、是否有长期合作的交易对象以及整个供应链的综合运作状况，并以此作为授信决策的重要依据。供应链核心企业往往规模较大，实力较强，所以能够通过担保、提供出质物或者承诺回购等方式帮助融资企业解决融资担保困难，从而保证其与融资企业良好的合作关系和稳定的供货来源或分销渠道。

另外，融通仓业务引进了第三方物流企业，负责对质押物验收、价值评估与监管，并据此向银行出具证明文件，协助银行进行风险评估和控制，进一步降低银行的风险，提高银行信贷的积极性。另外，商业银行也可根据第三方物流企业的规模和运营能力，将一定的授信额度授予物流企业，由物流企业直接负责融资企业贷款的运营和风险管理，这样既可以简化流程，提高融资企业的产销供应链运作效率，也可以转移商业银行的信贷风险，降低经营成本。融通仓是将融资、物流、仓储三者集成，有效地把金融机构、第三方物流与中小企业三者结合统一并进行综合协调。由于涉及融资业务，仓储物流企业负有监管和保管双重职责。从出质方、仓储方和银行三方的关系看，银行不仅将质物的监管和保管职责转移给了仓储方，而且将质押贷款的风险也转移给了仓储方，因此，物流企业承担着一定的风险。

（二）融通仓融资模式的风险

1. **质物风险**

质物风险包括质物品种选取风险、质物市场价格风险以及质物安全性风险。

市场价格的波动和金融汇率的变化，会造成动产质押物变现能力的改变。因此，并不是所有商品都适合做仓单质押，质物品种选取得是否恰当直接关系到融通仓业务风险大小。一般质押物品选取主要以易出售、易存放、投机小为原则。

融通仓业务质押的货物很多是库存产品或半成品，由于是动产，因此市场价格总是处

于不断的波动中,市场变动尤其是质物的市场价格下跌会造成质物价值缩水,如果贷款合同未做任何调整,没有设立警戒线,就会出现仓单价值低于贷款本金的现象。

对于质押货物,第三方物流企业要严格考核该货物是否安全,包括是否合法、是否为走私货物、是否为合法渠道的货物。即融资企业应该具有相应的物权,避免有争议的、无法行使物权的或通过走私等非法途径取得的物品成为质物。

2. 监管风险

监管风险包括监管制度建设风险、监管费用投入风险以及监管货物出入库风险。

对货物的监管必须是全方位的监管,以便随时掌握货物情况,否则会由于安全检查制度建设不完善导致监管风险。同时只有强化对员工的安全教育培训,才能有效减少人为失误导致的风险。

第三方物流企业应具有足够的监管设施投入,配备相应设施,以随时查看质押货物的出、入库情况,如果低于规定存量,则要通知融资企业及时补充质押货物。由于质押货物都是大宗的市场流动性较好的货物,单纯人为看管难免会有失误,必须建立一套完善的安全防护措施,以及购买相应的保险。

第三方物流企业要防止货物出入库的操作风险。应指定专门负责融通仓的工作人员,制定规范的金融物流业务操作办法,严格按照管理办法进行操作,同时防范仓单风险。在开展融通仓业务中,难免会有不法分子利用企业监管和管理上的漏洞制造虚假仓单。仓单是质押贷款和提货的凭证,是有价证券,但目前仓库所开的仓单还不够规范,易诱发相关风险。

3. 技术风险

技术风险是指仓单质押提供商因缺乏足够的技术支持而引起的风险。例如,价值评估系统不完善或评估技术不高,信息不对称造成个别借款人与第三方物流企业串通,出具无实物的仓单或入库凭证向银行骗贷;以权属有争议的财产作质押,质押的商品因质押人未能在规定期限内付清价款等原因,买卖双方形成争议;质押人虽还持有质押品,但并不实际拥有此财产。

三、基于应收账款的融资模式

(一)应收账款融资模式的内涵

这种模式主要解决企业在商品销售环节的资金缺口问题。应收账款融资模式是指以中小企业对供应链下游核心企业的应收账款凭证为标的物(质押或转让),由商业银行向处于供应链上游的中小企业提供的,期限不超过应收账款账龄的短期授信业务,其基本流程如图 8-5 所示。

在此模式中,上游中小企业(债权企业)、核心企业(债务企业)和银行都参与此融资过程,且核心企业在整个运作中起着反担保作用,一旦融资企业出现问题,核心企业将承担弥补银行损失的责任。银行还款来源包括处于供应链上游中小企业的销售收入以及供应

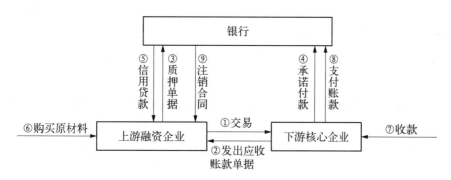

图 8-5 应收账款融资模式的基本流程

链下游核心企业给付的应收账款。核心企业的还款能力、交易风险以及整个供应链的运作状况得到银行更多地关注,避免了只针对中小企业本身进行风险评估,借助核心企业较强的实力和良好的信用,使银行的授信风险得到有效控制。应收账款融资也可以引入物流企业提供第三方保证担保。

在物流企业的配合下,应收账款融资使得融资企业可以及时获得商业银行提供的短期信用贷款,融资点可以提前到供应商向物流企业方移交货物及单据环节,不但有利于解决融资企业短期资金的需求,加快中小企业健康稳定的发展和成长,而且有利于整个供应链的持续高效运作。

(二) 应收账款融资模式的风险

1. 欺诈类风险

欺诈类风险包括客户资信风险、转移账款风险及内部欺诈风险。

(1) 客户资信风险。客户资信风险是贷款难的根源所在,对银行来说,由于受呆账、坏账的困扰,加上信息不对称、没有健全的信用评价体系可以参考,对中小企业的资信情况不了解,出现"惜贷"现象,贷款手续烦琐、门槛高,也是没有办法的办法。应收账款类金融物流产品要考察的客户包括融资企业和产业链主导企业。虽然产业链主导企业是第二还款来源,其能及时付款也是贷款收回的重要保证,因此,产业链主导企业的还款能力和信用是考察的重点,直接影响这类产品业务的顺利进行,通常产业链主导企业应选择规模大、资信好、效益高或发展前景好的企业。

(2) 转移账款风险。融资企业与产业链主导企业的合作通常处于弱势,难以提供产业链主导企业的付款承诺材料,银行无法确保质押的应收账款汇入作为还款保证,存在融资企业将质押的应收账款汇至企业的其他账户后自行使用的风险。

(3) 内部欺诈风险。内部人员作案或者内外串通作案,会给对银行带来很大的损失。这种欺诈行为在审贷和收款环节均可能发生,如果管理不规范,就很难进行监控。

2. 业务操作类风险

业务操作类风险包括应收账款坏账风险、市场变动风险及操作风险。

(1) 应收账款坏账风险。在贷款期限内,融资企业应收账款的金额和付款人对象存在极大的不确定性。

(2) 市场变动风险。市场变动指的是由于产业链主导企业的产品市场风险带来还款的困难或者由于融资企业上游产品市场变动带来的生产风险,都会最终导致银行收款的风险,此类风险实质是企业的经营风险转化为信贷风险。

(3) 操作风险。应付账款类金融物流产品业务涉及融资企业、产业链主导企业和银行之间的相互协作配合,业务流程相对复杂,其中的操作风险包括产业链主导企业或者银行内部操作失误的风险以及产业链主导企业与银行之间业务衔接操作失误的风险。

第四节 供应链金融风险管控

供应链金融能够使原来因财务状况不被银行看好的小企业,获得银行更多金融服务支持。而大型制造企业则借助供应链金融,使资金流动较有规律,减少支付压力。银行的参与还可帮助供应链降低上下游库存成本,使整个供应链体系的效率提高。因此,供应链金融是能给银行、中小企业、核心企业和第三方物流企业带来共赢的金融新产品。

虽然发展供应链金融可以带来多方共赢的结果,然而,供应链金融同样存在各种各样的风险。有效地分析和控制这些风险是供应链金融取得成功的关键。

一、供应链金融风险的来源

作为一种金融创新,供应链金融所面临的风险主要包括以下六种。

(一) 来自法律政策的风险

目前,中国的供应链金融实践仍处于萌芽阶段,虽有《担保法》和《民法典》等法律进行规范,但针对供应链金融相关的条款却不完善。另外,中国目前还没有专门的法律法规对整个供应链的业务操作进行规范整合,因此,业界利用法律漏洞谋取利益,产生法律风险的概率不低。同时,质押物所有权问题以及合同的条款规定等,由于业务涉及多方主体,质押物所有权在各主体间流动,产生所有权纠纷的可能性很高。

(二) 来自核心企业的信用风险

由于供应链融资的信用基础是基于供应链整体管理程度和核心企业的管理与信用实力,因此随着融资工具向上下游延伸,风险也会相应扩散。在这种情况下,虽然最大的金融利益会向核心企业集中,但风险也相对集中了。一旦供应链的某一成员出现融资方面的问题,其影响就会非常迅速地蔓延到整条供应链。

(三) 来自融资企业的风险

1. 融资企业信用风险

融资企业多为供应链上下游的中小企业,信用缺失成为制约其信贷业务发展的重要瓶颈之一。客户的业务能力、商品质量以及客户之前的商业信誉等形成了供应链金融的潜在风险。同时，中小企业在融资时面临许多不利因素，如规模小、制度不健全、透明度差、资信水平不高等。这些都让中小企业融资的信用风险变高。

2. 质押物风险

并非所有的商品都适合做质押物，合适的质押物应具有质量稳定、适用广泛、价格波幅小、易于变现、保存和监管等特征，如钢铁、有色金属等。由于质押物市场价格波动，汇率变动造成的变现能力改变等，使企业无法按原计划销售产品而产生的质押物产品市场风险；当融资企业无法按时还贷时，银行有处置质押物、获得补偿的权利。若质押物变现能力差或变现成本高，则银行在处置质押物时，可能出现质押物变现价值低于银行授信敞口余额或无法变现等而产生质押物变现风险。

3. 财务制度制度风险

供应链上下游的中小企业由于自身综合实力有限，其财务制度往往也不是很健全，企业财务信息透明度也比较差，从而导致其资信不高。因此，供应链融资过程中很可能面临来自融资企业的财务制度风险。

(四) 来自金融机构的风险

1. 操作风险

我国的金融机构开展供应链金融业务时间短，风险管理经验不足，存在着诸多问题，如贷款工具缺乏灵活性、内部监控系统不完善等。同时对质押物的估值是否客观公正、准确，方法是否科学，直接影响银行的损益。因此在供应链金融业务中，银行存在着很大的操作风险。

2. 银行内部管理风险

银行内部管理风险主要包括银行管理机制完善程度、监督机制严格程度、管理水平、决策正确与否，以及银行工作人员素质高低、业务操作失误而带来的风险。

(五) 来自物流企业的风险

1. 质押物监管风险

物流企业开展相关业务时，一般要与银行签订"不可撤销的协助行使质押权保证书"，对质押物的丢失或损坏负责。而银行同物流企业之间信息不对称、信息失真或信息交换不及时等情况都会影响决策的准确性。物流企业管理是否科学，监管过程中对可能发生的风险是否有提前预警机制等都对质押物监管风险产生影响。

2. 控制质押物存量下限的风险

由于质押物的流动性，有进有出，因此要求物流企业不仅要对质押物的种类、数量、规格型号进行有效监管，还要使质押物的库存数量保持规定额度；否则，一旦控制质押物存量不力或质押物进出库时出现提好补坏、以次充好现象，将给整个业务链带来很大风险，影响供应链金融业务的进行。

3. 仓单风险

我国《民法典》中虽规定了仓单上必须记载存货人的名称（姓名）和住所、仓储物的品种、数量、质量、包装和填发时间等内容,但现在企业多以不具有有价证券性质的入库单作质押,同时中国目前使用的仓单多数仍由各家仓库自行设计,形式很不统一,从而使操作困难,容易发生失误和内部人员作案等风险。

(六) 信息传递的风险

供应链上的上下游企业其实是一个松散的企业联盟,每个企业在面临选择时会首先把自己的利益放在首位而不是把整个供应链的利益放在首位。并且可能会出现为了自身利益而侵害整个供应链上下游企业利益的行为。当供应链上的企业越来越多,供应链的规模越来越大、系统越来越复杂时,信息传递的失误也随之增多。信息传递的失误可能使供应链上的企业错误地估计市场需求的规模、市场需求的变化,不能真正满足市场需求。这种变化可能影响商业银行的判断,从而带来风险。

二、供应链风险管控措施

(一) 完善法律法规,规范供应链金融业务

由于受到诸多限制,且动产质押、权利质押的规定不完善,政府部门应加快修订和完善中国《民法法》等法律法规,包括对供应链金融业务的准入资格、行业管理办法以及操作指南等,为供应链金融的风险防范奠定法律基础,促其健康有序地发展;另外,从法律角度保护相关人的合法权利方面来看,应尽力简化供应链金融业务的操作程序,明确各方的权利义务,降低合同谈判成本。

(二) 应对核心企业风险的措施

对核心企业的经营状况进行跟踪评价。核心企业的经营状况包括设备的管理、人力资源的开发、核心竞争力、市场占有率、客户满意度和财务状况进行跟踪调查等。如果发现问题,就要及时通知企业进行改进,防止情况的恶化。帮助核心企业及时清除供应链上的不合格企业,保证供应链的健康发展,也保证银行自己的资金安全。争取做到尽可能地防范风险,及早地发现风险,尽可能地降低风险。

(三) 应对融资企业风险的措施

1. 多方努力,建立信用机制

针对信用风险,商业银行、物流企业及融资企业应充分合作、信息共享。首先,融资企业应从大局和长远出发,提升自身能力,提高自身信用度。在供应链组建之初,核心企业选择合作企业时,应对各拟加盟企业严格筛选,通过订立各项契约保证信任,尽量避免摩擦;其次,物流企业应发挥其掌握融资企业及质押物第一手资料的优势,对融资企业信用进行评估管理;再次,银行要完善其信用评估和风险控制方法,建立相关制度,如客户资料收集制度、资信调查核实制度、信用动态分级制度、合同与结算过程中的信用风险防范制度、信用额度稽核制度、财务管理制度等,对客户进行全方位信用管理。最后,银行要严格审查质押物原始发票、付款凭证、交易合同及权属证书等凭证,对其权属进行认真的静态和动态审查,避免质押物所有权在不同主体间流动引发权属纠纷。

2. 建立信息收集和监控机制

针对质押物市场风险和变现风险，商业银行应根据市场行情正确选择质押物，并设定合理的质押率。一般来讲，应选取销售趋势好、需求弹性小、市场占有率高、知名度高的产品作为质押商品，并建立销售情况、价格变化趋势的监控机制，及时获取产品市场资料，避免由信息不对称引起的市场风险和变现风险。

（四）应对金融机构风险的措施

1. 优化方案，建立应急机制

商业银行在有约束条件或资源有限的情况下，对供应链上下游企业提供供应链金融服务时所制定的决策方案，进行局部优化，针对不同的问题采用不同的优化方案。

2. 加强素质培养，强化内部控制，加强银行内部人员素质培养

定期对内部员工进行金融、管理、法律等知识进行培训，全面提升员工业务素质；订阅相应报纸、杂志，使员工对商业银行的基本架构、业务范围、经营管理、风险合规等有清晰的认识。商业银行的内部控制是一种自律行为，是为完成既定工作目标，对内部各职能部门及其工作人员从事的业务活动进行风险控制、制度管理和相互制约的一种方法。要强化商业银行供应链金融业务处理过程中的内控机制建设，首先要搞好"三道防线"建设，严禁有章不循、执纪不严等失控行为的发生；其次要遵循内部控制的有效性、审慎性、全面性、及时性和独立性原则，任何人不得拥有超越制度或违反规章的权力。

（五）应对物流企业风险的措施

1. 加强监管，实施物流保险

加强对融资企业抵押货物的监管，不断提高仓库管理水平和信息化，并完善质押物入库、出库的风险控制机制，根据服务方式的不同，有针对性地制定操作规范和监管程序，预防因内部管理漏洞和不规范而引发的风险。

随着供应链金融业务规模的扩张，物流公司有必要利用各种风险控制手段，提高自身的风险保障。寻求专业化的物流保险产品，转嫁风险损失，是供应链金融业务不断发展的必然要求。目前，国内物流公司广泛应用的保险险种主要是财产保险和货物运输保险，这两个险种都是针对物流过程中某一特定过程进行的保险，易出现延误、漏保和不足额投保的情况，难以满足供应链金融业务对物流品种高速周转的要求，专业化的物流保险产品的创新将成为供应链金融业务长远发展的有力后盾。

2. 确定存量下限，严格管理

银行根据所提供的信用额度、融资企业所交保证金及折扣比例来计算确定最低库存下限。同时物流企业要对质押物的存量下限进行严格控制，满足库存量按确定比例折扣后的价值加上保证金后不能小于银行提供的信用额度。当质押物的存量达到规定限度时，要采取通知、警告、冻结等有力措施。随着供应链金融业务量的不断增多，仅仅通过人工手段控制存量下限难度越来越大，因此，企业可以应用具有存量下限控制功能的管理信息系统，辅助操作人员进行仓储物的管理。

3. 统一仓单,专人管理

为避免操作的复杂性和交易的风险性,应对仓单内容、格式等进行统一的规定;同时派专人对仓单进行管理,严防内部人员作案,减少操作失误,保证仓单的真实性、唯一性和有效性。

供应链金融在中国的发展还处于初级阶段,不可避免会遇到这样那样的问题,但这不会阻止供应链金融的发展,对供应链金融特别是它有可能产生的风险,了解得越多就越有利于我们利用好这个工具,为供应链的发展做出贡献。

(六)形成统一的供应链核心价值文化理念

虽然供应链是不同文化、不同利益目标、不同经营理念组织的集合体,但它们都位于同一供应链中,整条供应链的高效与增值将使结点上的企业不同程度地降低企业总成本、提高个体利益。因此,整条供应链价值的提升是所有企业的共同需求,这需要链条上所有企业相互配合、协同一致,打造相同的供应链金融文化和核心价值观,用一种无形的力量将供应链条上松散的企业联盟紧密地团结起来,使之在行动上协调一致,减少系统内部不和谐因素,提高整体凝聚力,达到整体利益与个体利益的双赢,从而促进整条供应链稳定与良性地发展。

(七)加强信息平台建设

加强信息平台的建设,一方面可以减少信息传递中的失误,另一方面可以减少信息的不对称。一是由物流企业和银行共同构建的信息平台,物流企业可以利用自身的优势把自己掌握的信息及时地与商业银行进行沟通,解决双方之间的信任问题;二是由政府出面构建统一的供应链金融信息平台,该平台应包含工商、税务、海关等相关部门登记的企业的商业信用、产品质押等信息,商业银行可以通过这个信息平台查询这些信息。

第五节　数智化供应链金融

供应链金融的发展不仅体现为融资模式的创新,如资产证券化在供应链金融中的应用逐渐成熟,更是体现为对新兴科技手段的应用,如人工智能、云计算、物联网、大数据等,这些创新型技术的发展不仅加速了数智化供应链的产生,更是为供应链金融的发展提供了新的契机。

数字经济时代的供应链金融更多地利用数据信息,借助高科技手段推进资金的融通。因此,在数智化供应链金融中,相较于传统的商业银行,互联网公司、物流公司甚至是第三方平台具有更多的技术优势、信息优势,更能在金融服务中发挥作用,传统的银行服务已经不再是供应链金融服务的主体。因此,数智化时代促进了供应链金融新的变革与转型。

一、数智化供应链金融的主要特征

在2005年我国推出"互联网+"政策的背景下,供应链金融朝着数字化方向逐渐转型。在2007年,我国继而推出数字化战略,后来数字化有了飞跃的发展,比如AI技术越来越先进,并得到广泛应用。自2015年起,供应链金融也开始进行数字化转型,而到2017年供应链得到数智化升级。数智化供应链金融的主要特征表现在以下四个方面。

一是科技化。IoT、AI、区块链、云计算、大数据等技术为企业发展赋能,具体表现为在资产、设备、组织等方面赋能。

二是精细化。从全生命周期的角度上看,对链上资金的使用或者监控对象与使用时机上的把控就会越来越精准,那么供应链金融就会往精准化、精细化发展。

三是生态化。供应链上下游以及周边服务供应商抱团,将呈现出不同产业之间生态圈的发展。

四是场景化。产业供应链中具体应用场景可以是交易活动的场景,即单个生命周期,也可以是企业采购设计的整个过程的生命场景,或者为企业在萌芽、成长、成熟不同阶段的场景提供供应链金融服务。

二、数智化供应链金融的优势

(一) 动态信用评估,融资可得性提高

传统的企业信用评估主要针对企业的资产状况、财务状况进行静态评估,以企业的资产负债表为主要衡量依据,但供应链中交易的真实情况特别是企业间坏账率的高低并不能被金融机构较好地观测。而在数智化供应链中,依托移动互联网、信息技术的发展,融资机构的信息整合能力、交易分析能力也有了质的提升,融资机构能够更为细微地观测企业的真实运营情况,并进行实时监控,加强对债权的结构控制。利用数据挖掘,从交易中的订单信息、存货流动信息等分析企业以及整个产业链的真实信用信息,降低了融资机构的投资风险,并通过延伸核心企业的信用提高中小企业的融资可得性。

(二) 多元化融资服务,金融资源更为丰富

数智化供应链金融下,企业的融资方案不再拘泥于固定的融资模式,而是利用数据支持,对不同的供应链参与主体、不同的险资对象提供专业化、定制化的金融服务。各种供应链的交易特点使得金融服务的多元性更为凸显,在不同的供应应用中衍生出更为明显的特性。因此,未来的供应链金融将朝着垂直化、精准化、专业化方向发展,并逐步成熟。

在数智化时代中,资金提供者不再拘泥于金融机构,个体投资者与融资企业之间能够在低风险的环境下实现深度交流,供应链的网络生态式组织结构更为深化。

(三) 以"四流合一"为目标,降低融资风险

供应链金融的终极目标是实现商流、物流、资金流、信息流的"四流合一",在数智化时代下,信息的实时匹配加速了供应链信息流与其他"三流"的整合。例如区块链技术应用,可以保证供应链间交易过程产生实时足迹,既能够加强交易的真实性,又能够永久追踪,加速"四流合一"的实现。同时,根据交易的动态数据实时监控,大大降低了企业的借贷风险。

三、数智化供应链金融的应用场景

(一) 金融服务平台

金融服务平台依托平台的优势,利用数据挖掘、搜索引擎等技术,使得交易不再受时间与空间的约束,降低了金融交易的成本,拓宽了金融交易的界限,实现了个体间的点对点式交流。在数智化时代下,金融服务平台可以借助自身优势,在云基础设施服务上,将大数据、人工智能等技术手段加以嵌入,为平台打造坚实的科技基础,实现资助供需端、金融科技端与金融服务端之间资源的深度链接,努力打造智慧金融,将"1+N"的供应链金融模式扩展到"N+N"的模式,促进供应链金融的成熟发展。

(二) 资产证券化平台

资产证券化与供应链金融的结合促进了供应链中金融模式的创新。但由于证券化的资产多为分散性的资产,特别是在应收账款资产证券化中,小规模、高批量的应收账款使得可证券化的资产管理存在困难。加之企业与企业之间、融资者与投资者之间信息的不对称性,资产流转的规模与速度都受限。在数智化供应链金融时代,更多标准化、可流转的资产交易平台与具有高效手段的征信平台、评级机构一起,加速催生了可快速流转的资产证券化产品。同时,数智化时代的来临使得资产真实性、信用稳定性更有保障,金融市场的资产定价更为合理,信息不对称问题对资产交易的阻碍不复存在。

(三) 特定金融科技的运用

金融科技(Fin Tech)在金融行业的运用促进了智慧供应链金融的快速发展,是供应链金融变革发展的主要催化剂。具体来说,金融科技就是利用"A"(人工智能)、"B"(区块链)、"C"(云计算)、"D"(大数据)等技术手段,重塑传统金融产品、模型、流程和组织。在金融业务发展中,金融技术主要可用于以下四个方面。

1. 差异化金融服务

大数据和人工智能可以根据每个用户的情况改变金融产品的统一服务模式,实现差异化服务。借款人申请借款时,客户贷款利率和信贷额度可以根据不同的信贷水平为客户进行安排,按照客户的信用水平将客户划分为不同的等级,并向客户征收不同的借贷利率,实现差异化金融服务。

2. 智能营销

利用网络渠道以及各种交易信息,通过大数据模型实现对客户的精准定位,针对个体的特点与差异,主动向具有潜在资金需求的客户推荐特殊化的金融服务,实现精准营销,降低金融机构的服务成本。银行在金融服务中的角色也可从"被动银行"向"主动银行"转变。

3. 智能投资

从资金供给方的角度,数智化时代下可以利用智能算法为投资者制订匹配的投资方案,避免盲目投资对投资者的积极性形成打击,这不仅是对投资者的福音,更是对融资企业的利好现象,间接丰富了企业的金融资源。

4. 高效支付清算

创新型的支付清算手段,如生物识别技术支付创新,以及区块链技术在监管部门的运用,都使得交易流程极其便捷,大幅降低了交易成本。同时,清算技术的创新也使得交易者的关键信息得以捕捉,减少了交易风险,维护了市场秩序。

(四) 技术企业的跨界整合

在供应链业务生态系统中,一些专注于企业融资、货物仓储、商品运输等的软件服务提供商选择利用其在专业领域的技术和市场优势来整合供应链资源,建立服务云平台,累积客户和专有数据,以形成专有风险类型,并以此方式单独或与金融机构合作,在供应链融资方面进行创新。

本章小结

本章的主要内容是介绍供应链金融的相关知识。首先介绍了供应链金融的理论基础知识,包括供应链金融的发展动因、基本概念、特点及优势。其次介绍了供应链金融的各个参与主体,包括供应链上下游中小企业、供应链核心企业、银行、第三方物流公司和其他支持性组织等。再次,分析了供应链金融运作模式,有基于预付账款的保兑仓融资模式、基于存货的融通仓融资模式和基于应收账款的融资模式。之后,讨论了供应链金融存在的风险,并提出相应的风险管控措施。最后,讨论了供应链金融的数智化问题,并指出数智化是供应链金融未来发展趋势之一。

思考题

1. 什么是供应链金融?企业供应链融资的基本模式有哪些?
2. 供应链融资的各个模式都有什么优点?可能面对哪些特有的风险?
3. 供应链融资活动对涉及的参与主体有什么样的现实意义?
4. 供应链融资与其他的融资方式有何区别与联系?
5. 如何理解数智化供应链金融?

案例分析题

齐商银行的金融数智化实践

随着金融科技的逐步发展,互联网、大数据、供应链金融等技术手段和业务模式备受关注和应用。加大金融服务力度,着力缓解民营企业特别是小微企业融资难题,是党中央、国务院及各级政府重点关注的问题,也是广大小微企业、"三农"客户、个体工商户等经营主体的期盼。2020年新冠疫情突发,又向供应链金融提出了"零接触、快投放"的服务需求。

在此背景下,齐商银行通过长期在供应链金融领域业务实践的不断延伸,结合全行的数字化、智慧化转型方向,通过科技改变传统的金融信息采集来源、风险定价模型,通过将小微企业与个人客户群体的交易、生活、物流、税务等具体交易场景融入线上化审批模型,依托大数据、核心企业、政府平台等信息进行整合,真实还原场景画像,形成了一套包括"e齐惠农贷""e齐怡秒贷""e齐税易贷""e齐鑫车贷""e齐采购贷""e齐阳光贷"等在内的"场景速e贷"(数字化、智慧化纯线上场景信用贷款)产品家族,并依托齐商银行"泰山产业领军人才工程"的大力推动和广泛实施,在抗击新冠疫情和复工复产期间发挥了重大作用,获得了良好的经济效益和社会效益。

一、场景速e贷

"e齐惠农贷"是在齐商银行多年农业产业链业务实践基础上,采用最新的智慧供应链金融模式打通"三农"领域,批量化服务"三农"客户的全线上化农贷产品。该产品以农业核心企业和政府专业担保公司为切入点,实现了农贷业务的全线上化办理,充分发挥了线上贷款优势,突破了时间、地域限制,农户可通过齐商银行手机直销银行进行线上基于生产交易的各个环节自助发起融资申请,结合身份证信息借助人脸识别等科技手段进行身份真实性验证,系统后台模型自动审批,实时反馈结果,线上签约放款,足不出户享受"3分钟申请,1分钟审批,0人工干预"的便捷全线上惠农信贷服务。它极大地简化了农户贷款流程,大大缩短了贷款时限。对于审批通过的客户,在线签约后的短短几分钟内,齐商银行线上贷款系统即可发放贷款并直接受托支付至生产场景的交易对手,用于为农户支付饲料、种苗、防疫、押金、物流等各环节所需资金,缓解农户资金压力,保障生产畅通。

"e齐怡秒贷"是齐商银行创新研发的首个细分行业纯线上小微金融产品,是一款供应链垂直细分行业场景的智能大数据贷款,依托与国内首家上市供应链公司——怡亚通联合共建的智能决策引擎,为快消品行业平台客户提供全流程线上化智能金融服务。该产品基于平台快消品真实交易场景,依托交易链条中商流、物流、资金流和信息流数据,通过数字化、系统化操作形成闭环控制进而形成"四流合一"的强大风控体系,有效破解了快消品行业小微客户"轻资产、无担保"的融资难题,将智能与服务合二为一,提升了快消品行业小微客户的经营流转速率。下一步该场景将逐步推广应用到地方快消行业龙头企业平台,惠及更多底层快消行业小微客户。

"e齐鑫车贷""e齐阳光贷"是齐商银行基于经营车辆购置和光伏设备购置的场景,通过大数据分析,依托贷款资金闭环操作,有效控制贷款风险,实现了客户线上申请、高速审批、线上完成签约放款、贷款资金直达供应商转换为营运车辆和光伏发电设备、保障资金用途的真实,同时通过保险公司的接入直接配备与生产周期相匹配的低于市场价格的保险产品,让客户在享受低价保险服务的同时对生产生活又多一份保障。另外,针对车贷和光伏贷贷款周期长、生产环境需持续监测的特殊模式,制定相应的贷后管理体系,通过对外部数据(GPS及光伏发电量)的贷后分析模型,直接对客户的经营状况及还款能力予以关注,对于出现异常的客户做到及时预警,并告知相关人员,形成贷后监控体系,实时监控贷款状况。

"e齐税易贷"是齐商银行通过与政府税务大数据对接,针对正常纳税的优质客户,推出的一套全线上、秒批秒贷的纯线上贷款产品。该产品基于税务大数据,确保数据的真实性、有效性,并结合第三方提供的行为数据分析,共同通过行内的智能决策和审批模型,形成完整客户画像,进而为合法纳税、经营良好的客户提供优质的金融服务,让依法纳税和享受优质金融服务相得益彰、相互促进。

"e齐采购贷"是齐商银行基于政府智慧金融服务平台与大数据平台中的政府采购数据库,对参与政府采购并中标的小微企业供应商,凭借其中标政府采购合同中约定的付款方式,以未来应收账款作为主要还款来源,用于购买原材料、生产加工、劳务支出等资金周转的短期流动资金贷款业务。它精准缓解小微企业供应商的资金难题,变过去的个人对接政府应收账款为银行统一对接、提前付款,让小微企业更加有底气、有意愿参与政府采购项目建设,也通过贷款资金提前补位政府采购款让小微企业有了扩大再生产的机会。

二、综合效益

齐商银行不断创新小微、三农金融产品,通过"场景速e贷"(数字化智慧化纯线上场景信用贷款产品)业务模式进一步提升齐商银行小微、三农金融服务质效。综合效益主要体现在以下五方面。

(1) 效率更高。通过资金封闭运作模式,授信资金定向支付极大地提高了核心企业或交易对象产能的饱和度,有效减少了企业的运营成本,增强了核心企业或交易对象的现金流转能力,同时也为其业务开拓提供了有力的资金支持,该产品家族以极低的人力成本,人均产出效率达到传统小微信贷模式的10倍。

(2) 成本更低。通过场景代入,利用金融科技在线获取小微企业与核心企业往来的经营数据,降低了银行的单笔、单户考察成本,解决了发展普惠金融人力资金成本投入高、效益产出慢等导致金融机构不愿意开展小微金融业务的难题,同时小微企业通过该产品的贷款利率也相应降低。

(3) 覆盖更广。借助互联网技术,直销银行、电话银行、手机银行等现代金融服务方式,扩展金融服务在农村地区与偏远地区的辐射范围,充分发挥互联网金融成本低、效率高、覆盖广、发展快的优势,提高金融服务实体经济效率,可在很大程度上解决长尾群体融资成本高、融资途径少、融资选择性差的问题,为数量庞大的小微企业和个人客户群体提供金融服务支持,全面带动广大小微企业的发展。

(4) 门槛更低。该模式借助核心企业的信用担保,通过大数据分析等手段,创新信贷产品,优化信贷流程,增强风险识别能力,减少对抵质押担保的依赖,弱化对小微企业的担保方式要求,降低对小微企业、个人客户自身综合资质的要求,只要产业链条可以触达的客户群体，金融链条亦能触达。

（5）安全系数更高。可通过对产业链中各方资金流水情况、合同履行、诚信情况等数据信息的有效评估，有效判断融资对象的还款意愿、还款能力和产业链风险特征识别，显著减少银行贷款调查过程中面临的信息不对称的情况发生，降低借款人的信用风险，有效规避操作和流动性风险。银行可通过与多方联动实现闭环操作，批量及时获取产业链真实交易数据，使客户经理全面掌握核心企业的经营情况，从而控制系统性风险的发生。大数据的运用及审批模型的制定，使得业务审批更具有实时性，增加了审批的准确性，降低了业务风险。此外，在疫情期间，全线上的业务模式避免了面对面近距离接触，降低了客户经理的感染风险。

三、特色成效

（1）客户体验度更优。实现了小微企业、个人客户信贷业务的全面线上办理，充分发挥了线上贷款优势，突破了时间、地域限制，客户可通过齐商银行手机直销银行进行线上自助贷款申请，结合身份证信息借助人脸识别等科技手段进行身份真实性验证，系统后台自动审批，实时反馈结果，线上签约放款，足不出户享受"3分钟申请，1分钟审批"的一站式全线上普惠信贷服务。对于审批通过的客户，在线签约后的短短几分钟内，齐商银行线上贷款系统即可自动发放贷款并直接融入交易场景，用于真实交易使用。

（2）申请手续更简。依托真实交易场景，降低了对传统小微信贷业务中贷款主体的综合资质要求，不再像传统贷款申请高度依赖于资产负债情况、征信情况等资料，场景贷的模式将贷款审批融入交易场景，配合智慧化闭环操作和数据化全流程贷后跟踪，几乎实现了金融对场景的"无感切入"，针对不同的场景制定不同的操作流程和审批方式，流程更简，审批更灵活，客户体验更佳。

（3）办理成本更低。借助大数据分析，通过对调查和审批的标准化、模型化和自动化建设，大大降低了客户经理和客户的人工工作量，进一步释放了人力资源，实现了"数据多跑腿"，大大降低了交通成本、时间成本，同时批量放款、多方智慧化、数字化介入也为降低各方成本提供了机会，价格降低成为必然。

（4）模式灵活多样。通过对农业、车贷、光伏、消费品行业的深入分析，依托不同审批维度与风控模板，可以形成有效的针对性的授信模式。一方面，既能针对性地解决不同客户种类的信贷资金需求，另一方面，又能够通过模板化审批有效细化分类，提高审批效率，实现不同业务种类的"精准滴灌"，整个家族产品具备无线兼容性，基本可以实现打通一个场景即可接入一个模型，接入一个模型即可落地一款产品，落地一款产品即可服务一批客户。

四、推广价值

"场景速e贷"通过代入小微企业与个人客户群体的交易、生活、物流、税务等场景，以其高度的闭合性、延展性，依托真实交易背景广泛适用于金融机构服务的各类地区、产业与行业。一方面，该产品迎合市场客户需求，实现了用真实场景交易连接小微企业和银行的直达式金融服务,全线上化的操作满足了广大服务群体日益提高的客户满意度与体验度需求。另一方面,使金融机构批量化操作更简便。尤其是疫情期间,小微企业、个人客户线上自助贷款申请,系统后台自动审批,实时反馈结果,线上签约放款,大大简化了贷款流程,缩短了贷款时限。同时,闭合操作风险更低,对于大数据的运用及审批模型的制定使得业务审批更具有实时性,增加了审批的准确性,降低了业务风险。截至2020年12月末,24个月的时间里"场景速e贷"产品累计放款8 060笔共计364 465.59万元,为大量小微企业、个人客户的发展注入了金融动能。

资料来源:https://view.inews.qq.com/a/20220106A08BCG00。

请思考:
1. 齐商银行推出了哪些供应链金融产品?
2. 数智化供应链金融有哪些特点?

第九章 供应链契约管理

> **学习目标**
> - 了解供应链契约的内涵与构成要素
> - 掌握供应链契约的种类和缔约障碍
> - 理解供应链契约定价的方法与过程
> - 掌握供应链契约的经典模式的内涵
> - 理解影响供应链契约效果的因素

【导引案例】

百事达公司的客户满意度问题

百事达娱乐公司是全美最大的录像带出售、出租连锁店。百事达1986年有19家商家,到1991年增加到了2 829家,总收入大约为12亿美元。1991年百事达所经营的所有商家的平均月收入甚至可以达到75 000美元。它是当时当之无愧的录像带出租行业的老大。但在新技术和成本的挤压下,也面临一些问题。

据统计,对新发行的电影录像带的需求通常开始非常高,随后会迅速下降,需求峰值大致持续10周,而零售商不能确定购买的数量能否满足峰值需求。1998年,20%受调查的消费者声称他们租不到想看的电影录像带。

实际上,电影公司和影像出租行业之间传统的安排是出租店购买录像带(大约每部影片65美元),出租店保留所有的出租收入(每次出租费用大约是3美元)。这意味着一盘录像带需要借出22次才能够实现盈利。所以,对任何一部影片,影像商店都不情愿购买太多的拷贝也就不奇怪了。当然这也就意味着顾客很有可能会发现想要租的影片录像带已经被租出去了。这就会导致客户常常租不到影片,从而使客户感到不满意,影像商店的潜在出租收入会损失掉。百事达公司该如何解决这个成本导致的客户不满意问题呢?

第一节　供应链契约管理概述

供应链契约是指供应链成员之间针对由于需求和供给不确定性产生的风险和利益分担做出的约定,通过对交易过程的约束和对成员的激励,来保证交易的完成。供应链中企业之间的协作、控制、管理都需要供应链契约管理来支撑,以有效提高供应链整体运作效率和稳定。

一、供应链契约管理起源及内涵

(一) 供应链契约管理的起源

自20世纪90年代以来,科学技术快速发展,消费者生活水平不断提高,企业之间的竞争加剧。消费者对企业产品和服务的要求不断提高。企业不再单打独斗,而将其视角转移到企业外部,以一个供应链网络上的结点呈现。竞争不再仅表现为企业与企业之间的竞争,而更多地表现为各个企业所在的供应链之间的竞争。

供应链管理逐渐成为现代企业管理过程中所必须关注的重要方面。在供应链管理过程中很重要的一部分就是管理协调供应链成员之间的关系。但是在实际的供应链中,常常由于双边际效应和信息不对称的存在,供应链管理发生扭曲。这种供应链网络不稳定状况的存在,需要供应链协调发挥作用。根据与上下游企业的合作程度,协调的方式主要有集中控制(部分垂直一体化或控制核心资源获得)、伙伴关系和供应链契约三种。本章主要针对供应链契约这一协调方式。

(二) 供应链契约管理的内涵

契约是指两人或多人之间为彼此设定合法义务而达成的具有法律强制力的协议,主要用于经济和法律领域。供应链契约就是经济学契约在供应链中的一种表现形式。而供应链契约指的是通过提供合适的信息和激励措施,保证买卖双方协调,优化销售渠道绩效的有关条款的合集。即使供应链无法实现最好的协调,也可能通过契约的设计实现帕累托改进,保证每一方的利益至少不比原来差。供应链契约是在完全市场化的条件下协调供应链的最佳工具。通过供应链契约管理,可以促使供应链达到整体最优。契约签订是当今供应链企业普遍选择来维系供应链稳定的手段。

供应链契约这个概念最早是由帕斯特纳克(Pasternack)在1985年提出,他通过对市场中退货问题的研究,得出了制造商不必根据市场需求的分布来签订契约。在此之后,其他学者们也针对供应链契约进行了大量研究。

通过不断的研究,学者们总结出四大契约模式,即批发价契约(Wholesale Price Contract)、收益共享契约(Revenue Sharing Contract)、回购契约(Buyback Contract)以及数量柔性契约(Quantity Flexibility Contract)。在这四大契约的基础上又发展出了各种不同的契约模式,如期权契约等。

二、供应链契约的主要内容

供应链契约用于供应链成员之间相互关系的约定,包含了供应链中各方面的内容。在契约设计过程中,主要需要考虑以下几个方面。

(一) 定价(Pricing)

如 $P(Q) = f - aQ$,这是一个线性定价模型,其中,f 表示基本价格,a 表示加一单位的价格变动。

(二) 最小采购量(Minimum Purchase Commitments)

要求买方承诺单次交易量或者某时间段内累计交易量不低于某一水平。供应商可以通过减少买方初期付款金额的方式来激励买方承诺。

(三) 决策权的确定(Specification of Decision Rights)

决策权是供应链契约管理中的主要要素之一,它的确定由各成员实力和在供应链所处的位置决定。

(四) 数量柔性(Quantity Flexibility)

灵活订货往往发生在买方需求存在不确定性的情况下。在该情况下,供应链各成员需要根据随机需求模型刻画需求的变化规律。

(五) 分配原则(Allocation Rules)

制造商的产品如何在各个分销商之间实现良好的分配,通常是指供不应求的情况下,如何分配以实现供应链的利润最大化。

(六) 提前期(Lead Time)

把提前期作为供应链契约的调整内容时,可以通过改变提前期为各方带来收益。

(七) 质量控制(Quality Control)

把质量有关条款明确写入契约,可以有效保护买方利益、维护双方信任。

(八) 退货政策(Return Policies)

分销商可以在满足条件的情况下,将部分或全部未销售的商品返还供应商。

供应链契约管理主要是交易双方对以上各个方面进行管理,良好的供应链契约设计和管理机制会对成员之间关系的稳定起到极大的促进作用,从而促进整个供应链的协调和稳定。

三、供应链契约的特征

(一) 交易双方共担风险

供应链中的不确定性主要包括需求不确定性和供给不确定性,具体的不确定性因素包括市场需求、销售价格、成品率、交货期、兑换率等。供应链契约是买卖双方共同承担这些不确定性所带来的风险的重要手段。例如,零售商将历史需求信息和预测需求信息分享给处于其供应链上游的制造商,帮助其进行物料采购决策和产能决策。如果零售商没有对信息进行承诺,那么零售商就不会将完整的或正确的信息传递给制造商。当实际需求低于预测时,零售商就可能取消订货,那么制造商则承担了大多的风险。如果通过契约的约束和激励,那么双方共担风险,就有利于总体成本的下降。

(二) 追求总体绩效改善

供应链契约的目标是使整条供应链的系统绩效达到最优,并以此为前提条件,界定各成员之间的权利和义务,保证物流、信息流和资金流的整体性。供应链契约对单个成员来说可能会形成一种约束,或者说是不是最优的选择,但是从整条供应链的角度考虑,契约是实现整体最优的合适手段。

(三) 监督和激励的功能

供应链的本质就是成员之间的相互协作,但是在具体实现的过程中,由于各自利益目标不同所造成的冲突,会带来很多障碍。供应链契约的特征之一就是激发和规范各参与企业的行为。供应链中协作与否取决于契约所带来的激励和约束,契约的主要目标之一就是解决执行协作行为的激励不足问题。

(四) 长期、动态、柔性契约

21世纪,企业的竞争是它所在供应链与竞争企业所在供应链的竞争,供应链结点企业之间是一种动态联盟的关系。通过共享信息实现交易双方之间长期、动态的合作关系,品种、数量和交货期具有一定的可变柔性,是供应链契约的发展趋势之一。

四、供应链契约的种类

供应链契约有各种各样的形式,根据不同的分类标准可以将供应链契约分成不同的种类。

(一) 按契约协调对象分类

1. 供应商与制造商契约

这里的供应商指的是原材料的供应商,供应商与制造商签订原材料供应契约,保证制造商的产量,并使双方获得可观的利润。

2. 制造商与经销商契约

制造商与经销商之间的协调也通过双方之间的契约来实现,契约的约定是双方在供应链中各实现各自的职能,确保整条链的完好运行。

3. 经销商与零售商契约

这类契约的签订受最终客户需求的影响较为明显,零售商根据自身对需求的预测向经销商获取足额的产品来满足客户的需求。

4. 零售商与客户契约

这是供应链下游需要实现的契约,零售商通过与客户之间签订契约实现整条供应链的价值。

具体如图9-1所示。

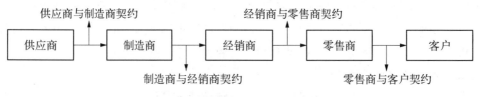

图 9-1 据契约协调对象契约分类

（二）按契约的物流职能分类

1. 供应契约

供应契约即订货/补货契约，属于购销契约，通过契约规定供应方的基本义务就是按时、按质、按量、按地将产品交付给需方。

2. 运输契约

运输契约是指关于在将货物从起点运到规定终点过程中双方的义务和权利的规定。

3. 仓储契约

仓储契约是指保管人储存存货人交付的仓储物，存货人交付仓储费的契约。

（三）按契约的时效分类

1. 长期契约

一般用于企业之间的长期合作，如战略联盟体系中成员之间就可能执行长期契约。根据价格是否可变，又可细分为固定价格契约和变动价格契约。固定价格契约指的是在契约有效期内，供需双方按照契约规定的不变价格来履行契约，这是基于信任和良好的相互关系才可能执行的一种契约模式。可变价格契约中，缔约双方在有效期内可以就契约的价格进行再协商和修改。

2. 短期契约

短期契约是供应链成员根据自己一段时期内的具体需求签订的一次性或者较短时间的交易性合同。

（四）按契约的优化模式分类

供应链契约按照具体的契约制定模式与条款主要可以分为：批发价契约（Wholesale Price Contract）、收益共享契约（Revenue Sharing Contract）、回购契约（Buyback Contract）、数量柔性契约（Quantity Flexibility Contract）、期权契约（Option Contract）、返利契约（Sales Rebate Contract）等。其具体内容在本章第三节有详细介绍。

五、供应链契约的缔约障碍

供应链成员在制定供应链契约时，必然会面临各种各样的障碍，这些障碍的存在具有客观性，双方在制定契约时应当予以考虑。主要的障碍有以下几种。

（一）机会主义行为

由于在供应链中，契约签订双方所具有的信息不对称，并且利益目标存在差异，这会导致双边际效应和机会主义。双边际效应是指双方在信息不对称的情况下，双方片面地追求各自的利润最大化，从而导致整体利益的流失。机会主义则是指，在契约履行过程中，由于信息不对称的存在，有利的一方可能会有欺骗和不完全履约等机会主义行为。机会主义行为又分为事前机会主义行为和事后机会主义行为。事前机会主义行为指交易各方在签约时利用之前的信息不对称或隐藏信息来签订利己的契约。事后机会主要行为指交易一方采取隐藏某些信息来使自身获利的行为，如零售商隐藏部分需求信息来获得更高的订单优先权。这种短期的投机性行为可能会损害整条供应链的绩效。

例如在乳业在中国发展初期，乳业供应链中就存在大量的机会主义行为。一方面，农户存在机会主义行为，主要有：(1) 掺假。在牛奶中掺水是农户为降低成本和提高收益而采取的一种自我保护行为。(2) 不履约。当时全国的乳制品企业大量抢占奶源，纷纷采取竞争的态势，由买方市场转为了卖方市场，在这种情况下，奶农不管契约的约定，只将牛奶卖给出价高的企业。

另一方面，乳制品契约也存在机会主义行为。最典型的例子就是在奶粉中掺加三聚氰胺来降低成本，同时提高蛋白质含量进行获利。

信息的不对称会对供应链契约的缔结产生极大的困阻，而有效的信息共享是使供应链获取最大利益的绝佳途径。

(二) 资产专用性

资产专用性(Asset Specificity)即资产用途的专用性，威廉姆森(Williamson, 1985)对资产专用性进行了定义，认为它是指一项资产可调配用于其他资产的程度，或由其他人使用而不损失生产价值的程度。在契约的执行过程中它具有重要的意义，不同资产的性质会影响契约的执行效率。当某种资产具有较高的转移成本，并且只有在特殊交易中才能产生效用时，这时候就称这种资产有某种专用性。

当资产不具有专用性时，交易各方都可以较低代价甚至无代价地将资产转用于其他方面。如果资产具有专用性，则若被转用于其他方面，生产效率会降低，资产的价值也会因此减少。在这种情况下，交易双方就会努力维护其契约关系的共同利益。所以资产是否具有专用性以及专用性的程度都会影响供应链契约的效果。

(三) 免责条款

免责条款是指当事人双方在契约中事先约定，旨在限制或者免除双方当事人未来责任的条款。广义的免责条款不仅指责任的免除，还可以指债务免除。虽然它是一种规避风险的手段，但是过多的免责条款则会限制契约的效力，也会降低供应链成员之间相互的信任感。此外，如果各方只是追求自身的免责条款，就会导致契约执行的困难和监控成本的上升。

例如，简单的两阶段供应链中，供应商向零售商签订契约时，追求质量免责条款，这意味着零售商需要对供应商有极大的信任才能使契约顺利签订。契约签订后，供应商在质量免责条款下对质量监测的力度就会大大下降，而零售商则承担极大的风险，整个供应链的利益大大降低。

免责条款虽然能够为免责一方带来一定的保障，但是过多的免责限制会使供应链契约的实际可行性大大降低。在签订契约时，双方应该在考虑自身利益的同时，考虑在契约中应该加入的免责条款的项目和数量。

（四）契约成本

供应链管理的基础目标就是使供应链利益极大化，这就需要尽可能地降低供应链中的成本，契约成本也是需要考虑的一个方面。供应链契约的制定、执行和终止过程中所涉及的直接费用和间接费用都属于各个企业所需要考虑的契约成本。如果契约成本很大，大于契约实施可能带来的收益，即企业就不会选择制定契约。只有当成本小于收益时，双方才可能选择合作。

在实际生活中，契约成本的存在是不可消灭的，但是双方可以通过采取一些措施来降低契约成本。如建立紧密的战略合作伙伴关系，极大地简化契约签订和执行程序。

第二节　供应链契约定价管理

供应链从本质上来说也是一个市场，在市场中一个核心的概念就是价格。一个合理的价格能够使产品和服务的传递更加有效、供应链运作更加顺畅，并且只有合理的价格才能为供应链创造出最大的效益。在供应链契约中一个核心的内容就是定价，合理价格的确定是供应链契约可以实施的首要程序。

一、供应链定价过程

供应链定价不是一个简单的口头交谈就能确定的，价格的确定是一个系统的过程，在进行定价之前首先需要考虑影响定价的诸多因素，然后才能将定价的过程系统地进行下去，从而达成交易，保证供应链的协调。

（一）供应链定价的考虑要素

1. 竞争环境

市场竞争环境是价格制定的基础，也是影响价格的直接因素。市场的供求情况、竞争格局、规则等都对价格有着最直接的影响。如完全竞争市场中，企业基本上只是价格的接受者，而不是确定者。但在一个垄断市场中，企业对价格的确定就有了较大的话语权。

2. 产品特性

产品特性是指某产品除了具有同类型产品的最基本的功能外所具有的其他特征，如性能、外观、品牌以及供需的时效性等方面所具有的特点。这些特性也会影响产品的定价。如某些产品的市场价格相对稳定，对于这类产品可以采用成本定价法和生命周期定价法。成本定价法是指产品的价格由成本和目标利润两方面组成。生命周期定价法则是指供应链产品应该根据产品的生命周期适时调整价格,供应链产品有导入期、成长期、成熟期和衰退期。处于不同的时期产品的定价方法应该是完全不同的。衰退期的价格应当比成熟期的要低。

而对于价格变化剧烈的产品,则需要将供应链决策权前移(往靠近客户方向移动),尽量提高决策的有效性和定价的及时性,这样可以提高对市场的响应性。

3. 客户分布

随着客户对于产品数量、品种、款式、交付时间等的要求越来越高,越来越个性化,客户分布对于供应链成本的影响日益加强。多品种、小批量的生产模式越来越受欢迎。供应链的定价需要能够与客户个性化的需求统一起来,使定价能够及时反映需求,并确保利润。

4. 转移成本

转移定价是指供应链上参与价值增值的企业之间转移中间产品时下游企业对上游企业的支付模式,它决定了供应链的总收益在上下游企业之间的分配方式。而转移成本是指在转移定价的过程中,利益各方发生的相关费用等。它为供应链上各结点企业提供了一个产品转移的价值尺度。

成本一直是影响价格的一个最主要的因素,转移成本同样影响着供应链上的转移定价。供应链上的转移定价可以平衡利益目标不同的各经济实体,从而保持供应链的协调运作。所以供应链中的转移成本也是供应链定价的一个影响因素。

以上各个要素是影响供应链契约中定价的主要因素,除此之外,还有供应链内部环境、政府政策等也会影响定价。在定价之前,应先对上述要素进行权衡,再对价格进行抉择。

(二) 供应链定价过程

在简易的供应链中,定价过程如图9-2所示。制造商率先给定零售商批发价,各零售商再根据批发价和相关成本制定零售价,而针对每一个零售价,市场会给定相关需求量。在信息共享的基础下,零售商将需求信息反馈给制造商,制造商根据反馈信息制定最优的批发价,从而使整条供应链利润达到最大化。

图9-2 简易供应链定价过程

二、供应链定价原则

供应链中的产品也是市场交易中的产品,因此它的价格也要遵守市场规律。价格由价值决定,受价值规律的束缚。因此供应链中定价也应该遵从以下几个原则。

(一) 成本基础原则

供应链中各成员在交易中发挥的作用不同,因此付出的成本也各不相同。供应链中各企业作为一个个独立的经济主体,其进行交易的首要目的就是收回其所付出的成本。所以在进行定价时应以成本为基础,在成本的基础上加上各自的目标利润就组成了价格,这是价格的最基本构成。

(二) 交易达成原则

在供应链中,各个企业的目标不同,但大多以利润最大化为目标。所以在进行价格谈判时,卖方多数开高价,买方多数开低价。但是只有当价格趋向一致时,才能达成交易,供应链才能存续下去。所以在供应链中,交易各方在进行价格谈判时,应以交易达成为目的进行定价。不考虑对方的实际接受能力就胡乱地进行开价,交易就无法达成,供应链契约也就无法形成,链条就会出现断裂。

(三) 利润分享原则

供应链中商品的价格不仅代表在供应链中流动的产品的价值,更代表对产品所带来的利润的分割。产品的价格要合理反映供应链成员企业之间利润分配的合理性。因此定价最需要体现的原则就是供应链中各企业之间的利润分享。

(四) 风险共担原则

供应链上各个企业所承担的风险大小不一,而风险和收益是成正比的。高收益往往也伴随着高风险,同样低风险的活动大多数时候也意味着低收益。能够获得高价,也就是获得高收益的一方,往往也需要在供应链中承担更多的责任和义务,面临着更高的风险。风险的大小以及相互的分担同样应该在价格中体现出来。

(五) 长期合作原则

结点企业之间合理的定价有益于实现供应链的长期合作。一个合理的价格,既能保证企业自身的收益,也能向对方传达友好合作的态度。这会加速双方信任的建立,有利于供应链上各结点企业之间的长期友好合作。而无诚意地开高价,无异于直接告知对方不愿合作的态度。所以在供应链中定价时要考虑建立企业间合作、加强企业间联系,就应当遵循长期合作的原则。

三、供应链定价基本模型

一般而言,产品售价与其生命周期阶段之间存在长尾效应的价格曲线,如图9-3所示。高端消费群体所关注的新款产品,一般价格弹性较低,可制定较高的价格;而一般性的功能产品,价格弹性较大,应该制定较低的价格。

在供应链中,产品的定价主要有以下几种基本模型。

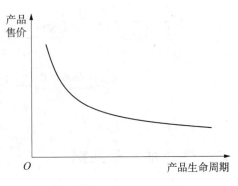

图9-3 产品售价变动图

(一)成本定价

成本定价是指在产品的实际成本和企业的各种相关费用的基础上,确定能使企业获得利润的价格。实际的成本中主要一部分就是生产成本。生产成本包括生产直接消耗的人工、材料、水电等费用。而相关费用则包括管理费用、财务费用等。价格中除此之外的部分就是企业所能获得的利润,这部分需要企业根据行业的特点来确定。模型如下:

$$p = c + r$$

p 为企业制定的价格,c 为各项成本,r 为企业利润。

成本定价模型主要适用于生产型企业的定价问题。一方面,企业不改变价格,采取与同行同样的价格,但在形成产品成本的采购、生产、物流等环节控制成本,这可以使企业获得更多的利润。另一方面,企业通过成本的控制,在降低价格的同时保证利润,这可以使企业获得更多的市场份额。

(二)需求定价

需求定价是指针对产品的具体市场需求状况制定价格,综合反映产品的生产成本和市场价值。需求定价方法要求企业不断提高产品的市场竞争力和产品利润,一方面降低生产成本,另一方面通过不断创新来适应客户的新需求。需求低迷的产品,或者说是过时的产品,其价格甚至会低于其生产成本。而能够满足客户最新需求的产品则会获得更多的利润空间。如家电类产品中,最新产品的利润可能是老产品的几倍。具体模型如下:

$$P = f(q)$$

需求定价模型中价格是市场需求的函数,在不同的行业中函数的形式也不同。但是需求定价模型描述的基本趋势是针对高需求的产品制定高价,针对低需求的产品制定低价。

(三)差别定价

差别定价是指根据不同消费者对价格的敏感程度不同制定不同的价格。由于存在的差别有很多种,因此具体的差别定价有以下几种。

1. 基于群体差别定价

由于不同的群体对价格的敏感性程度不同,所以在同时面向多个群体进行定价时,应该考虑这种差别。在现实生活中,这样的例子有很多,如学校周边的餐厅为学习提供优惠,公交公司为老人提供优惠等。

2. 基于渠道差别定价

随着科学技术的不断发展,产品销售的渠道也由以前的单一渠道变成了现今的多渠道。现今由于渠道差别的存在,产品通过不同的渠道销售也可以采取不同的价格,如产品在实体店销售和网络销售可以有不同的价格,同样的汽水在便利店和超市的价格也不相同。这种方法适用于不同的渠道的消费偏好者有不同的价格敏感性。

3. 基于区域差别定价

这种定价方法利用了消费者在不同的场所有不同的价格敏感度。例如,同样的酒水在餐厅的价格要比在零售店里高很多,但是依旧卖得很好。同样,超市在不同地区制定的价格也不相同,城郊的价格大多要低很多。

4. 基于时间差别定价

相似的商品可以根据时间进行差异化定价。例如,现在很多物流企业会根据配送时间的长短收取不同的价格,戴尔公司根据完成修理所用的时间的不同收取不同的价格。

第三节 供应链契约典型模式

供应链契约有多种多样的模式,有批发价契约、回购契约、收益共享契约、数量柔性契约、数量折扣契约、期权契约、延迟补偿契约、回馈与惩罚契约等。但是正如第一节所提到的,最基本的契约模式是批发价契约、回购契约、收益共享契约和数量柔性契约,其中批发价契约和回购契约是研究最早也是最为常见的契约类型,而收益共享契约和数量柔性契约则涉及供应链合作中的核心内容:成员收益和产品数量。其他契约模式大多是由这四种契约组合或衍生出来的。如期权契约和预购契约就是由回购契约衍生出来的;在批发价契约中增加激励和惩罚机制则可以演变为数量折扣契约或回馈与惩罚契约。这些组合契约在实际应用中也较为常见。

一、批发价契约

(一) 批发价契约的概念

批发价契约又称全价契约、固定承诺契约,是供应链中应用最广泛,也是最简单的契约模式。在实际生活中批发价契约受到广泛的应用。这里以单一供应商单一销售商的简单供应链为例进行分析。批发价契约是指供应商将单位生产成本为 c 的产品按产品量 q、批发价 ω 交付给销售商,销售商根据批发价再制定出零售价 p,最终消费者按 p 买到产品(如图9-4所示)。

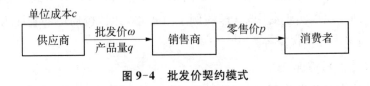

图9-4 批发价契约模式

(二) 批发价契约的执行过程

批发价契约模式下,供应商获得确定性的利润为 $\pi=(\omega-c)q$,此时的市场不确定性风险完全由销售商承担。由于这种模式的契约执行起来简单有效,成本较低,供应商可以获取无市场风险的利润,因此它广受供应商的青睐;并且在批发价契约模式中最优解的确定是较为简单的。当销售商拥有所有的需求信息时,可通过对信息的处理,得出最佳的订货批量。

假设 Q 是最佳的订货批量,p 表示销售价格,ω 表示批发价格,s 表示产品销售不出去时剩余的残值,$F(x)$ 表示在销售季节 $x \leqslant Q$ 的累积概率。如果订货批量从 Q 增加到 $Q+1$,那么只有当需求量大于 Q 时,额外的 1 单位才能被销售出去,发生的概率是 $1-F(x)$,带来的收益是 $p-\omega$,那么期望收益就是 $[1-F(x)](p-\omega)$。反之,如果需求量 $x \leqslant Q$,那么额外多订的 1 单位产品就无法销售,此外会带来成本 $\omega-s$,期望的成本为 $F(x)(\omega-s)$。因此增加 1 单位订购量单位期望边际利润为 $[1-F(x)](p-\omega)-F(x)(\omega-s)$。

在最优订货批量下,期望边际利润为 0,故 $F(x)=\dfrac{p-\omega}{p-s}$。

这里可以通过一个例子来更形象地说明批发价契约模式。例如,供应商知道 DVD 的成本 c 为 1 元/张,以 5 元/张销售给音像店。最终音像店以 10 元/张的价格销售给客户。并假设剩余残值为 0,需求服从正态分布,均值为 100,标准差为 300。在这种情况下,可知道 $F(x)=0.5$,此时音像店的最优订货批量为 1 000 张。此时供应商的利润为 4 000 元,由于音像店承担需求不确定性,其期望利润较低,为 3 803 元。此时的供应链利润为 7 803 元。

二、收益共享契约

(一) 收益共享契约的概念

在实际供应链中,销售商只订购有限数量的产品的一个原因可能就是批发价太高。通常降低批发价会使销售商的订货批量增加。收益共享契约就用来解决这个问题,在收益共享契约模式中,供应商会给销售商一个较低的批发价格,但是要分享销售商收入的一部分。具体的运作模式如图 9-5 所示。

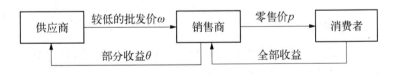

图 9-5 收益共享契约模式

(二) 收益共享契约的执行过程

同样以 DVD 为例,在收益共享契约模式下,不存在回购。销售商未售出的产品将会超出 I,在收益共享系数为 θ 和最优订货批量为 Q 时:

$$供应商期望利润=(\omega-c)Q+\theta p(Q-I)$$

销售商的期望利润 $= (1-\theta)p(Q-I) + sI - \omega Q$

表 9-1 给出了在不同批发价格和不同收益共享系数下 DVD 供应链的利润情况。

表 9-1　不同收益共享契约条件下音像店供应链利润分享模式

批发价格（元）	收益共享系数	销售商最优订货批量（件）	销售商期望超储量（件）	销售商期望利润（元）	供应商期望利润（元）	供应链期望利润（元）
1	0.30	1 320	342	5 526	2 934	8 460
1	0.45	1 273	302	4 064	4 367	8 431
1	0.60	1 202	247	2 619	5 732	8 350
2	0.30	1 170	223	4 286	4 009	8 395
2	0.45	1 105	179	2 881	5 369	8 150
2	0.60	1 000	120	1 521	6 282	7 803

由表 9-1 可以看出，合理的收益共享契约能够增加供应链和结点企业各自的利润。与回购契约相比，收益共享契约的一个优点就是消除了销售商退货成本和供应商的处理成本。因此，收益共享契约适用于可变成本低和退货成本高的产品。收益共享契约将契约双方的利益捆绑化，激励了双方的努力程度，减少了双重边际化效应。但同时收益共享契约也有其自身的不足之处。收益共享机制需要有支持供应商监控零售商销量的信息系统，由于这样的系统比较昂贵，因此，对许多中小型企业来说，收益共享契约的实施存在难度。同时，收益共享契约在很大程度上是基于供应商对销售商的信任，如果销售商不努力，收益共享契约只能成为一种短暂的契约。

三、回购契约

（一）回购契约的概念

回购契约是指供应商同意以高于产品残值的价格将销售商销售剩余的产品回购的契约安排，这个价格一般低于买方的订购价格。这种契约很明显刺激了销售商更多地订购产品，此时的需求不确定性由供应商和销售商共同承担。它平衡了彼此的收益和风险，从而起到了协调供应链的作用。目前，回购契约广泛应用于短生命周期产品，在市场需求波动显著的环境中也应用较多，如电子产品、服装等。具体模式如图 9-6 所示。

（二）回购契约的执行过程

依旧以批发价契约中的例子来进行分析。假设供应商愿意以 3 元/张的价格回购未

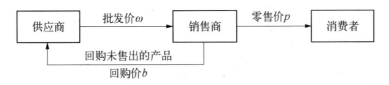

图 9-6 回购契约模式

售出的 DVD,不考虑回购过程中的运输成本及其他成本。此时音像店每张 DVD 承担的成本更小,必定会增加订量。这里对于音像店来说,未售出的 DVD 残值为 3 元/张,那么 $F(x)=0.71$,最优订货批量为 1 170 张,期望利润为 4 286 元。而供应商的利润也增加到了 4 009 元。由此可看出,这里回购契约的设置使供应商和音像店的利润都得以增加,由于供应商承担了部分的需求不确定性,音像店的利润增幅更大。此时整条供应链的利润也得到了增加。

但是回购契约也有自身的缺陷。第一,回购必然导致回收和处理剩余库存的成本增加,从而导致整条供应链的成本增加。这类成本也可以通过销售商打折销售其产品来消除。第二,回购契约的设置可能使销售商的努力程度下降,从而降低整条供应链的效率。此类成本的消除需要回购契约中数量的限制来完成。第三,回购契约增加了供应链掌握实际市场需求的难度。回购会在一定程度上扭曲市场需求信息,实际生活中,同一供应商面对多个零售商,这使得掌握实际市场需求信息更难。

四、数量柔性契约

(一) 数量柔性契约的概念

数量柔性契约允许销售商根据市场的最新反馈信息修正其先前的预测并改变订货量。如果销售商的订货量为 Q,那么制造商就应该能提供 $(1+\alpha)Q$(销售商的最多购买量)的产品,同时销售商也应当承诺最低订购 $(1-\beta)Q$ 的产品。即销售商的实际订货量 q 应该在 $[(1-\beta)Q,(1+\alpha)Q]$ 内。具体运作模式如图 9-7 所示。

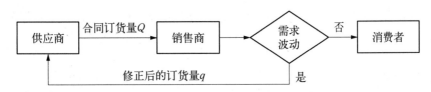

图 9-7 数量柔性契约模式

(二) 数量柔性契约的执行过程

在 DVD 的例子中,如果不存在其他契约模式,最初音像店可能订购 1 000 张 DVD。但是在接近发行日期时,音像店如果对需求做出了更好的预测,它可以修改其订货量,如在 950~1 050 的范围波动。表 9-2 计算出了不同数量柔性契约的收益。

表 9-2　不同数量柔性契约下 DVD 供应链的利润

$\alpha=\beta$	批发价格（元）	订单大小 Q	销售商期望买量	销售商期望销售量	销售商期望利润（元）	供应商期望利润（元）	供应链期望利润（元）
0.0	5	1 000	1 000	880	3 803	4 000	7 803
0.2	5	1 047	1 023	967	4 558	3 858	8 416
0.4	5	1 068	1 011	994	4 884	3 559	8 443
0.0	6	924	924	838	2 841	4 620	7 461
0.2	6	1 000	1 000	955	3 547	4 800	8 347
0.3	6	1 021	1 006	979	3 572	4 711	8 463
0.0	7	843	843	786	1 957	5 056	7 013
0.2	7	947	972	936	2 560	5 666	8 226
0.4	7	1 000	1 000	987	2 873	5 600	8 473

由上可以看出，在不同批发价格下都可以通过设置合理的订单柔性系数来使供应链的利润增加。在批发价上升的同时，更大的数量柔性是最佳的选择。

数量柔性契约在电子行业的零件采购方面应用极其广泛。如果供应商有柔性产能，则数量柔性契约可以提高整条供应链和各方的利润。当然，数量柔性契约对供应商的库存管理能力有着很高的要求。对于存在剩余产能或者边际成本的产品，数量柔性契约是一个较优的选择。

数量柔性契约是最接近真实市场需求的契约模式，由于有着数量柔性，销售商总是会选择与市场需求最接近的实际订货量。当然如果销售商胡乱地使用数量柔性，则会对供应商的库存造成极大的压力。即使销售商正常订货，供应商的库存管理也面临着较大的压力，因为在数量柔性契约模式下，供应商相当于承担了大部分的需求不确定性。

五、期权契约

（一）期权契约的概念

期权契约是指销售商向供应商先支付一小部分产品价格作为预订费用或期权价格（Reservation Price），并约定双方在将来某时间销售商有权以一定的执行价格（Executive Price）向供应商采购不高于契约事先约定数量的产品。如果买方没有行使期权，就会失去开始支付的费用。其运作模式如图 9-8 所示。

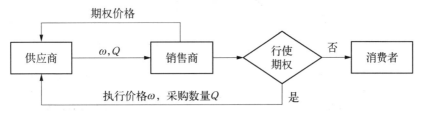

图 9-8　期权契约模式

（二）期权契约的执行过程

期权契约提供了一种由采购方根据真实需求调整订货数量的柔性策略，帮助采购方降低由于超额库存带来的风险，其效果与数量柔性契约类似。数量柔性契约以采购方承诺最大最小采购量的方式实现柔性，库存风险由双方共同承担，而期权契约则采用由供应方承诺供应的方式来达到柔性采购数量的效果，此时库存风险全部由供应方承担。与其他契约方式相比，期权契约的柔性范围更大，通常应用在市场需求变化大、价格波动大、采购困难的商品的采购领域。

销售商可以使用期权工具管理需求的不确定性、降低需求风险，但降低风险是需要成本的，零售商需要支付期权契约的保证金作为供应方的风险管理成本。而供应商获得期权契约的保证金作为承担销售商库存风险的补偿，并通过这种承担风险分方式来促使与销售商之间的长久合作。

六、组合契约

（一）组合契约的概念

在实际情况中的供应链是非常复杂的，上述各种契约模式单独应用还是非常有限的。供应链的复杂性，要求不能只是单一使用某一种契约，而应该结合不同类型的契约同时使用。不同的契约模式结合起来就形成了组合契约，即采购方与多个供应方在同一时间签订多个契约。这些契约的价格、数量都不相同，目的是使采购方可以对冲其超额库存、缺货和价格的风险，从而最大限度地优化其期望利润和降低风险。这种方式对于存在大量供应商的日用品市场也很有效，采购方可以针对不同的供应商分别签订不同类型的契约，通过组合使用来减少订货和库存持有成本。

（二）组合契约的执行过程

为了使采购更为有效，采购方可能需要在低价、低柔性，或者适当的价格、较好的柔性，抑或是不确定的价格和数量但没有供应承诺（实时的现货采购）的采购策略间进行适当的组合。特别是采购方必须在不同的契约间优化：在一个较长期限内承诺多大的采购量？购买多少期权？当需求高时，在现货市场上采购多少？如惠普公司为降低塑料和其他材料采购的综合风险，以及最大化采购收益，采用了 50% 的远期契约、35% 的期权契约和 15% 的现货契约的组合方案进行采购，如表 9-3 所示。

表 9-3 契约的组合

契　　约	特　　征
远期契约（定期契约）	事先确定的固定承诺
柔性或期权契约	事先支付购买的期权
现货契约	即时购买
组合契约	前三种的战略组合

组合契约对采购风险的影响在于，当需求大幅高于预测，即基本承诺量加上期权数量仍不能满足需求时，公司将通过现货市场进行采购。可见，只有在最差的情况下，为了弥补短缺才会高价在现货市场上进行采购。因此，企业完全可以通过权衡价格风险、缺货风险及库存风险来确定长期契约的承诺数额和期权数额。例如，在相同的期权水平下，当价格风险大于库存风险时，可以选择加大长期契约承诺数量的策略。反之，当价格风险和缺货风险较小的时候，则可采取降低基础承诺数量的策略。同样，在相同的基础承诺量的水平下，也可以通过调整期权的持有量和履行量来控制不同类型的风险程度，如图 9-9 所示。

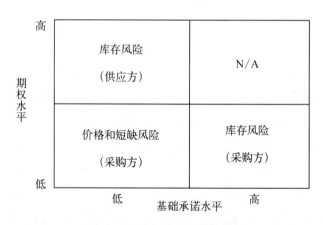

图 9-9 组合契约中的风险权衡

第四节　供应链契约效果评价

供应链契约的实际效果如何，作为一种重要的协调机制有没有起到协调的作用，这是供应链成员最关心的问题之一。因此，在供应链契约的执行过程中，企业需要关注两方面：一是影响供应链契约效果的因素，二是供应链契约效果的评价指标。

一、影响供应链契约效果的因素

在实际情况中,供应链契约的执行效果要受到各种因素的制约,既包括客观环境的影响,也包括双方主观因素的影响。

(一) 信息

信息是影响供应链契约效果的一个重要因素,完全的信息共享能使供应链的协调极大简化,对供应链的利益最大化有很大的促进作用。但是在实际生活中,不同的企业有着不同的目标,掌握着不同的信息,信息不对称是一个贯穿供应链契约始末一直存在的问题。在缔结供应链契约时,信息不对称导致的事前机会主义行为会成为缔约的障碍;此后导致的事后机会主义行为同样会对契约的执行效果造成不利的影响。在契约实施过程中,信息有利的一方可能会利用有利的信息来使自身获利,损害另一方的利益。例如,在收益共享契约中,销售商利用供应商无法直接获取其销量的信息优势,向其谎报收益,这就使销售商的收益增大,而供应商的收益就会减少。这种由于信息问题引发的谎报、欺骗行为会极大地破坏供应链的和谐。

同时,信息的不对称会导致牛鞭效应,即供应链上的信息流从最终客户向原始供应商传递时,由于无法有效地实现信息的共享,信息会被扭曲并逐渐放大,从而导致需求信息出现越来越大的波动。即使在需求很稳定的情况下,如果没有完全的信息共享,需求信息在往上游传递的过程中也会被逐渐放大,中间依旧会面临库存问题。典型的牛鞭效应如图9-10所示。

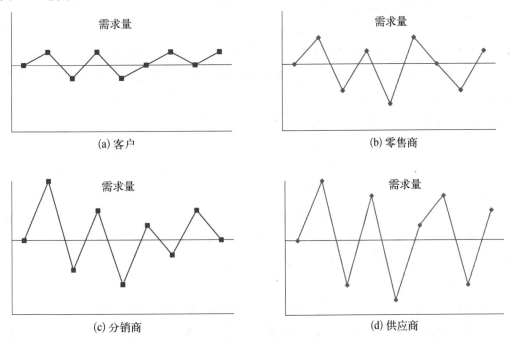

图9-10 供应链需求波动

从图 9-10 中可以看出,只要存在信息不对称、信息无法做到完全共享,需求的信息在供应链中就会逐级被放大。这代表在供应链中存在着不必要的缺货和库存,对于供应链来说就是存在帕累托改进,此时的方案并不是使供应链整体收益最大化的方案。

在当前的互联网和云数据的新时代背景下,信息的共享逐渐成为可能。将大数据和互联网工具运用到供应链中,做到信息的及时有效共享,会极大提高供应链契约的协调效果。但即使在工具成熟的情况下,信息的透明共享也面临着一定的困难。如果供应链中各方无法做到完全的收益捆绑,在各自追求利润最大化的情况下,信息有利的一方有动机去利用有利的信息使自身获利。而如果其将信息共享到整个供应链则会使供应链的收益极大化,却会缩减自身收益,这对信息有利方来说是一个选择困境。

(二) 需求不确定性

供应链协调面临的一个最主要的挑战就是需求的不确定性,不同程度的需求不确定性会对供应链契约的实际效果造成不同的影响。当前的契约模式大多可以在两阶段的简单供应链系统中运行良好,但是在实际的复杂供应链中运行就会遭遇很多的挑战,需求的不确定性就是其中一种。高度的不确定性需求对于整个供应链来说都是一个挑战,此时整条链的调节就需要一种极有柔性的契约模式,如果是比较固定的契约模式就会使满足需求变得很困难。

在需求的不确定性程度很低的情况下,上述牛鞭效应就会使整条供应链中出现极高的不必要成本。当需求不确定性很大的时候,牛鞭效应就会被极大化,这就会使供应链契约的实际效果大打折扣。

导致供应链需求不确定的因素主要有以下几种。

1. 客户需求因素

供应链中主要的不确定性来源之一就是客户需求。客户可能会在不定期的时间订购不确定数量的产品,导致需求预测不准确;另外,消费者偏好也会随着时间而改变。这些原因使企业很难实现订单式生产,企业不得不保留一些存货,当订单的变动越大,为了及时满足顾客需求就需要越多存货。

2. 行业因素

供应链中需求不确定性来源也可能是企业所处的行业带来的不确定性,如外部市场环境的变化、行业中不可预测的竞争者、市场产品组合改变、产品的退化率、新产品的出现、产品生命周期缩短、产品种类增多、生产成本压力增大、全球化竞争加剧等,都使得企业既要保持较低的生产成本,又要提供满足消费者个性化需求的多样化产品,这必然会增加供应链中需求的不确定性。

3. 供应链本身因素

供应链中需求不确定性来源也可能是供应链本身,如产品需求时间预测错误、产品需求量预测错误、供应链上下游结点间的管理和信息不畅等因素引起的需求不确定性。例如,由于货物短缺,下游企业间可能会存在短缺博弈,而上游企业看不到顾客的真实需求,从而造成需求不确定性增加。

为了控制降低需求的不确定性,保证供应链契约的有效性,一方面,在现有技术条件下,可以加强对信息技术的应用,更好地使用需求规划信息系统,提高预测水平;另一方面,可以采用快速反应的管理方式。快速响应是指供应链管理者采用的一系列的缩短交货期的措施,当交货期缩短后,预测的准确性就会提高,从而使需求和供给更加匹配。快速反应的方式主要有快速响应(Quick Response, QR)和有效顾客响应(Efficient Consumer Response, ECR)方式,即在正确的时间、正确的地点用正确的商品来响应正确的顾客需求。利用条形码和POS机扫描等信息技术完成对整个链的信息跟踪,消除不必要的成本和费用,降低需求的不确定性,提高服务水平。

(三) 双方的努力程度

供应链契约双方的努力程度指的是在执行契约的过程中双方为完成契约所付出的行动,包括生产质量努力、生产产量努力、销售努力等。供应链契约的实际执行效果在很大程度上取决于双方的努力程度,无论哪一种契约模式都需要双方合作、共同努力来完成。当双方完成契约后,如果双方的努力程度不对等,则努力的一方就会对不努力的一方产生不满,这种不满就表明供应链契约并未很好地起到协调作用,同时不努力的一方也会使供应链的收益大大降低。

供应链契约双方的努力程度在很大程度上是基于其不努力的机会损失的,如果不努力面临的损失很大,那么就没有了不努力的理由;反之,如果不努力的损失很小,那么努力的动力就非常小。例如在回购契约中,供应链为促进契约达成而提高回购价格,这确实为销售商提供了多订货的动机,但也会降低销售商努力的动力,因为即使产品销售不出去,同样不会带来太大的损失。

值得一提的是,在供应链的最终产品的销售过程中,一个重要的影响因素就是广告,而广告就属于销售努力中最核心的一方面。传统的广告活动一般都由销售商实施,但近些年通过不断的研究发现,在一定条件下,供应商(制造商)做出广告决策也能使供应链的收益最大化。所以当前供应商在与销售商签订契约时也应将广告决策者定位清楚。

为了解决双方的努力程度不对等的问题,可以在契约中引入惩罚条款。通过对惩罚条款的设计,增加成员不努力的成本。

供应链契约效果主要受到上述三个因素的影响。在供应链契约的每一考核期末,通过对收益的核算确定契约的实际效果。如果效果不佳,则应确定主要的制约在哪里,并针对此处做出调整,确保长期内契约的有效性。

二、供应链契约效果的评价指标

完美的供应链契约会使供应链整体的盈余最大化,并使供应链成员之间能够维持相互信任和合作关系,保持长期合作甚至联盟的状态。此时,整个链条是一个稳定的、可以长期存在的供应链。假设一个简单的两阶段供应链系统中,有一个供应商和一个零售商。在完美的供应链契约设计下，能够使零售商实现利润最大化的订货量应该与供应商能够实现利润最大化的供应量相等，此时供应链契约的协调效果就是最佳的。由于供应链是一个系统，是多个成员组成的一个系统，所以其最终效果的评价也应该是多方面的。

从供应链的业务流程来看，有很多指标能够用来衡量最终契约的效果。如通过供应链契约设计以保证的信息化指标，是指供应链运营过程中的信息化程度。信息化的管理可以有效降低供应链运作的人工成本，实时监督供应链的运作状态，提高供应链企业之间的协调程度，提高供应链的绩效。在当前的时代背景下，信息化已经成了供应链中核心的又一部分，信息化程度高一般情况下会带来成本的下降，最终导致的结果是整条供应链的盈余增加。产品的质量指标也可以通过供应链契约的设计来进行约束，主要包括合格率、废品率、退货率、破损率、破损物价值等指标。这些条件的约束将会保证供应链成员之间相互的信任和长期合作。

从其他方面来看，如从供应链结点关系指标来看，供应链上、下结点企业之间关系的绩效评价指标主要体现为满意度指标，即在一定时间内，上层供应商对其相邻下层供应商的综合满意程度。其包含的内容有准时交货率、成本利润率、满意交货率和响应提前期。在供应链契约下的这些指标的设计会保证供应链成员之间的满意程度。如准时交货率、成本利润率和满意交货率越高，代表供应链契约的执行效果越好。而响应提前期越短，则供应链契约的执行效果越好。还可以从客户服务和财务绩效的角度衡量最终供应链契约执行效果的好坏。

供应链契约里的要素设计会影响最终的执行效果，无论从哪个角度或哪些指标来看，最主要需要考虑的就是通过这些要素的设计能否实现供应链契约的协调或者实现帕累托改进。不一定要完全实现供应链的协调，因为实际生活中有太多的因素影响，设计完全精确的、能够达到协调的契约太难。所以只要契约的设计能够实现对目前来说的帕累托改进，供应链契约就是有效的。

本章小结

信任是商业合作的基础。企业面对的环境和需求是日益变化和具有高度不确定性的。在供应链协调中，契约作为一种基本的手段，保证了供应链的有效运作。本章先从契约的经典概念出发，阐述了供应链契约的内涵、核心、种类以及效果评价等。制定契约时，价格因素是需要考虑的重要内容。具体的定价过程受到竞争环境、产品特性、客户分布和转移成本的影响。之后又详细地介绍了实际生活中常用的批发价契约、收益共享契约、回购契约、数量柔性契约、期权契约以及组合契约。最后对契约执行效果的影响因素做了详细的介绍。

思考题

1. 供应链契约是什么？其主要内容有哪些？
2. 供应链契约有何特征，其缔结的障碍有哪些？
3. 供应链成员应如何进行定价？
4. 收益共享契约与回购契约有何相似之处？区别在哪？
5. 批发价契约与其他契约模式相比有何优点及缺点？
6. 影响供应链契约执行效果的因素有哪些？

案例分析题

克莱斯勒的小合同和大协议

这个故事来自 1989 年的著名汽车制造公司克莱斯勒（Chrysler）。当时的克莱斯勒公司面临诸多问题，比如，1989 年的克莱斯勒正面临巨额亏损，仅第四季度就已经亏损 6.64 亿美元；刚刚上线的 LH 平台车型项目，超出预算 10 亿美元；还有一笔 45 亿美元的养老金债务悬而未决。真称得上是"屋漏偏逢连夜雨，船迟又遇打头风"。再这样下去公司迟早要完，克莱斯勒决定从公司的供应链着手进行改革，期望能挽回局面。采取的方法，就体现了典型的"社会契约化"的"大协议"思维。

"契约"，既有它的狭义含义，也有它的广义含义；它的狭义含义指的是"经济契约"，也就是严谨、事无巨细的条款，它在约定我们互相的承诺；它的广义含义指的是"社会契约"，探讨的是如何让协议双方自主地、无须强迫地，把协议坚持下去。

克莱斯勒以往的供应商管理策略是最传统的"符合要求的最低价"竞争策略；在这个策略里，克莱斯勒只会考虑自己的利益，寻找能够提供符合要求产品的、价格最低的供应商；这个策略期望供应商之间的竞争越残酷、越激烈越好。这是一个典型的"不替对方着想"的"小合同"思维。克莱斯勒决定改变这个方法，把自己的供应链协议转为"社会契约"，打造"大协议"。

让我们看看克莱斯勒具体做了些什么改变。

1. 供应商选择

克莱斯勒公司认为最低价的简单策略不可取，这个做法未能全面顾及那些有着优秀能力的供应商的利益。所以首先对现有 2 500 个供应商做了筛选，根据工程能力、生产能力，以及过往合作的评估，把供应商池精简到 1 140 家；然后，对这 1 140 家供应商进行能力标签化，突出他们各自的特点，比如，哪些的供货时间最短、哪些的交付能力最强、哪些的价格最有优势等。

2. 合同范围

过去的采购竞标活动里，克莱斯勒公司总是把各种设计、原型打样、生产等需求分别做独立的招标。在这个模式里，供应商争抢着零零散散的项目，一个完整车型的供应链支离破碎，这个做法未能全面顾及那些有着整合能力的供应商的利益。因此，克莱斯勒决定改变这个状况，把招标项目转化为"交钥匙型"，由一家供应商完成所有的设计、原型及生产工作。

3. 合同周期和续约

在过去的采购系统里，克莱斯勒公司从来不考虑直接续约的可能。据统计，克莱斯勒公司的供应商的平均合同周期是2.1年，这直接导致了供应商对合同的期望值很低，这个做法也未能激励供应商的最大积极性。新的做法是，把合同签约周期延长至平均4.4年，并口头承诺，在合同相关产品的完整生命周期里，对已签约的90%的供应商都会续约。

4. 价格

在过去的采购系统里，供应商胜出的条件简单粗暴，价格最低。这个做法完全忽视了供应商的利润需求，因为它没有替供应商着想。新的做法是和供应商约定一个合理公平的利润比例，从产品成本到终端用户的销售价，反向推算整个链条里各部分的价格。

5. 绩效考核

在过去的采购系统里，供应商对所有的条款负责，包括供货时间、产品质量等，只要不符合要求，就是惩罚。这是一个冰冷的、不替对方着想的"小合同"思维。克莱斯勒公司决定把"惩罚"改为"激励"，把"小合同"转为携手并进的"大协议"。它鼓励供应商在自己和克莱斯勒的生产流程里寻找各种问题，如果能节省至少5%的成本，哪怕是一个小小的建议，这部分省下来的利益也会一人一半，由克莱斯勒和供应商共同分享。对此，供应商还可以选择把这部分利益转化为更多的订单，以扩大市场份额。

比如，有一家叫麦格纳国际（Magna International）的供应商，向克莱斯勒提出了很多个优化流程的建议，这让麦格纳国际一年内直接获益7 500万美元。

克莱斯勒所有的改变都是围绕一个核心思想，就是"社会契约化"的"大协议"。在改革之后，克莱斯勒和供应商的合作紧密程度达到了历史未有的高度。这直接使得克莱斯勒一辆新型汽车的开发研制生产周期从234周缩短至160周，这个数据在20世纪80年代是非常惊人的。到了20世纪90年代，克莱斯勒一辆新型汽车的研发成本下降了40%，产品利润从之前的250美元每辆飙升至2 110美元每辆，利润率增长了近8.5倍。

资料来源：公众号"谈判思维"中"供应商管理的'小合同'和'大协议'|谈判中的社会契约"一文。

请思考：

1. 克莱斯勒的一系列改变用到了哪些供应链契约类型？

2. 克莱斯勒与供应商的合作中体现了哪些供应链契约的特征，克服了哪些供应链契约的缔约障碍？

图书在版编目(CIP)数据

供应链管理/谢家平等主编.—3 版.—上海:复旦大学出版社,2023.8
(复旦卓越.21 世纪管理学系列)
ISBN 978-7-309-16889-1

Ⅰ.①供… Ⅱ.①谢… Ⅲ.①物资供应-物资管理-高等学校-教材 Ⅳ.①F252.1

中国国家版本馆 CIP 数据核字(2023)第 114111 号

供应链管理(第三版)
GONGYINGLIAN GUANLI (DISANBAN)
谢家平 等　主编
责任编辑/张美芳

复旦大学出版社有限公司出版发行
上海市国权路 579 号　邮编:200433
网址:fupnet@fudanpress.com　http://www.fudanpress.com
门市零售:86-21-65102580　团体订购:86-21-65104505
出版部电话:86-21-65642845
上海华业装潢印刷厂有限公司

开本 787×1092　1/16　印张 16.75　字数 356 千
2023 年 8 月第 3 版第 1 次印刷

ISBN 978-7-309-16889-1/F·2984
定价:69.00 元

如有印装质量问题,请向复旦大学出版社有限公司出版部调换。
版权所有　侵权必究